Mester · Die coolsten Clubs

Klaus-Hendrik Mester

Die coolsten Clubs der Welt

40 besondere Vereine
rund um den Fußball-Globus

Arete Verlag Hildesheim

Bibliografische Information der Deutschen Nationalbibliothek
Die Deutsche Bibliothek verzeichnet diese Publikation in der Deutschen Nationalbibliografie; detaillierte bibliografische Daten sind im Internet über http://dnb.ddb.de abrufbar.

www.arete-verlag.de

Layout, Satz und Umschlaggestaltung: Composizione Katrin Rampp, Kempten
Titelfoto: Jörg Blum
Druck und Verarbeitung: Westermann Druck, Zwickau
ISBN 978-3-96423-046-1

Inhaltsverzeichnis

Vorwort

Gibt es besondere Fußballvereine? Gibt es besonders coole Vereine? Existiert vielleicht der coolste Club auf dem Planeten? Diesen nur äußerst subjektiv zu beantwortenden Fragen spürt dieses Buch nach.

Dabei lege ich verschiedene Kriterien und Maßstäbe an. Mal sorgen die Anhänger für Gänsehautstimmung im Stadion, mal ist die Geschichte des Vereins so einzigartig, dass er Aufnahme gefunden hat. Andernorts verblüffen die malerische Umgebung und die geografische Lage den Besucher oder es elektrisiert die lokale Verankerung in der Kommune. Bei anderen Vereinen zeigen Verantwortliche und Mitglieder in besonderem Maße Zivilcourage und engagieren sich über den Fußball hinaus für soziale oder humanitäre Belange, indem sie zum Beispiel Flüchtlingen helfen, eine neue Heimat zu finden.

Viele Geschichten rund um die kultigen Clubs habe ich selbst erlebt. Auf Urlaubsreisen besuchten meine Frau und ich Fußballspiele im Ausland. Dort spürten wir dem alltäglichen Leben der Einheimischen nach. Wir trafen auf viele interessante, aufgeschlossene und liebenswerte Menschen. Zahlreiche Sympathisanten, Anhänger, Enthusiasten und einige Entscheidungsträger schilderten mir ihre Sicht der Dinge.

Das Schreiben dieses Buches hat meinen Respekt und meine Bewunderung für die Fußballvereine noch verstärkt. Letztlich haben mir das Erlebte und die Recherchen nochmals bewusst gemacht, welches Potenzial der Fußball überall auf der Welt hat. Der Sport schenkt den Menschen Lebensfreude, Hoffnung und Kraft. Er füllt die oft als Worthülsen benutzten Begriffe Zusammenhalt, Lebensfreude, Toleranz und Menschlichkeit mit Leben.

Diesen Intentionen spüren die 40 Geschichten aus fünf Kontinenten nach. Es geht mitten hinein ins (Fußball-)Herz. Mit Dankbarkeit und großer Freude schaue ich zurück auf die Reisen zu den „coolsten Clubs der Welt“.

Auf der Spurensuche begegnen Sie wildgewordenen Fans, agilen Vereinsmitgliedern, patriarchalischen Präsidenten, verrückten Managern, genialen Kickern und nicht zuletzt dem Papst. Der Streifzug über die Kontinente fördert Skurriles, Anregendes und manchmal auch Nachdenkliches aus der Welt des runden Leders zu Tage.

Viel Spaß beim Schmökern in den Geschichten und beim Fernreisen auf dem Sofa von Argentinien bis Vanuatu!

Ihr und Euer
Klaus-Hendrik Mester

Afrika

Leidenschaft, Lebensfreude, Toleranz und Völkerverständigung. Dafür sorgt der Fußball in Afrika. Unvergessen bleibt der Torjubel des Kameruners Roger Milla. Der Nationalstürmer nutzte die Bühne der Weltmeisterschaft 1990 in Italien, um seine zahlreichen Toren mit extravaganten Tänzen an der Eckfahne zu feiern. Damit verzückte er seine Landsleute zu Hause und die Fußballfans weltweit. Schwarze und weiße Südafrikaner erkämpften zusammen die Afrikameisterschaft 1996. Symbolträchtig, als Präsident Nelson Mandela den Pokal an den Mannschaftskapitän Neil Tovey übergab.

Überall auf dem riesigen Kontinent spielen Kinder und Jugendliche Fußball. Die Jungen schießen gegen Leder- und Gummibälle, kicken mit Wollknäueln, zusammengeknoteten Plastiktüten und Selbstgebasteltem aus unterschiedlichsten Materialien. Auf staubigen Straßen, lehmigen Bolzplätzen, in den Häuserschluchten der Großstädte und überall dort, wo Zivilisation und Natur ein bisschen Platz zum Spielen lassen.

Die Anfänge des Sports in Afrika gehen zurück auf das Ende des 19. Jahrhunderts. Britische Kolonialisten, Soldaten und Seeleute brachten den Fußball mit. Als eine Keimzelle gilt Ägypten. Als einer der ersten offiziellen Fußballclubs entstand Al Ahly Kairo im Jahr 1907. Der afrikanische Fußballverband CAF kürte Al Ahly 2000 zum „Club des Jahrhunderts" auf dem Kontinent.

Die Kolonialisierung brachte den Fußball beinahe flächendeckend auf den afrikanischen Kontinent. Vor allem England und Frankreich sowie Portugal trugen den Sport nach Afrika. Die Franzosen besetzten weite Teile Nordafrikas. Algerien und Marokko kamen so stärker mit dem Fußball in Kontakt. Schon in den 1930er-Jahren suchten rund 150 Spieler aus den Kolonien ihr Glück in den französischen Ligen.

In den 1950er-Jahren verzückte Eusébio weltweit die Fußballästheten. Der begnadete Techniker am Ball wuchs in Mosambik auf und feierte später mit Benfica Lissabon und der Nationalmannschaft Portugals große Erfolge. Mosambik war bis 1975 portugiesische Kolonie.

Mitte des letzten Jahrhunderts befreiten sich viele afrikanische Länder von den kolonialen Fesseln. Oft ging dieser Prozess mit kriegerischen Auseinandersetzungen einher. Seitdem begeistern bei Fußballweltmeisterschaften Nationalteams wie Kamerun, Ghana oder Südafrika durch Unbekümmertheit, Einsatz und technische Raffinesse die Fans. Berichte über Korruption in nationalen Fußballvereinigungen und dem afrikanischen Verband CAF überschatten regelmäßig den Sport. Zudem versprechen unseriöse Spielervermittler jungen Talenten die große Karriere insbesondere in europäischen Ligen und kassieren dafür von den Familien hohe Provisionen. Die Vereinsverantwortlichen in Ghana, der Elfenbeinküste und in anderen Ligen müssen ihre besten Spieler in jungen Jahren fast allesamt an finanzkräftige europäische Clubs abgeben.

Doch afrikanische Spieler wie Didier Drogba, Samuel Eto'o, Yaya Touré oder Mohamed Salah verzaubern immer wieder Anhänger auf der ganzen Welt mit ihren Künsten. Sie verkörpern die schöne Seite des afrikanischen Fußballs. Afrika ist und bleibt ein faszinierender Kontinent mit einem riesigen Potenzial, nicht nur in Bezug auf das runde Leder.

Kairo, Ägypten

Al Ahly Sports Club

ist der coolste Club der Welt, weil ...
er der Verein des Jahrhunderts in Afrika ist.

„Al Ahly oder Zamalek?“ Dies dürfte unter ägyptischen Fußballfans eine der meistgestellten Fragen sein. Die Vereine „Al Ahly Sports Club“ und „Al Zamalek Sporting Club“ sind in der Hauptstadt des Landes beheimatet. Das „Kairoer Derby“ elektrisiert die fußballverrückten Ägypter. Aus Vorsicht leiten die Spiele oft ausländische Schiedsrichter. Neutralität steht an erster Stelle. Die Begegnungen gelten als die herausragenden und wichtigsten Duelle in der arabischen Welt und ganz Afrikas.

Entsprechend ihrer Vereins- und Trikotfarbe nennen die Sportjournalisten Al Ahly „die Roten Teufel Ägyptens“. Der Club begeistert Millionen Menschen im ganzen Land. Grobe Schätzungen gehen davon aus, dass dem „Al Ahly Sports Club“ weltweit 70 Millionen Anhänger die Daumen drücken. Die meisten davon leben in Ägypten und auf dem afrikanischen Kontinent.

Neben der großen Anhängerschaft kann Al Ahly auch sonst auf beeindruckende Erfolge zurückblicken. Neben 36 ägyptischen Pokalsiegen konnte der Verein 41 nationale Meistertitel erringen. Den wichtigsten afrikanischen Wettbewerb, die Champions League der „Confédération Africaine de Football“ (CAF), schnappten sich die „Roten Teufel“ schon achtmal. So viele Triumphe konnte bisher noch kein anderer Verein des Kontinents verbuchen. Wegen der großen Bedeutung Al Ahlys wählten ihn die Verantwortlichen der CAF zum wichtigsten Club des 20. Jahrhunderts in Afrika. Zamalek landete auf dem zweiten Platz.

Seither kann sich der „Al Ahly Sports Club“ mit der Auszeichnung des bedeutendsten Fußballvereins des Kontinents schmücken. Doch die zahlreichen Anhänger und umso mehr die Mitglieder der Ultra-Bewegung würden auch ohne diesen „Titel“ ihren Club bedingungslos unterstützen. In Ägypten spielt der Fußball eine noch größere Rolle für die Menschen als in Deutschland. Die Vereine binden ihre Fans und Anhänger stark an sich. Diese wiederum nehmen die Angebote vereinseigener Treffpunkte gerne an.

Ibrahim schwärmt seit vielen Jahrzehnten für Al Ahly. Er lebte lange Zeit in Kairo. Er erzählt, dass die Stimmung im Stadion frenetisch sei. Die Anhänger identifizierten sich komplett mit ihrem Club. Einrichtungen des Fußballvereins böten in einigen Orten der Metropolregion Kairo den Sympathisanten zahlreiche Freizeitmöglichkeiten. Kinder und Jugendliche könnten beispielsweise Sportarten wie Judo, Karate oder Schwimmen ausüben. Derweil träfen die Eltern ihre Freunde. Die Männer diskutierten in der Teestube des Vereinskomplexes über den Alltag, die Politik und natürlich über ihre Mannschaft: Das schönste Tor, der beste Freistoß, das erfolgreichste Jahr der Vereinsgeschichte, die letzte Meisterschaft. Einfach alles würde besprochen. Dort herrsche eine wunderbare Atmosphäre. Somit übernähme Al Ahly auch eine soziale Funktion. Ibrahim besuchte die Clubeinrichtungen vor allem während der Schulferien seiner Kinder. Heute genießt er seinen Ruhestand im Rheinland.

Bis zum Jahr 2011 galten die Ultras Ahlawy als eher unpolitisch. Sie wollten ihre Fankultur und die damit verbundenen Freiheiten bewahren. Verschiedenen Medienberichten zufolge – wie auf dem Online-Portal des Deutschlandfunks oder in der „Zeit" zu lesen – sollen der Ultrabewegung des Clubs mehrere Zehntausend Fans angehören. Oft engagieren sich junge Männer in dieser Szene.

Im Frühjahr 2011 protestierten viele Ultras in Kairo gegen die Regierung von Präsident Husni Mubarak. Sie engagierten sich auf dem Tahir-Platz. Dabei demonstrierten die meist jungen Männer beider Fanlager, Al Ahlys und Zamaleks, gemeinsam. Die Rivalität wich der Solidarität im Zeichen des „Arabischen Frühlings". Nach zahlreichen Demonstrationen bejubelten sie das Ergebnis: Staatschef Mubarak trat von der politischen Bühne ab.

Für einige Zeit vergaßen die Anhänger der beiden großen Kairoer Clubs ihre gegenseitige „Abneigung". Diese rührt auch aus den Gegensätzen ihrer politischen und gesellschaftlichen Wurzeln: Al Ahly galt seit seiner Gründung 1907 als stark im Volk verwurzelter Verein. Ägypter führten den Club. Sie grenzten sich von der britischen Kolonialmacht ab. „Al Ahly" bedeutet „national". Anders gestaltet sich die Geschichte Zamaleks. Der belgische Anwalt George Marzbach hob den Verein 1911 aus der Taufe. Der Club galt lange als international ausgerichtet und von privilegierten Gesellschaftsschichten unterstützt.

Doch neben den zahlreichen Erfolgsgeschichten musste Al Ahly auch bittere Momente verzeichnen. Die Stadionkatastrophe von Port Said stürzte den Club und den gesamten ägyptischen Fußball in schwere Zeiten. Am 1. Februar 2012 stürmten Anhänger des Fußballvereins Al-Masry das Spielfeld und eine Tribüne. Spieler und Fans von Al Ahly sahen sich ihren Angriffen ausgesetzt. An diesem Tag starben 74 Menschen, meist Jugendliche. Auf den Tribünen gerieten Al Ahly-Fans bei der Flucht in Panik, da sie plötzlich vor verschlossenen Ausgängen standen. Die genauen Hintergründe des Dramas sind bis heute ungeklärt. Ab Februar 2012 fand ein Jahr lang kein Ligaspiel mehr statt. Danach hatten Zuschauer für lange Zeit keinen Zutritt zu den Fußballspielen.

Zu hoffen bleibt, dass Al Ahly und der ägyptische Fußball bald wieder für positive Schlagzeilen sorgen. Den fußballverrückten Menschen wäre das zu gönnen.

- Ein interessanter, wenn auch etwas älterer Artikel über den Club und seine Verwurzelung in der Bevölkerung aus der „Frankfurter Allgemeinen Zeitung":
  https://t1p.de/js8v
- Ein Bericht in der ZDF-Sportreportage auf YouTube beleuchtet die Rolle der Al Ahly-Ultras bei der Revolution gegen Präsident Mubarak und die Stadiontragödie von Port Said:
  https://t1p.de/ip8o

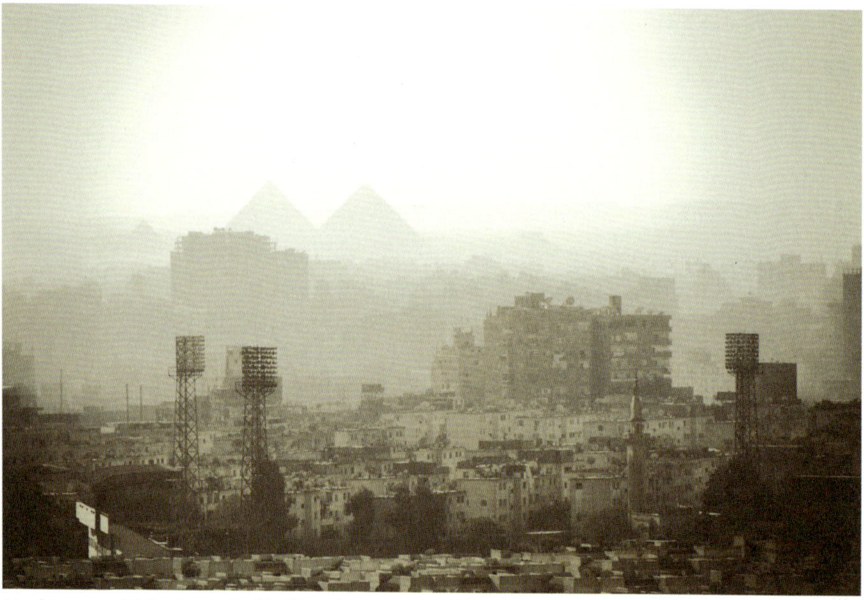

Moderne und Altertum: Fußballstadion, Moschee, Hochhäuser und Pyramiden.
Foto: pixabay/Free-Photos

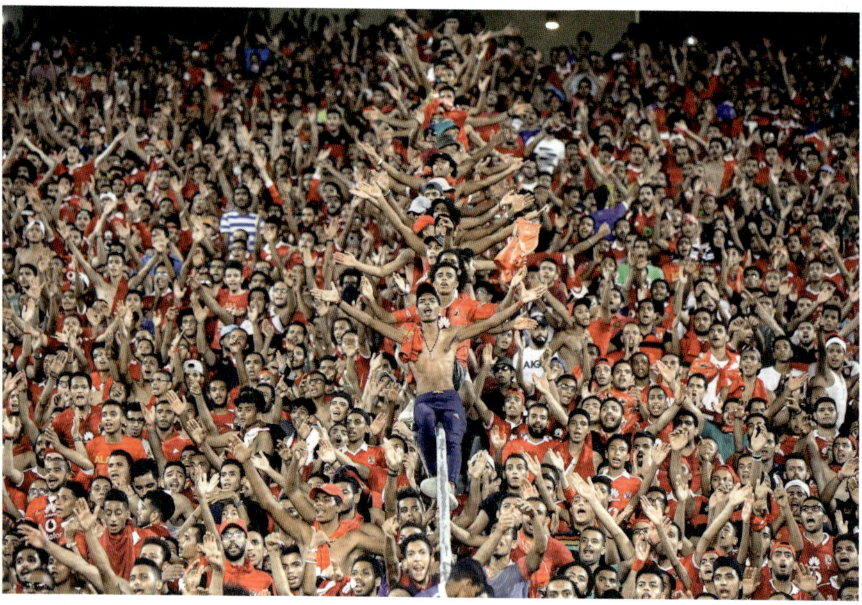

Beeindruckender Support der Al Ahly-Fans. Foto: imago/ZUMA Press

Abidjan, Elfenbeinküste

ASEC Mimosas

ist der coolste Club der Welt, weil …
er jungen Menschen Perspektiven bietet.

„Les enfants s'amusement" – „Die Kinder haben Spaß". So lautet das Motto des Fußballvereins ASEC Mimosas. Er liegt in Abidjan, dem Wirtschaftszentrum der Elfenbeinküste. Die Hafenstadt direkt am Atlantischen Ozean beheimatet über vier Millionen Menschen. 1950 lebten dort nur 65.000 Einwohner. Wissenschaftler prognostizieren bis 2050 einen Anstieg auf knapp elf Millionen Bewohner. Die Handelsmetropole zieht Menschen aus den ländlichen Regionen und angrenzenden Staaten magisch an.

„Amicale Sportive des Employés de Commerce" lautet die etwas sperrige Bezeichnung für die Kurzfassung des Fußballclubs „ASEC". Übersetzt heißt dies „Sportvereinigung für kaufmännische Angestellte". Händler gründeten den Verein 1948, als die Millionenmetropole Abidjan noch eine Kleinstadt war. Der französische Begriff „Mimosas" im Vereinsnamen bedeutet „Mimosen". Die Blume dient als Symbol und ziert das Clubwappen.

Als zarte Pflänzchen entpuppen sich die Vereinsangehörigen jedoch in keiner Weise. Sie bieten vor allem Kindern und Jugendlichen eine handfeste Perspektive. Trainer, Lehrer und Betreuer unterstützen die jungen Fußballer in der Akademie „Sol Beni". Ein passender Name für eine Fußballschule. „Sol Beni" bedeutet „gesegneter Boden". Beste Voraussetzungen für die Jugendlichen, um gut trainieren zu können.

Auf dem „gesegneten Boden" sorgen viele Menschen für das Wohl der jungen Sportler. Sie erhalten Schulunterricht und eine umfassende gesundheitliche Betreuung. Morgens steht die Bildung auf dem Tagesplan. Neben den klassischen Fächern wie Mathematik, Französisch oder Geografie bereiten die Lehrerinnen und Lehrer ihre Schützlinge auch auf das Alltagsleben vor. So bekommen die Schüler etwa Tipps für den Fall eines Wechsels zu einem europäischen

Verein. Lebenskompetenz als Schulfach – eine sehr gute Idee. Nachmittags trainieren die Teenager. Mehr als 20 Betreuer, Trainer, Lehrkräfte, Krankenschwestern und Ärzte kümmern sich um die Heranwachsenden.

Eine Chance, aufgenommen zu werden, hat jeder fußballbegeisterte Junge. Die Verantwortlichen entscheiden nur nach einem Kriterium: dem sportlichen Talent. Regelmäßig sichten die Trainer der Akademie Jugendliche zwischen 14 und 17 Jahren. Sie laden die Teenager zum Probetraining ein, organisieren Aufnahmetests in den Stadtvierteln und suchen Talente im ganzen Land.

Aspekte über das fußballerische Talent hinaus, etwa das Einkommen der Eltern, spielen für eine Aufnahme in die Akademie keine Rolle. Der mehrjährige Besuch des Fußballinternats ist kostenfrei. Die Finanzierung übernimmt ASEC Mimosas. Die Clubverantwortlichen erwirtschaften dies vor allem durch Transfereinnahmen für die Spieler sowie mit der Hilfe von Sponsoren.

So werden oft aus „zarten Pflänzchen" – den „Mimosas" – in der Fußballschule junge Profis. Den Sprung auf die große Fußballbühne haben schon viele Akademie-Spieler geschafft. Die Liste liest sich wie ein „Who is Who" des afrikanischen Top-Fußballs. Einigen Jugendlichen der „Sol Beni"-Schule, die in den 1980er-Jahren geboren sind, gelang eine herausragende Karriere: Aruna Dindane, Didier Zokora, Kolo Touré, Yapi Yapo, Yaya Touré, Emmanuel Eboué und Salomon Kalou begeistern die Fußballfans in den europäischen Elite-Ligen. Sie bereicherten die Nationalmannschaft der Elfenbeinküste. Die beiden „Tourés" (FC Barcelona und Arsenal London), Salomon Kalou (Chelsea London) und Emmanuel Eboué (Arsenal London) standen mit ihren Teams 2009 im UEFA Champions League-Halbfinale.

Viele der Akademiemitglieder schaffen den Weg in die Elf des ASEC Mimosas. Der Verein dominiert den Fußball in der Elfenbeinküste. Die Erfolge sprechen für sich: 20-facher Pokalsieg, 26 Meistertitel sowie jeweils einmal Gewinner der afrikanischen Champions League und des kontinentalen Supercups.

Die Lebensbedingungen in Abidjan und der Elfenbeinküste sind vielfach schwierig. Unseriöse Spielervermittler nutzen dies aus, stürzen sich auf junge Fußballer und versprechen ihnen eine glorreiche Karriere, ohne ihnen dabei konkret zu helfen. Andere Berater betreiben sogar kriminelle Machenschaften. Die Familien von Teenagern zahlen in der Elfenbeinküste und anderen afrikanischen Ländern mehrere Tausend Euro an Berater, um ihren Kindern den

Weg nach Europa zu ermöglichen. Die Reise endet oft in billigen Hotels europäischer Städte. Die Berater lassen ihre „Schützlinge" allein und kümmern sich nicht mehr.

Der Bürgerkrieg zwischen 2002 und 2007 lag wie ein bleierner Schleier auf dem Land. Politische Streitigkeiten nach der Präsidentschaftswahl entflammten, schwelende ethnische Konflikte brachen wieder auf, das Militär griff ein. Zwischenzeitlich mussten auch die Verantwortlichen die Fußballakademie in Abidjan schließen.

Die ausgeprägte Kriminalität bedroht viele Menschen. Die Alphabetisierungsrate liegt bei nur etwas mehr als 40 Prozent. Das Gesundheitssystem hat sich noch nicht von den Zerstörungen während des Bürgerkriegs erholt. Mehrere Millionen Einwohner leiden an Armut.

Umso wichtiger, dass ASEC Mimosas eine Oase der Spiel- und Lebensfreude schafft. Die Aufnahme in die Fußballakademie bietet für die Jugendlichen eine große Chance. Sie lernen und trainieren sehr motiviert und leidenschaftlich. Die Perspektive auf ein besseres, sicheres und sorgenfreies Leben dient als Ansporn.

Die Akademie gilt als eine der erfolgreichsten Afrikas, vermutlich sogar der Welt. Ich hoffe, dass der Boden von „Sol Beni" noch für viele Generationen junger Menschen ein „gesegneter" bleibt. Hauptsache, „die Kinder haben Spaß".

- Auf der Homepage des ASEC Mimosas erfahren Interessierte Näheres in englischer und französischer Sprache über die Fußballakademie: **http://www.asec.ci/fr/academie-mimosifcom/staff/**
- Die Online-Ausgabe der „Deutschen Welle" berichtete 2018 über die Praktiken von unseriösen Spielerberatern in Afrika: „Alleingelassen in Europa: Das Geschäft mit Afrikas Nachwuchsfußballern": **https://t1p.de/8z34**

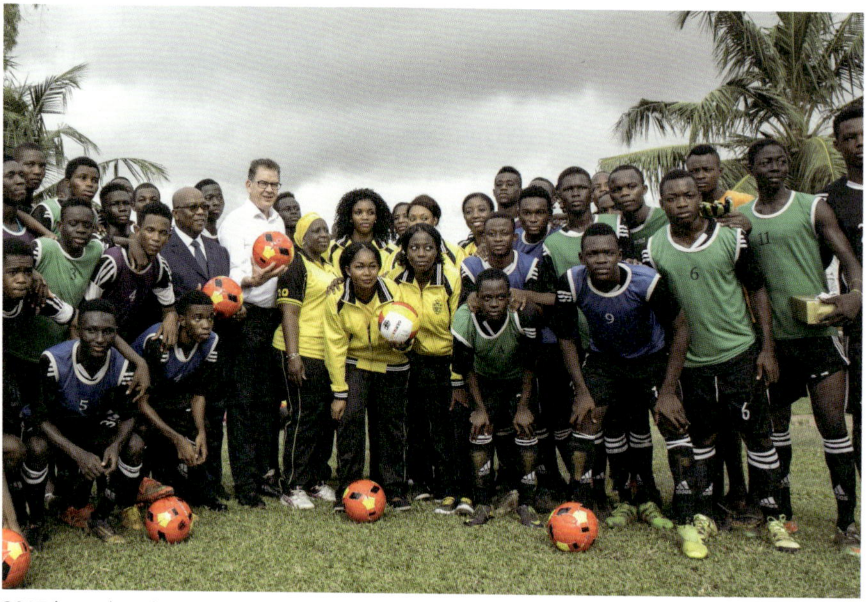

2017 besuchte der damalige Bundesentwicklungsminister Gerd Müller den ASEC Mimosas.
Foto: imago/photothek

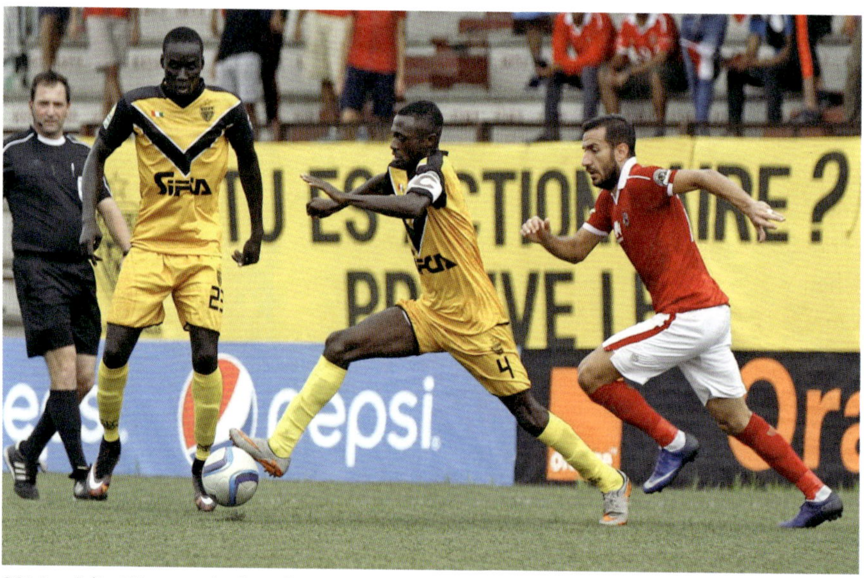

2016 spielte Mimosas in der African Champions League gegen Al Ahly Kairo.
Foto: imago/Xinhua Afrika

City of Johannesburg, Südafrika

Kaizer Chiefs FC

ist der coolste Club der Welt, weil …

sein Gründer bis heute Hoffnung für die Schwarzen in Südafrika stiftet.

Love and Peace. Liebe und Frieden. Genau so knapp wie beeindruckend ist der offizielle Wahlspruch des „Kaizer Chiefs Football Club". Um diesen Slogan zu verstehen, lohnt eine Retrospektive in Südafrikas Staatsgeschichte.

In den 1950er-Jahren begann die Regierung, ihre Politik der ethnischen Trennung vehement umzusetzen. Die weißen Machthaber verfolgten ihr Regime der „Apartheid", die „getrennte Entwicklung", nun konstitutionell und konsequent. Dazu schafften sie Territorien, in denen nur Schwarze leben durften, die sogenannten „Homelands". Zwangsumsiedlungen mehrerer Millionen Südafrikaner folgten. Am Rande größerer Städte richtete die Staatsregierung „Townships" ein, Wohnsiedlungen für die schwarze Bevölkerung. Die Bildungspolitik bevorteilte die weißen Kinder, Schwarze erhielten nur erschwerten Zugang zu Hochschulen, mussten unter Diskriminierungen auf dem Arbeitsmarkt leiden oder hatten keinen Zutritt zu öffentlichen Räumen – wie etwa zu bestimmten Strandabschnitten. Die Auswirkungen dieser ebenso absurden wie zutiefst menschenverachtenden Segregationspolitik waren immens. Die schwarzen Südafrikaner und Minderheiten, beispielsweise die Einwohner indischer Abstammung, litten unter der Diskriminierung und dem allgegenwärtigen Rassismus. Armut und Hoffnungslosigkeit verbreiteten sich in den Homelands und Townships wie eine ansteckende Krankheit.

Auch in Soweto trafen die Repressalien der Staatsregierung die Bewohner hart. Die Ortsbezeichnung ist eine Kurzform für „South Western Townships", den südwestlichen Vororten Johannesburgs. Einen der wenigen Momente der Lebensfreude im oft tristen Alltag bot der Fußball, der Volkssport der schwarzen Bevölkerung. Im Township Soweto kickten Tausende auf den Straßen und Sandplätzen. Hier liegt die Heimat der Kaizer Chiefs.

Mitten in der schwierigen und belastenden Epoche der Apartheid gründete Kaizer Motaung den Fußballverein. Zunächst erstürmte der talentierte Fußballer die Herzen der Orlando Pirates in Soweto. 1968 wechselte er zu den Atlanta Chiefs in die USA. In der US-Profilliga kickte er noch bis Mitte der 1970er-Jahre. Zwischenzeitlich, im Jahr 1970, hob der Fußballprofi seinen eigenen Club aus der Taufe, die Kaizer Chiefs. Der Vereinsname setzt sich aus Motaungs Vornamen und den Atlanta Chiefs zusammen, bei denen er in den USA damals unter Vertrag stand.

Kaizer Motaungs verfolgte mit der Clubgründung die Vision eines gewaltfreien Miteinanders in Frieden. Er wollte damit ein Zeichen gegen die zunehmende Gewalt unter südafrikanischen Fußballfans und den alltäglichen Rassismus setzen. Doch in den folgenden Jahrzehnten mussten die Anhänger des Clubs noch viele dunkle Stunden aushalten, Höhen und Tiefen durchschreiten, ehe sie das Licht am Tunnel erblickten.

Der neu gegründete Verein gewann schnell zahlreiche Anhänger. Aus allen Winkeln des Townships strömten die Menschen ins Stadion. Dort begeisterten Mofokeng, Lamola, Dlamini und viele andere mit ihrem unterhaltsamen, offensiven und inspirierenden Fußball die Menschen. 1974 gewann der Verein seine erste südafrikanische Meisterschaft. Weitere Pokaltriumphe folgten. Die Kaizer Chiefs avancierten zu einem südafrikanischen Pendant von Borussia Mönchengladbach. Tausenden schwarzen Südafrikanern schenkte der Verein am Wochenende 90 Minuten Entspannung, Glück und Lebensfreude. Und dies alles geschah in einer sozial und wirtschaftlich sehr angespannten Lage. Für viele Südafrikaner sind die Chiefs deshalb bis heute mehr als nur ein Fußballverein. Der Verein gab ihnen Selbstbewusstsein und Glück. Mehrere Millionen Südafrikaner halten die Daumen für die Chiefs, dem wohl beliebtesten Verein des Landes. Nicht ohne Stolz nennen die fußballverrückten Südafrikaner ihren Club auch Amakhosi (die Häuptlinge) und Glamour Boys (Ruhmreiche Jungs).

1976 geriet der Fußball in den Hintergrund. Die Regierung beschloss, Afrikaans als offizielle Unterrichtssprache an den Schulen einzuführen. Es ist die Sprache der weißen Bevölkerung, der Buren, die einige Jahrhunderte zuvor aus den Niederlanden einwanderten. Afrikaans ähnelt dem Niederländischen stark. Die schwarze Bevölkerung beherrschte damals diese Sprache kaum. Im Juni 1976 protestierten Schülerinnen und Schüler in Soweto gegen die Vorhaben der Staatsregierung. Der Tag begann mit einem Demonstrationszug von einigen tausend Mädchen und Jungen. Die Polizei schlug die Veranstaltung blutig nieder. Danach entwickelten sich Unruhen in anderen Townships wie ein Lauffeuer. Allein in Soweto gingen etwa eine Viertelmillion Einwohner auf die Straße. In den folgenden Monaten kam Südafrika nicht zur Ruhe. Die Gewalt eskalierte. Insgesamt fanden über 500 Menschen den Tod.

Die rassistische Regierung Südafrikas blieb noch bis in die 1990er-Jahre im Amt. Nelson Mandela führte danach das Land und leitete weitreichende politische und soziale Reformen ein.

Heute leben über eine Million Menschen in Soweto. Wirtschaftliche Schwierigkeiten stellen die Bewohner immer noch vor Probleme. Die Kriminalität in Johannesburg ist bedrückend.

Die Kaizer Chiefs errangen im Jahr der Unruhen den südafrikanischen Meistertitel. „Love and Peace“ war weit entfernt von der Lebensrealität der Chiefs-Anhänger.

Doch an den Wochenenden strömen tausende Fans in das riesige Soccer City-Stadion von Johannesburg, welches Platz für fast 95.000 Zuschauer bietet. Vuvuzelas, Trommeln und Gesänge versprühen Lebensfreude.

Mittlerweile haben die Chiefs 13 Meistertitel gesammelt. Präsident und Gründer Kaizer Motaung beschreibt die Aufgabe seines Vereins auf der Homepage der Chiefs: „Unser Slogan ist angesichts der hohen Kriminalitätsrate heute aktueller denn je. In den dunklen Tagen der Apartheid standen wir für Liebe und Frieden. Das war etwas, was dazu beigetragen hat, dass diese Ideologie unterging und unsere Nation demokratisch befreit wurde. Liebe und Frieden ist nicht nur das, wofür wir als Chiefs stehen, sondern eine Philosophie, die heute für das ganze Land gelten sollte!“

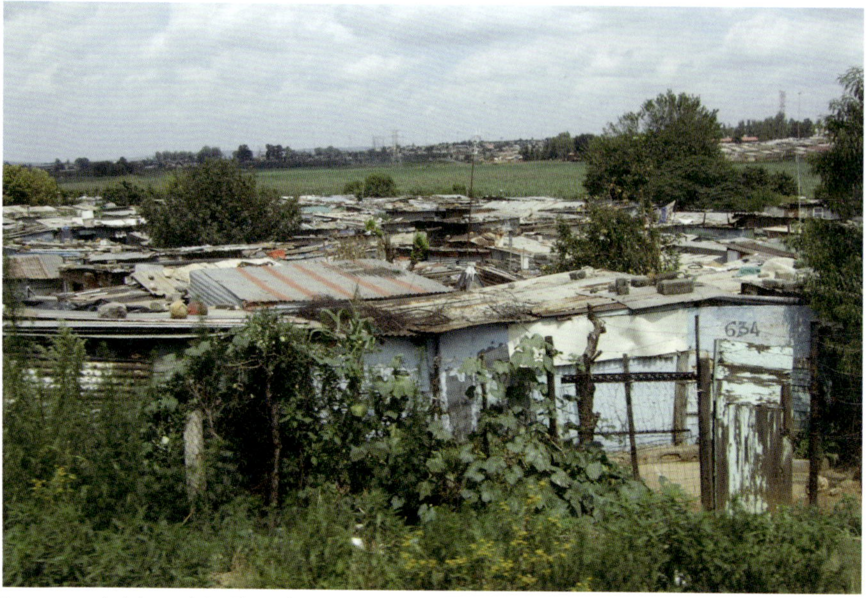

Immer noch leben viele Einwohner Sowetos in Armut. Foto: Christian Engelbracht

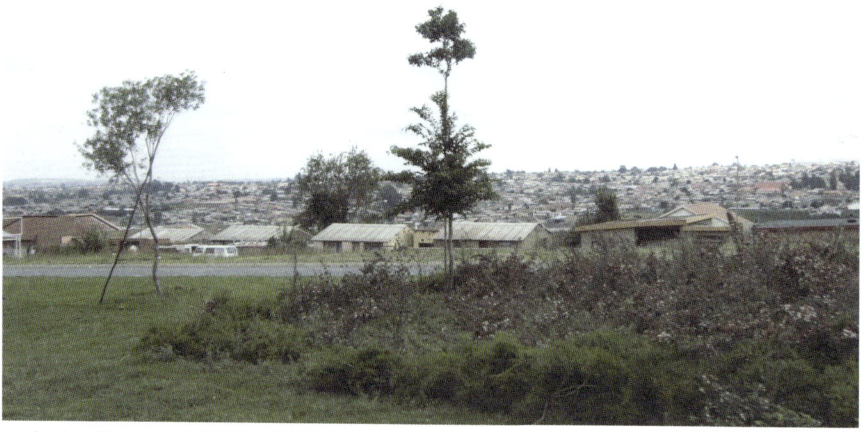

Einfache Häuser und Hütten in Soweto. Foto: Christian Engelbracht

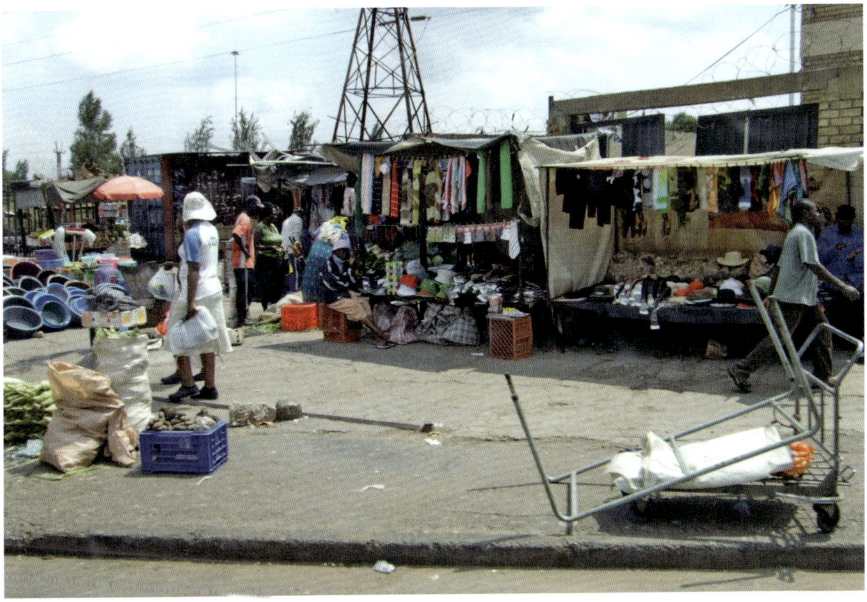

Markt in Soweto. Foto: Christian Engelbracht

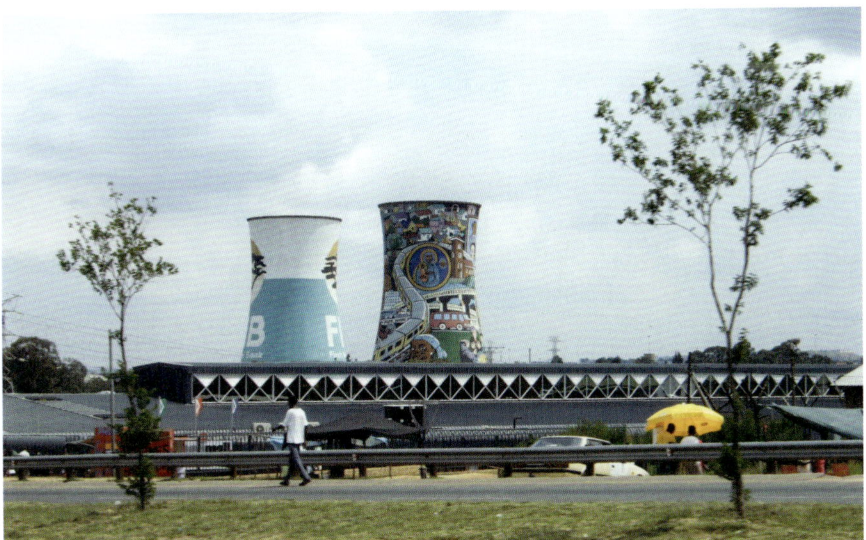

Neue Zeiten: Von den bemalten Kühltürmen des stillgelegten Kraftwerks von Orlando in Soweto können Waghalsige Bungee-Jumping betreiben. Foto: Christian Engelbracht

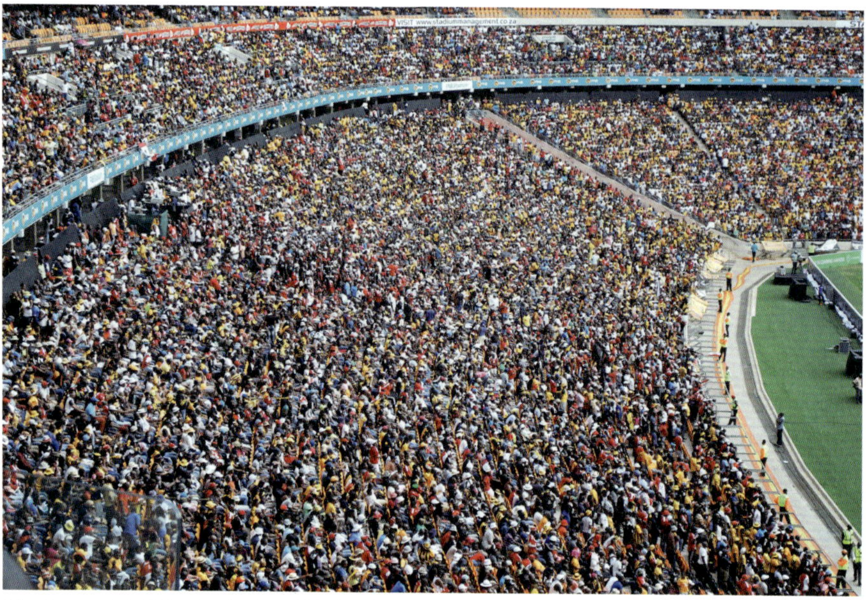

Die Heimspielstätte der Kaizer Chiefs, das FNB Stadium bzw. Soccer City-Stadion, ist mit fast 95.000 Plätzen offiziell das größte Stadion Afrikas und war Austragungsort des WM-Endspiels 2010.

- Ein Artikel auf der Homepage des Fußballvereins portraitiert auf einfühlsame Weise den Clubgründer Kaizer Motaung: **www.kaizerchiefs.com/club/chairman/**
- Der Präsident der Republik Südafrika zeichnete Kaizer Motaung für sein besonderes Engagement für den Jugendfußball mit dem „Ikhamanga-Orden" in Silber aus. Seinen Lebenslauf und seine Leistungen können Sie auf der Homepage des staatlichen Präsidialamts nachlesen: **www.thepresidency.gov.za/national-orders/recipient/kaizer-motaung**

Casablanca, Marokko

Wydad Casablanca

ist der coolste Club der Welt, weil …

er der Verein der Liebe ist.

„Kommen Sie zu uns nach Hause. Wir laden Sie zum Essen ein." Meine Frau und ich lächeln uns überrascht an. Wir sitzen auf der Haupttribüne des „Stade Adrar" in Agadir. In der Urlaubsstadt am Atlantik findet das Länderspiel zwischen Marokko und Uruguay statt. Neben uns nimmt eine Familie ihre Plätze ein. Der etwa zwölfjährige Sohn spricht uns auf Englisch an. Interessiert fragt er, woher wir kommen. Seine liebevolle, offene Art gefällt mir sehr. Immer wieder lächelt er mit seinen großen Augen über den Rand seiner Brille. Er übersetzt die Fragen seiner Eltern ins Englische. Die kleine Schwester verfolgt das Geschehen aufmerksam. Kurz vor dem Ende des Fußballspiels richtet er schließlich die Einladung der ganzen Familie zum Abendessen an meine Frau und mich. Sie würden eine Autostunde von Agadir entfernt wohnen. Wir könnten doch mitkommen. Die Gastfreundschaft und Herzlichkeit der marokkanischen Familie beeindrucken mich. Würden wir Gleiches auch bei uns anbieten? Aber in Marokko verhalten sich viele Menschen so. Und zahlreiche von ihnen lieben den Fußball.

Wie in den anderen Maghreb-Staaten in Afrikas Norden nimmt in Marokko das runde Leder eine spezielle Rolle ein. Besonders zeigt sich dies in Casablanca, der Millionenstadt am Atlantischen Ozean.

Casablanca fungiert als Namensgeber für den wohl bekanntesten Liebesfilm aller Zeiten. „Liebe" heißt auf Arabisch „Wydad". Wydad Casablanca ist einer der beliebtesten und erfolgreichsten Fußballclubs Marokkos. „Liebe Casablanca" verheißt Romantik pur. Ein Blick auf die Entstehungsgeschichte des Vereinsnamens bestätigt dies. Die am meisten verbreitete Version lässt sich auf der Homepage von Wydad nachlesen: Zu einem der zahlreichen Treffen vor der Schaffung des neuen Clubs kam einer der künftigen Vereinsgründer zu spät. Er hatte vorher einen Kinofilm gesehen und erschien deshalb nicht rechtzeitig. Der Streifen mit dem Titel „Wydad" lief.

Weniger die Romantik als umso mehr die Freiheitsliebe diente den Gründungsvätern des Vereins als Antriebsfeder. In den 1930er-Jahren herrschte der französische Staat als Kolonialmacht in Marokko. Die Bevölkerung litt in vielen Bereichen des öffentlichen und privaten Lebens unter der kolonialen Verwaltung. So konnten die Menschen nur sehr begrenzt Schwimmbäder nutzen. Oft lautete die Devise: Zutritt verboten! Die Bäder besaßen Schwimmvereine, die in der Hand von Franzosen und anderen Europäern lagen. Sie entschieden daher darüber, wen sie in den Club aufnahmen. Den Zutritt zum kühlen Nass hatten nur Mitglieder. Und die Europäer protegierten jeweils Landsleute mit der Folge, dass kaum ein marokkanischer Bürger schwimmen durfte.

Dieses perfide bürokratische System befeuerte die Kreativität einiger Marokkaner. „Warum nicht einen eigenen Schwimmverein gründen?", dachten sie sich. Gedacht, getan. Am 8. Mai 1937 hoben sie Wydad Casablanca aus der Taufe. Zunächst als reinen Schwimmclub. 1939 folgte die Gründung einer Fußballabteilung. Der Grundstein für zahlreiche nationale und internationale Erfolge war gelegt und der Mythos des Widerstands gegen die Unterdrückung der Kolonialmacht geboren.

Heute zeigt sich die „Liebe" rund um den Fußballclub in anderer Form. Die Zuneigung und Bindung der Fans zum Club können „Normalo-Fußballinteressierte" kaum nachvollziehen. Leider kann die Liebe zum Club in blanken Fanatismus umschlagen. Die Grenzen verschwimmen häufig. Einerseits unterstützen die Fans ihr Team enthusiastisch und sorgen für eine atemberaubende Stadionatmosphäre. Andererseits eskaliert gerade beim Casablanca-Derby zwischen Wydad und Raja nicht selten die Gewalt. 2012 fand ein Wydad-Anhänger bei Ausschreitungen den Tod.

2011 hat der Groundhopper Ansgar Spiertz das Casablanca-Derby besucht. Die Anhänger zünden immer wieder bengalische Feuer. Die Zuschauer entrollen Transparente. Fans beider Lager halten bunte Schildchen über ihren Köpfen, die zu einer imposanten Choreografie in den Vereinsfarben verschmelzen. Lautstarke Anfeuerungsrufe und Lieder hallen durch das weite Rund des Stadions. Raketen bahnen sich ihren Weg in den blauen Himmel. Das Erlebnis beschreibt Ansgar Spiertz als „besonders besuchenswertes Spektakel".

Am Ende des Fußballabends in Agadir haben wir die Familie nicht nach Hause begleitet. Eigentlich schade. Die Erinnerungen an warmherzige und verbindende Gespräche bleiben dennoch. Vielleicht würden uns ja ähnliche Erlebnisse bei einem Stadionbesuch von Wydad widerfahren. Der Vereinsname „Liebe“ würde es zumindest erwarten lassen.

- Auf „YouTube“ können Sie in zahlreichen Clips die Stimmung der Wydad-Fans im Stadion erleben, zum Beispiel hier:
  https://t1p.de/lqed
  https://t1p.de/a7ar

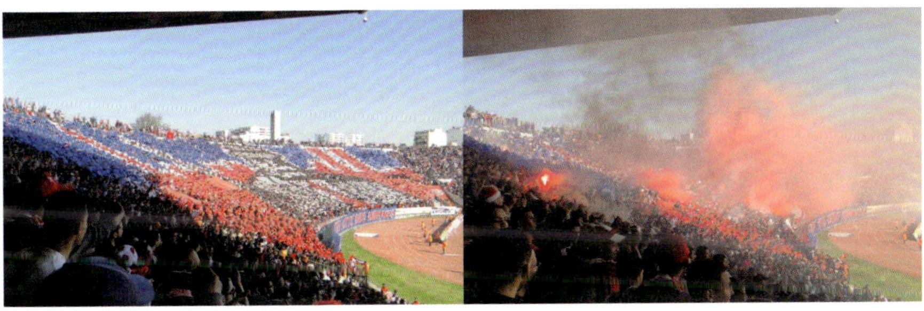

Wydad – Raja Casablanca (31. 12. 2011). Fotos: Ansgar Spiertz

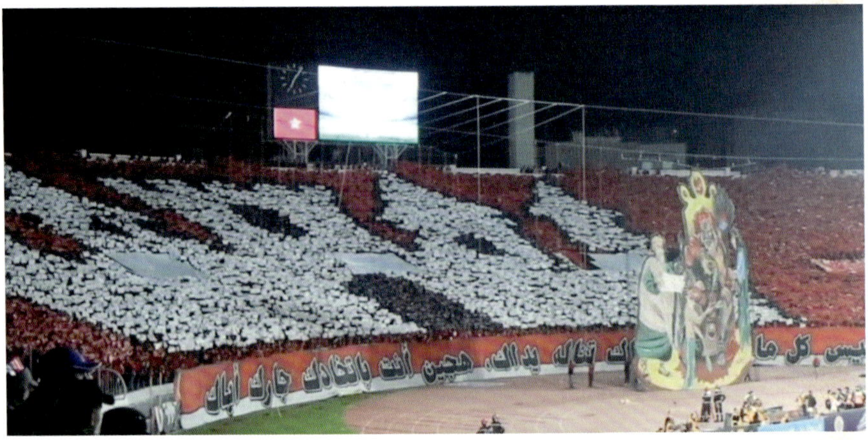

It's Derby-Time. Quelle: YouTube

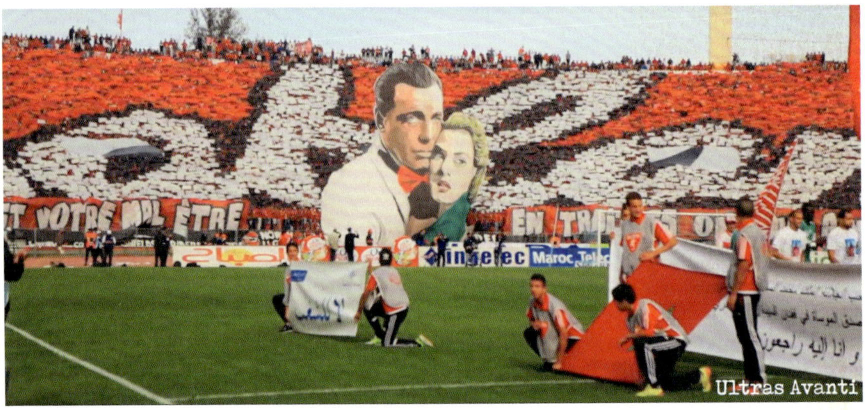

Reminiszenz der Wydad-Ultras an berühmte Film-Helden in Casablanca. Quelle: YouTube

Amerika

In Nordamerika hat es der Fußball schwerer als anderswo. Die US-Amerikaner bevorzugen American Football, Baseball, Basketball und Eishockey. Erst weit dahinter folgt in ihrer Gunst „Soccer“. In Kanada herrscht uneingeschränkt König „Eishockey“. Doch in beiden Ländern jagen immer mehr Kinder und Jugendliche, College-Studierende und Frauen dem runden Leder hinterher.

In Mittelamerika feiern vor allem Mexikaner Fußballfeste – nicht nur im legendären Aztekenstadion. In Costa Rica lieben die Menschen seit 100 Jahren „El fútbol“. Dort ist er Volkssport. Leider schrieben Honduras und El Salvador ein dunkles Kapitel des Sports. 1969 löste ein WM-Qualifikationsspiel zwischen beiden Ländern kriegerische Auseinandersetzungen aus. Ausschreitungen unter den Zuschauern ließen die langeschwelenden Konflikte zwischen den mittelamerikanischen Staaten eskalieren. In der Folge bekämpften sich die Armeen von Honduras und El Salvador mehrere Tage.

Die meisten südamerikanischen Fans leben den Fußball mit größter Leidenschaft. Er ist in fast allen Ländern des Subkontinents der weitaus beliebteste Sport. Ob Bolivianer, Chilenen, Kolumbianer, Uruguayer oder natürlich Argentinier und Brasilianer – sie alle haben ein großes Herz für fútbol.

Die Atmosphäre in den Stadien Argentiniens zieht alle Besucher in ihren Bann. 90 Minuten feuern die emotional aufgeladenen Fans ihre Mannschaften lautstark und ohne Unterbrechung an. Das löst beim Betrachter Gänsehautstimmung aus. Das können auch die allermeisten Kurven in europäischen Ligen nicht toppen. Ich überzeugte mich davon in Buenos Aires. Vergleichbares habe ich in Deutschland noch nicht erlebt. Die Fankultur in Argentinien weist eine mir sehr sympathische Eigenart auf: die extrem starke lokale Verankerung der Vereine. In Buenos Aires haben die Anhänger sogar eine enge Bindung an den Club in ihrem Stadtviertel – dem „Barrio“. Diese Einzigartigkeit begeistert mich.

In Brasilien fungiert der Fußball als Religionsersatz. Spielfreude, Schönheit und Eleganz prägen den Sport dort. Die Nationalmannschaft verzückt seit vielen Jahrzehnten alle Anhänger auf der ganzen Welt mit ihrem Stil. Dafür existiert ein Begriff: „O jogo bonito“ bedeutet „das schöne Spiel“. Überall bewundern Romantiker und Liebhaber „o jogo bonito“. Beispielhaft dafür sind Freistoßtore mit dem Außenrist aus weiter Distanz in den Winkel, Flankenläufe bis zur Torlinie mit intelligentem Pass in die Strafraummitte, Fallrückzieher oder Hackentricks. Diese Reihe ließe sich unendlich fortführen. Der brasilianische Fußball inspiriert sehr viele Menschen.

Der Enthusiasmus der Argentinier und Brasilianer für ihren Fußball hat auch mich gepackt. Stadionbesuche in Buenos Aires und Rio de Janeiro bieten mehr als nur Taktik oder Tore. Sie geben vielen Menschen eine zweite oder gar erste Heimat. Für einige bedeutet der Sport Familienersatz und die einzige Zerstreuung im oft harten Alltag. Die leidenschaftliche Atmosphäre in den großen und kleinen Arenen spiegelt dieses wider.

Buenos Aires, Argentinien

Club Atlético Boca Juniors

ist der coolste Club der Welt, weil …

die Vereinsfarben skurriler nicht hätten zustande kommen können.

Die Argentinier lieben die Boca Juniors. Zumindest fast die Hälfte von ihnen. Umfragen ergaben, dass 40 Prozent der argentinischen Fußballanhänger dem Club aus Buenos Aires die Daumen drücken. Der Verein begeistert die Argentinier, ist einer der bekanntesten Clubs in ganz Südamerika und errang schon dreimal den Weltpokal. Mit allein 18 internationalen Titeln gilt der Verein als einer der erfolgreichsten der Welt. Doch seine Wurzeln liegen im kleinen Hafenviertel La Boca. Knapp 50.000 Menschen leben dort. Die Mitgliederzahl des Clubs ist dreimal so hoch. Der Weltverein kann auf eine feste Verankerung im kleinen Viertel der südamerikanischen Metropole bauen. Die Bewohner verschmelzen geradezu mit ihm. Diese Symbiose macht auch vor Häuserfassaden, Straßen und Plätzen keinen Halt. Bocas Vereinsfarben Blau und Gelb sind allgegenwärtig. Sie legen sich auf den ganzen Stadtteil. Graffitis und Wandmalereien symbolisieren die Liebe der Bewohner zu ihrem Viertel und zu den Boca Juniors.

Überall flattern die Fahnen des Fußballvereins. Mehrstöckige Häuserfassaden schimmern blau-gelb in der Sonne. Es scheint, als ließen die Hauseigentümer keine anderen Farben zu. Pipi Langstrumpf hätte hier ihre wahre Freude. Ganze Straßenzüge ähneln einer Ansammlung der Villa Kunterbunt. Taxifahrer zieren ihre Frontspiegel mit kleinen und großen Vereinswimpeln. Menschen tragen blau-gelbe Shorts, T-Shirts oder Flip-Flops. Blau und Gelb überall.

Natürlich bieten sich auch den Lenkern der Vereinsgeschicke keine wirklichen Optionen bei der farblichen Gestaltung der Spielstätte. Das wohl bekannteste und geschichtsträchtigste Stadion Argentiniens liegt mitten im Viertel. Immer mal wieder denken die Clubverantwortlichen über einen Neubau nach. Undenkbar jedoch, läge dieser außerhalb des Stadtteils. Jede Diskussion über mögliche Um- und Neubauten quittieren die Fans mit Protesten. Sie hängen an diesem wuchtigen Bau, den sie liebevoll „La Bombonera", die Pralinenschachtel, nennen.

Die Entstehungsgeschichte der Vereinsfarben beruht auf einer Legende, die in mehreren Varianten existiert. Die eine führt ins Gründungsjahr des Vereins zurück. 1905 heben fünf junge Fußballbegeisterte den Club aus der Taufe. Die Gründer können sich jedoch nicht auf die Vereinsfarben einigen. Inspiration bringen die Flaggen der Schiffe, die im Hafen von La Boca vor Anker liegen. Die fünf Männer beschließen, das nächste einfahrende Boot solle die Entscheidung bringen. Kurz darauf fährt ein schwedisches Schiff ein. Seitdem tragen die Spieler der Boca Juniors blau-gelbe Trikots.

Eine etwas andere Version bezieht sich auf das Jahr 1907. Die beiden Lokalrivalen Boca Juniors und River Plate stehen sich gegenüber. In dem Spiel geht es um nichts weniger als die heiß umkämpfte Farbkombination. Der Sieger darf zukünftig in Rot und Weiß auflaufen. Boca unterliegt. Die Vereinsoberen suchen nach Alternativen. Die zündende Idee kommt ihnen bei einem Treffen im Hafen. Vor Anker liegt ein schwedisches Schiff.

In einer weiteren Variante stehen Fans auf der Hafenbrücke. Es soll sich um das Jahr 1913 handeln. Sie haben es sich zum Ziel gesetzt, heute für alle Zeiten die Vereinsfarben ihrer Boca Juniors festzulegen. Diese soll die Flagge des nächsten Schiffes bestimmen, das unter der Brücke hindurchfährt. Natürlich erblicken die Fußballenthusiasten auf der Brücke wenig später ein schwedisches Schiff.

Wie auch immer sich die Geschichte zugetragen hat, Fußballromantiker möchten den „Schweden-Schiff-Mythos" einfach glauben. Ist er doch ein Relikt aus einer Zeit, als der Fußballsport noch nicht durchgeplant, professionell und kommerzialisiert war.

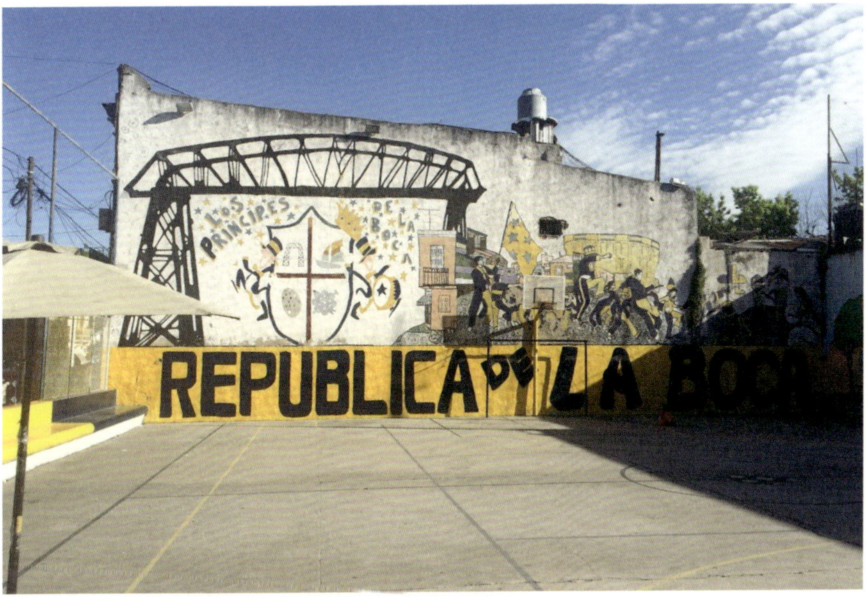

Starke Identifikation der Bewohner mit ihrem Viertel und ihrem Fußballclub.
Foto: Klaus-Hendrik Mester

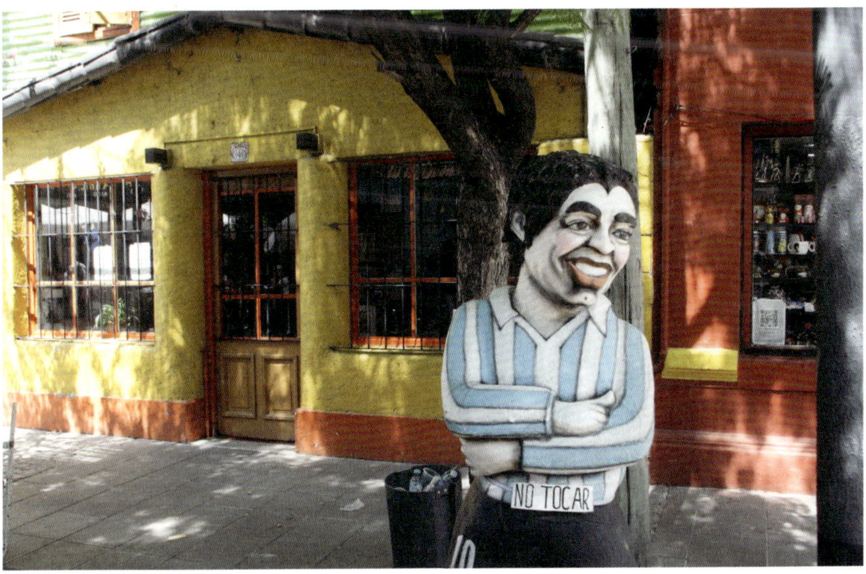

Der größte Spieler des Clubs und zu Lebzeiten zugleich sein größter Fan.
Foto: Klaus-Hendrik Mester.

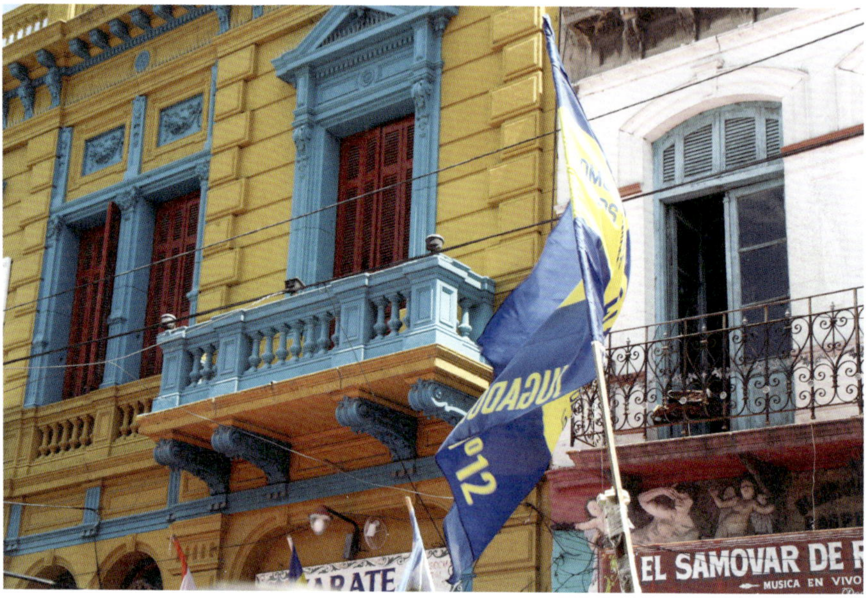

Fassade in Blau-Gelb. Foto: Thomas Bocks

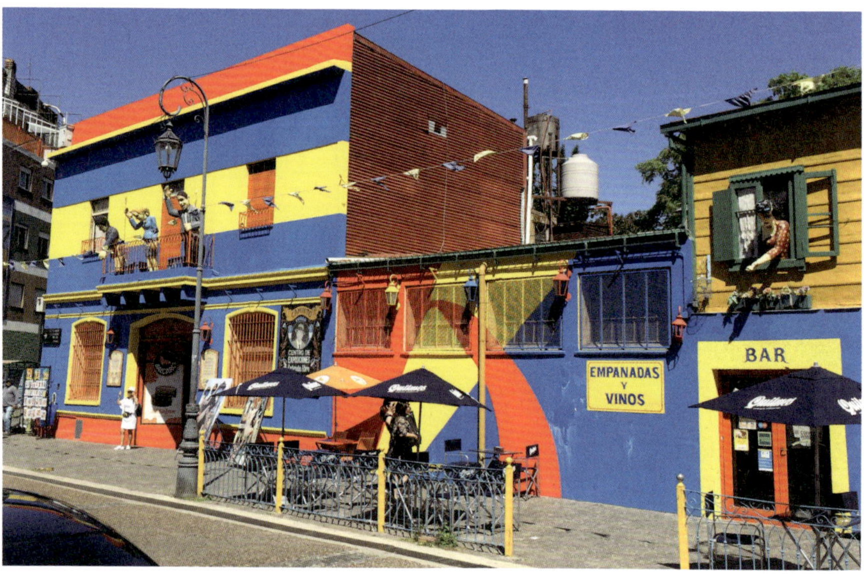

Kunterbuntes La Boca. Foto: Klaus-Hendrik Mester

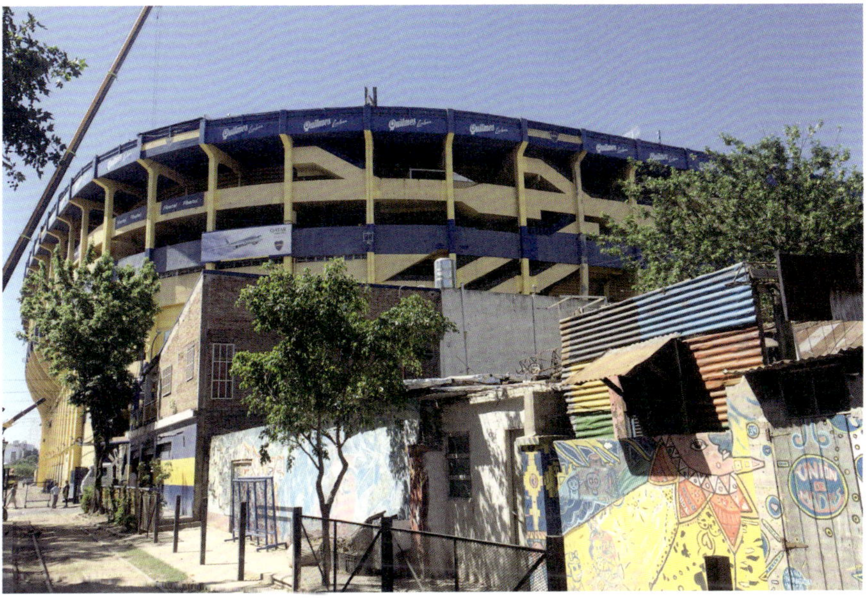

Der Außenanstrich des Stadions. Foto: Klaus-Hendrik Mester

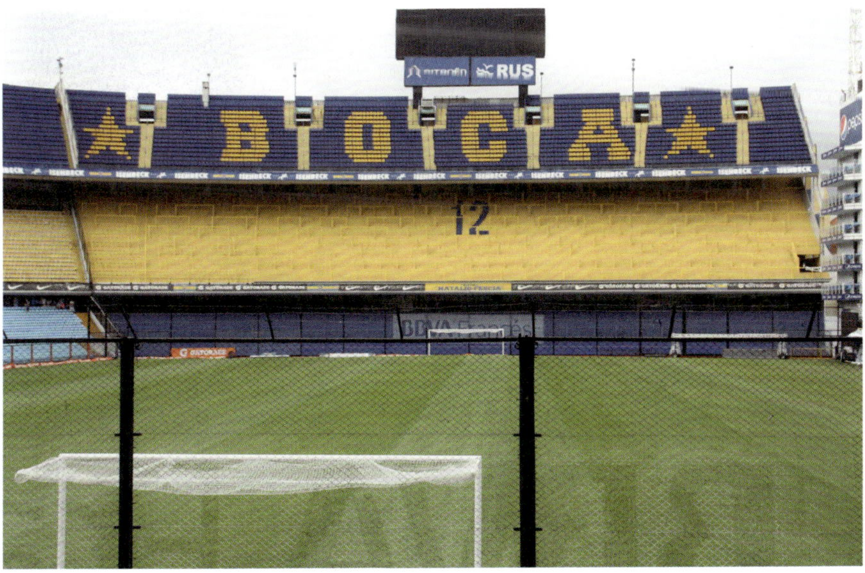

Blau und Gelb und ein bisschen Grün im „La Bombonera". Foto: Thomas Bocks

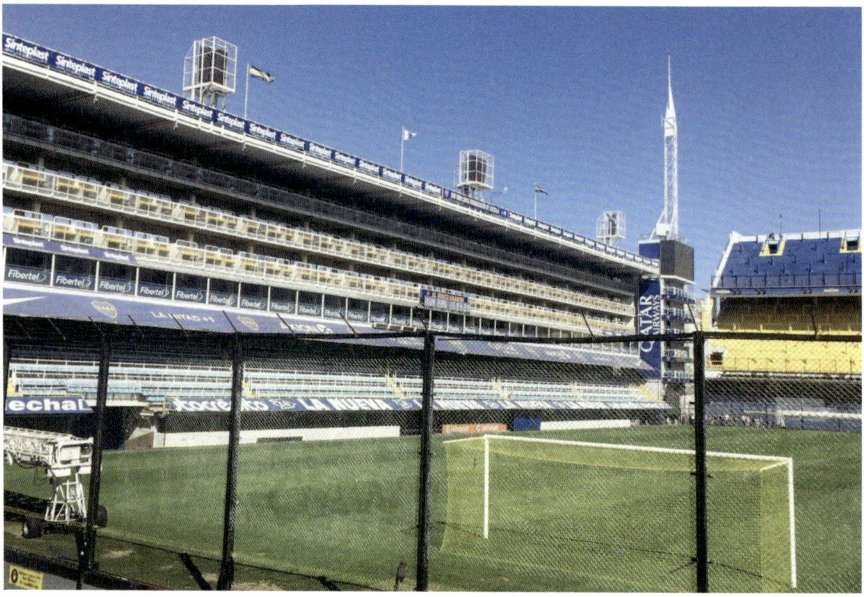

Eine der zahlreichen Logen gehörte Diego Maradona. Foto: Klaus-Hendrik Mester

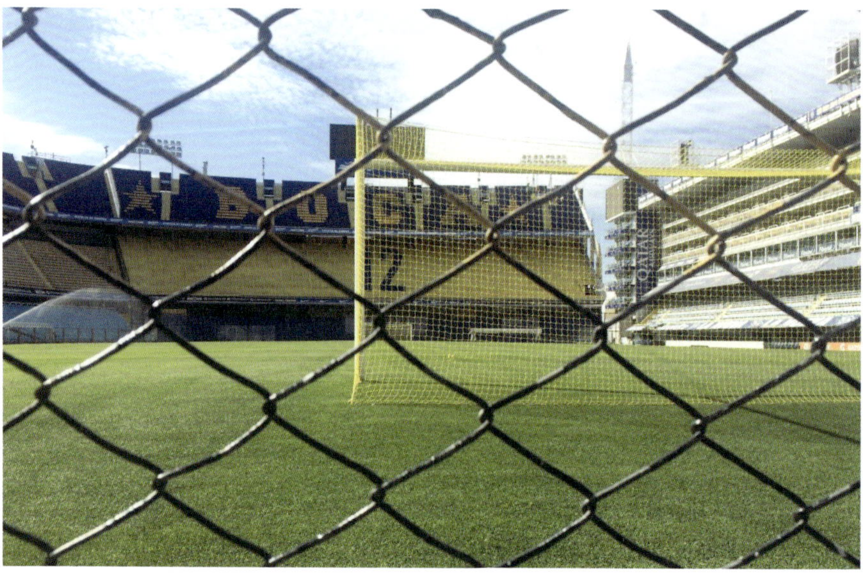

Froschperspektive in der „Pralinenschachtel". Foto: Klaus-Hendrik Mester

- Es ist kaum möglich, im Vorverkauf Eintrittskarten für ein Spiel der Boca Juniors zu ergattern. Spezialisierte Agenturen wie „tangol" helfen. Die lassen sich das Angebot natürlich entsprechend entlohnen.
- Ein Besuch des Stadion-Museums lohnt sich. Am Ende des Aufenthalts bleibt keine Frage zur Vereinshistorie der Boca Juniors offen. So zeigen große Bildschirme wichtige Spiele, inklusive der Begeisterung der Zuschauer. Sehenswert! Eine Kombination mit einer Stadionführung bietet sich an. Besonders beindruckten mich die Stehplatzränge hinter den meterhohen Zäunen.
- Ein „Muss": Bummel durch den Stadtteil mit den bunten Häuserfassaden. In den Nebenstraßen der Touristenmeilen entdecken interessierte Besucher das ursprüngliche La Boca. Lebendig, kreativ und fußballverrückt, aber auch teilweise von Armut geprägt.
- Zahlreiche Imbiss-Stände laden zur Verschnaufpause ein. Ich empfehle „Choripan": Die Einheimischen grillen Chorizo-Wurst und servieren sie im Brötchen mit verschiedenen Barbecue-Soßen.
- Offizielle Webseite des Vereins: **www.bocajuniors.com.ar/**

Rio de Janeiro, Brasilien

Botafogo de Futebol e Regatas

ist der coolste Club der Welt, weil …

dessen Heimat in traumhafter Landschaft liegt.

Rio de Janeiro. Moloch, Metropole, Sehnsuchtsort. Fast nirgendwo sonst auf der Welt prallen die Gegensätze so heftig aufeinander wie in der brasilianischen Millionenstadt. Armut, Kriminalität, Arbeits- und Hoffnungslosigkeit liegen wie Blei auf den Favelas. Die Siedlungen fressen sich bis hoch in die Berge. Im Complexo do Alemão leben mehr Menschen als in Düsseldorf. In Kontrast dazu umrahmen Traumstrände das Stadtgebiet. Cariocas – die Einwohner Rios – und Touristen entspannen unter hohen Palmen im weiß gezuckerten Sand. Abends spielen Freizeit-Kicker unter Flutlicht zwischen den zahllosen Fußballtoren aus Holz. Die imposante Christus-Statue thront mit ausgebreiteten Armen auf dem Berg Corcovado hoch über der Stadt. Ganz in der Nähe schwingen sich Brüllaffen durch die Bäume. Nasenbären streunen durch das Unterholz. Mitten in Rio de Janeiro erstreckt sich auf einer Fläche von 100 Quadratkilometern der einzige innerstädtische Regenwald der Welt. Vom Zuckerhut genießen täglich Heerscharen den gigantischen Ausblick auf den Atlantik, die Guanabara-Bucht, die nahen Traumstrände Copacabana und Ipanema. Die nicht enden wollenden Häusermeere und das ferne Bergmassiv komplettieren das einzigartige Stadt-Panorama. In unmittelbarer Nähe des Zuckerhuts schließt sich der Strand von Botafogo an. In einem weit geschwungenen Bogen zieht sich ein Sandstreifen entlang der Guanabara-Bucht und gibt den Blick auf den Pao de Açúcar, den Zuckerhut, frei.

Inmitten des gepflegten Stadtteils weisen viele Spuren auf Botafogo de Futbol e Regatas – den Fußball- und Ruderclub – hin. Fußballfans sprechen einfach nur von Botafogo FR. Der Regatas-Club unterhält einige Sportstätten. Neben

Basketballhalle und Schwimmstadion trainieren die Fußballprofis manchmal auf dem Gelände mit Blick auf den Zuckerhut. Leider fiel 1977 das alte Estádio de General Severiano den Abrissbaggern zum Opfer. Angefangen hat die Clubgeschichte als Ruderverein. Im Sommer 1894 gründeten Sportbegeisterte den Clube de Regatas Botafogo. Zehn Jahre später schlossen sich Fußballenthusiasten zusammen und hoben den Electro Club aus der Taufe. 1942 fusionierten Ruder- und Fußballclub zum heutigen Botafogo FR. Seither etablierte sich Botafogo als einer der großen Clubs in Rio und ganz Brasilien. Die Weltmeister Nilton Santos, Mario Zagallo, Didi und Garrincha klingen älteren Fußballfans wie eine perfekt inszenierte Opernarie in den Ohren.

Leider gibt es – wie so häufig in Rio – auch wieder eine Schattenseite. Der Fußballclub aus dem malerischen Botafogo muss immer wieder sehr gute Spieler verkaufen. Die Talentschmiede am Zuckerhut funktioniert gut und ist legendär. Doch der Ausverkauf junger Fußballer reißt nicht ab. Aber gerade diese Aussichten bieten einen Hoffnungsschimmer. Unzählige Jugendliche träumen von einem besseren Leben als Fußballprofi. Dazu trägt eine Initiative von Botafogo FR bei. Der Berliner Tagesspiegel berichtete 2014 davon, dass der Club Fußballschulen in einer Form eines Franchise-Systems aufbaut. Dort trainieren Jugendliche mehrmals pro Woche. Arme Eltern aus den Favelas können ihre talentierten Söhne kostenfrei fußballerisch ausbilden lassen.

Neben allen finanziellen Interessen, die Botafogo verfolgt, versprüht diese Initiative viel Hoffnung. Sie trägt den treffenden Namen „Sterne der Zukunft Botafogo“.

- Bummel durch Botafogo mit zahlreichen Einkaufmöglichkeiten, ursprünglichen Kneipen und Cafés sowie fliegenden Händlern (U-Bahn-Haltestelle „Botafogo")
- Bei fliegenden Händlern frisches Kokoswasser probieren. Später an den Strandbuden in Ipanema oder an der Copacabana auf den Plastikstühlen einen „Chopp" genießen: Gezapftes, wahlweise einheimisches Bier.
- Auf jeden Fall ein Spiel des Botafogo FR besuchen. Dort erleben Sie brasilianische Fußballatmosphäre in Reinkultur. Die Fans verwandeln die Betonschüsseln des Olympiastadions oder des Maracanã in ein Tollhaus.
- Für vorsichtige Fußballfreunde bieten einige brasilianische Agenturen die Organisation von Spielbesuchen an. Diese haben sich auf Fußball-Events spezialisiert. Das Paket ist nicht ganz günstig, beinhaltet aber die Eintrittskarte, die Abholung vom Hotel, Begleitung des Stadionbesuchs und Transfer zurück zur Unterkunft. Sie können online oder direkt an fast allen Hotel-Rezeptionen buchen. Ich habe sehr gute Erfahrungen mit diesem „betreuten Stadionbesuch" gemacht. Fragen Sie einfach in ihrem Hotel nach.
- Mit der Seilbahn auf Zuckerhut und Corcovado schweben: Toller Blick auf die Bucht von Botafogo, die Stadt, das Hinterland und den Ozean.
- Offizielle Webseite des Vereins: **www.botafogo.com.br/**

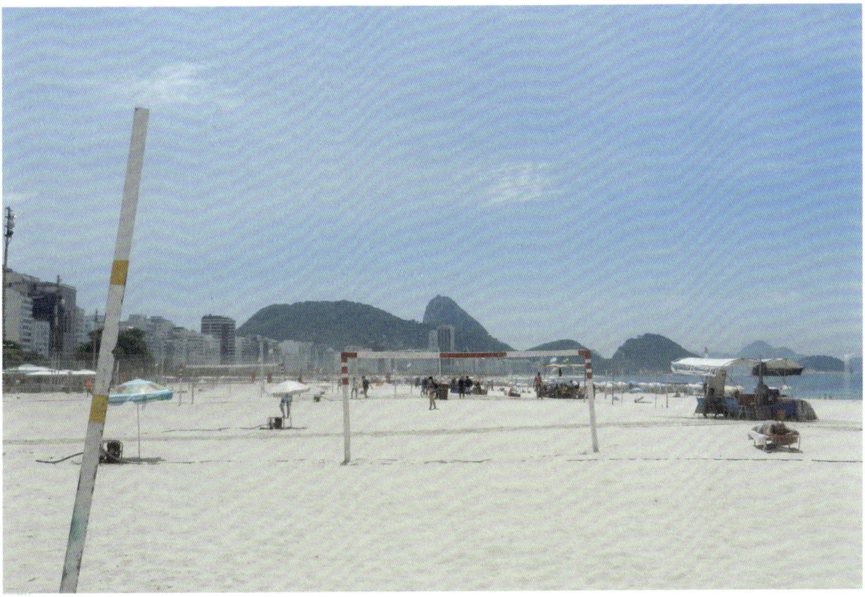

Fußballtor am Copacabana-Strand mit Blick auf den Zuckerhut. Foto: Christiane Mester

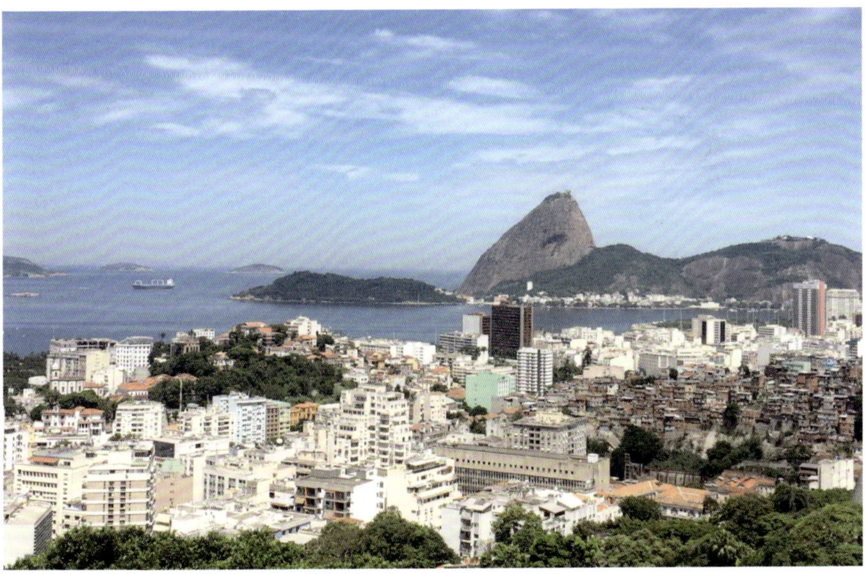

Botafogos Nachbarn: Guanabara-Bucht und Zuckerhut. Foto: Klaus-Hendrik Mester

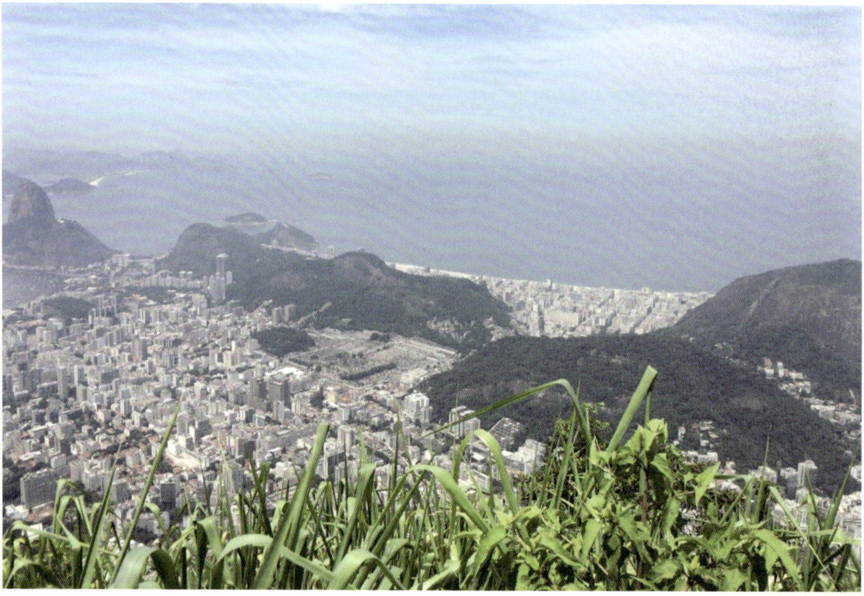

Botafogo von oben. Foto: Klaus-Hendrik Mester

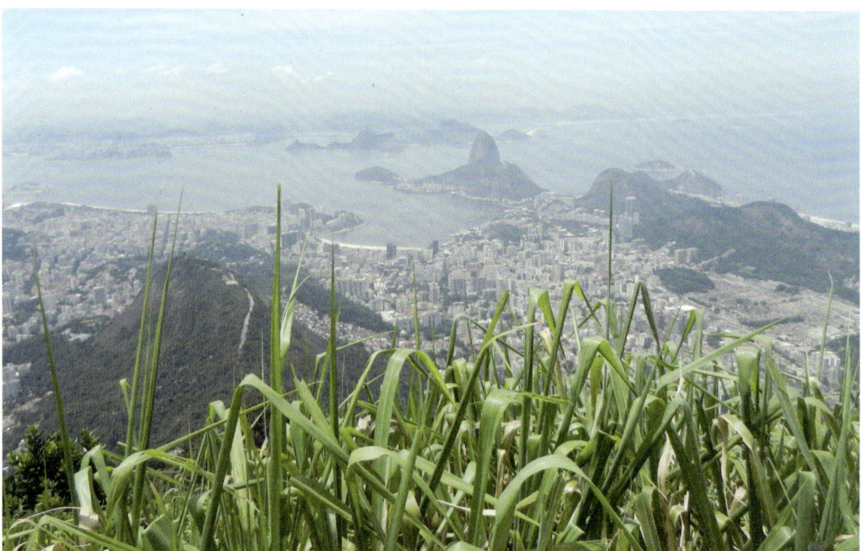

Blick über das Stadtviertel und den Strand Botafogos über den Zuckerhut hin zur Guanabara-Bucht. Foto: Klaus-Hendrik Mester

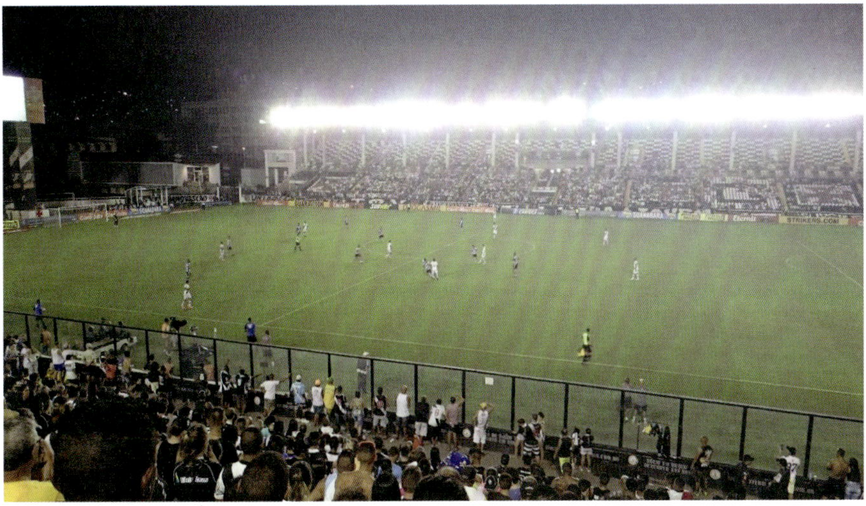

Regionalmeisterschaft „Copa Carrioca" in Rio de Janeiro (28. 2. 2016):
Vasco da Gama – Botafogo FR (1:1). Foto: Klaus-Hendrik Mester

Buenos Aires, Argentinien

Club Atletico All Boys

ist der coolste Club der Welt, weil …

er ein ganzes Stadtviertel verbindet.

In Buenos Aires ziehen an jedem Wochenende zehntausende Fußballanhänger in die Stadien. Millionen fiebern vor dem TV-Bildschirmen mit. Aktuell locken allein neun Erstligisten die „Portenos“, wie sich die Einwohner der argentinischen Hauptstadt nennen, in die riesigen Arenen. Die Stadien der Clubs aus der höchsten Liga fassen insgesamt knapp 450.000 Besucher, fast 50.000 im Schnitt. In Buenos Aires wimmelt es von Fußballtempeln. Enthusiastische Fans, ekstatische Atmosphäre und ein 90-minütiger Dauersupport im höchsten Dezibelbereich gehören zur Normalität. Boca Juniors, River Plate oder Independiente elektrisieren Stadt, Region und das ganze Land.

Doch neben dieser Glitzerwelt der großen Vereine bietet die argentinische Metropole ein zweites Bild. In kleinen Vorort-Clubs spielen die Portenos selbst Fußball. An den Wochenenden treffen sich zudem junge Menschen in den Parks, Grünflachen und Bolzplätzen zum privaten Kick. An einem Sonntag im Sommer bevölkern unzählige Hobby-Kicker jeden Quadratmeter in der Stadt, der sich zum Fußballspielen eignet.

An einem sonnigen Samstag im Frühling sitze ich in einem Taxi. Die Fahrt geht in einen westlichen Stadtteil von Buenos Aires, nach Floresta. „Was wollt ihr da?“, fragt der Taxifahrer meine Frau und mich. Er stammt aus Kolumbien und nestelt an seinem Navi herum. „Ins Estadio Islas Malvinas. Zum Fußball schauen. Zweite Liga. Dort spielen die All Boys“, antworte ich. „Dort war ich noch nie. Buenos Aires hat doch noch so viele andere Sachen zu bieten. Und ihr macht den langen Weg aus Europa und schaut euch unsere zweite Liga an. Verrückt. Finde ich gut“, lacht der Kolumbianer. Er bemüht sich, uns so nah wie möglich ans Stadion zu bringen. Vor dem Haupteingang stoppt er den Wagen und entlässt uns mit einem freundlichen „Näher geht es nicht. Macht euch einen schönen Tag“ in die warme Frühlingssonne.

Die Spielstätte des Club Atletico All Boys scheint völlig aus der Zeit gefallen zu sein. Nostalgiker sprechen von morbidem Charme. Hiesigen Ingenieuren und Statikern würde das Bauwerk wohl zunächst die Sprache verschlagen, um es dann aus Sicherheitsaspekten zu sperren. Ich gehöre zu den Nostalgikern und freue mich über den Anblick eines Stadions, an dem der Zahn der Zeit schon sehr lange nagt. Der kultige Bau stammt aus den 1960er-Jahren. Umbauten fanden danach regelmäßig statt. Maler und Anstreicher dürften sich allerdings nur selten hierher verirrt haben.

Der Name der Sportstätte bezieht sich auf ein älteres und dunkles, aber bis heute aktuelles Kapitel der argentinischen Geschichte. Das „Falklandinseln-Stadion“ weist auf das einst umkämpfte Gebiet in Atlantik hin. Um die Hoheit über die Inseln streiten sich Argentinien Großbritannien seit Beginn des 19. Jahrhunderts. Die Streitigkeiten eskalierten 1982 im Falklandkrieg. Fast 1.000 Menschen fielen. Nach einigen Monaten behaupteten die Briten ihren Besitzanspruch auf die Inselgruppe. Noch heute erinnern besonders im Süden Argentiniens zahlreiche Denkmäler an diese Zeit.

Rund um das Stadion kommen immer mehr Fußballfans zusammen. In einem Park trinken die Menschen Mate-Tee und Bier. Sonne, Bäume, Menschen und die Vorfreude auf das Spiel sorgen für eine entspannte und fröhliche Atmosphäre. Die Menschen bevölkern einen Supermarkt direkt am Park. Neben Jugendlichen in schwarz-weißen Trikots des Club Atletico All Boys decken sich auch Väter mit ihren Söhnen und einige Familien mit Getränken aller Art ein.

Das Stadion liegt mitten in Floresta. In diesem kleinen Stadtteil wohnen etwa 40.000 Einwohner. Einen treffe ich auf der Haupttribüne. Er steht neben mir, ist schon etwas älter, trägt einen dunkelblauen Trainingsanzug eines großen deutschen Sportartikelherstellers und lächelt mich freundlich an. „Würden Sie etwas aufrücken. Hier ist mein Stammplatz. Woher kommen Sie?“, „Ja klar, gerne. Aus Deutschland“, erwidere ich. „Oh, schön. Ich war mal im Maritim-Hotel in Berlin. Auf einem Buchhalterkongress“, beginnt der nette Herr ein längeres Gespräch. In dessen Verlauf plaudern wir über den argentinischen und deutschen Fußball im Allgemeinen und die All Boys aus Floresta im Speziellen. Ich erfahre, dass die Leute hier eng mit dem Fußballclub verbunden sind. Viele engagieren sich ehrenamtlich als Betreuer, Ordner oder Trainer. Mir fällt auf, dass sich alle hier auf der Tribüne zu kennen scheinen. Überall schütteln sich die Besucher die Hände, stehen zusammen und unterhalten sich. „Wir sind alles Bewohner aus Floresta hier. Wir halten zusammen. All Boys ist sind ein typischer Nachbarschaftsverein. Wir lieben unser Barrio“, bringt mir mein Sitznachbar seinen Verein näher. Das „Barrio“, der Stadtteil, bedeutet den „Portenos“ sehr viel. Hier spielt sich das Leben ab. Die Anonymität der Millionenmetropole löst sich hier auf. Buenos Aires setzt sich aus unzähligen „Barrios“ zusammen. So gibt es viele kleine und lebendige Stadteile, die sich zur Großstadt fügen. Das Treiben auf der Haupttribüne fasziniert mich. Sie ist fast schon kitschig, diese familiäre Idylle.

Etwa zehn Minuten vor dem Anpfiff füllen mehr und mehr Fußballanhänger die gegenüberliegenden Stehplatztraversen. Kurz vor dem Einlaufen der Mannschaften ziehen Hunderte auf einmal auf die Tribüne. Eine Blaskapelle und Trommler geben den Takt an. Die Anhänger singen lautstark dazu aus voller Kehle. Das ändert sich in den nächsten 90 Minuten nicht. Nur die Stille während der Halbzeitpause unterbricht die leidenschaftliche Unterstützung der Fans. Ich bin nun vollends begeistert. Der Mix aus lautstarkem Support und familiärer Atmosphäre gefällt mir.

Die Partie auf dem Rasen zwischen dem Heimteam und Villa Dalmine, einem Club aus dem Umland von Buenos Aires, steht der Qualität der Stimmung auf den Rängen um vieles nach. Zur Halbzeit führen die Gäste mit 1:0. Mein Sitznachbar steht auf und verabschiedet sich mit dem trockenen Kommentar „Schlechtes Spiel. Das wird nichts mehr. Alles Gute für Sie“. Er soll Recht behalten. Es bleibt bei einem mageren Tor.

Die Fans auf der Gegengerade tanzen, singen und schreien bis zur letzten Minute. Trotz eines schlechten Spiels ihrer Mannschaft pfeift niemand.

Nach dem Spiel schlendern meine Frau und ich noch etwas durch Floresta. Vielfach haben hier die Fans ihre Verbundenheit mit dem Club und dem Stadtteil verewigt. Mauern und Häuserwände bezeugen dies. Graffitis, Bilder und Schriftzüge sind allgegenwärtig.

Neben der Anziehungskraft der großen Fußballvereine spiegeln die kleinen Clubs aus den Vororten die „Seele“ des argentinischen Fußballs wider. Hier finden Liebhaber der Nostalgie noch letzte Rückzugsgebiete. Hier leben die

Bewohner noch fast schon vergessene Werte wie Respekt, Unterstützung und Solidarität. Hier in Floresta.

- Eintrittskarten können Interessierte am Spieltag direkt am Stadion kaufen.
- Getränke und Snacks bieten einige Supermärkte rund um das Stadion an. Ganz nah liegt der „Supermercado Max". Im Stadion fiel das Angebot nur sehr spärlich aus.
- Ich empfehle den Fanshop des Vereins am Stadion. Auf der Größe eines Badezimmers warten Trikots, Kugelschreiber und Fußbälle auf Abnehmer.
- Nach dem Spiel können Nachtschwärmer schnell mit dem Bus das Szene-Viertel in Palermo erreichen. Haltestellen befinden sich etwa 15 Gehminuten vom Stadion auf der breiten Avenida del Sesquicentenario.
- Offizielle Webseite des Vereins: **http://caallboys.com.ar/**

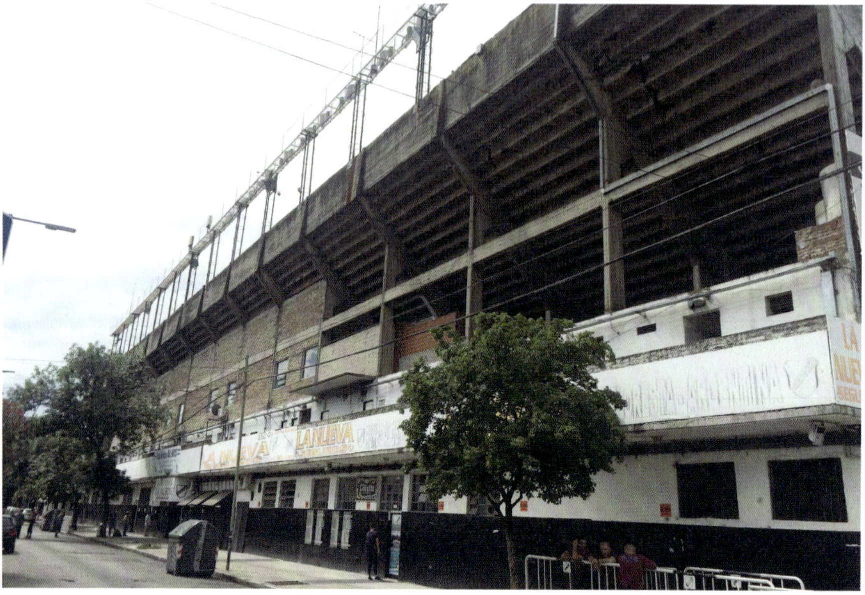

Außenansicht der Haupttribüne des Estadio Islas Malvinas. Foto: Klaus-Hendrik Mester

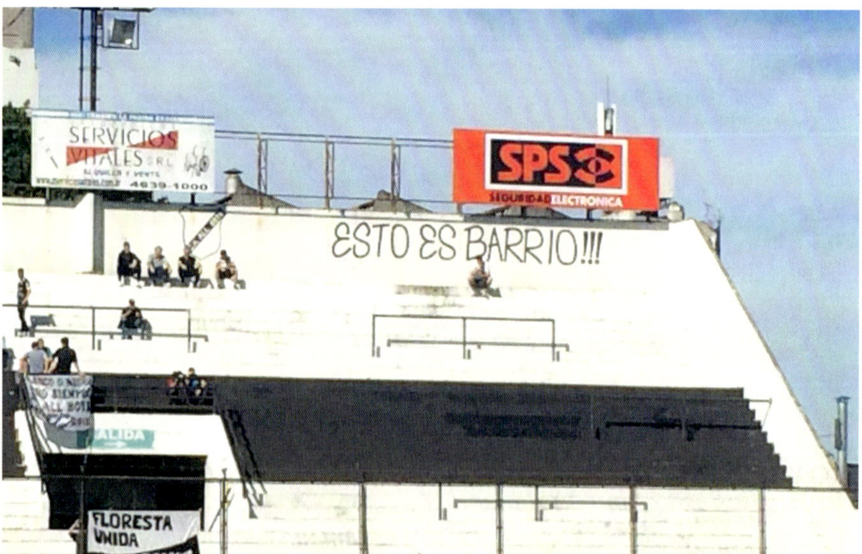

Symbiose zwischen Verein und Stadtviertel: „Esto es barrio" – „Das ist die Nachbarschaft". Foto: Klaus-Hendrik Mester

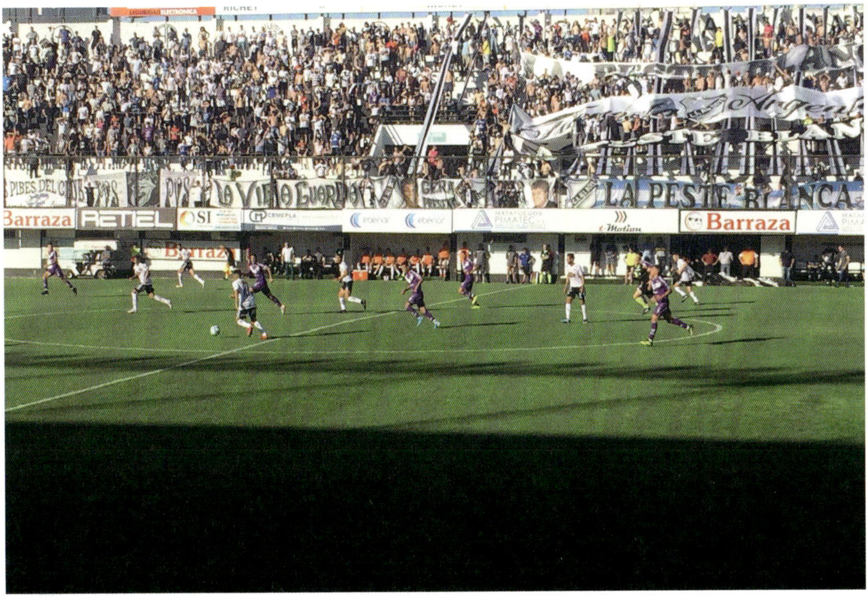

Die Fans auf der Gegentribüne sorgen für bedingungslose Unterstützung.
Foto: Klaus-Hendrik Mester

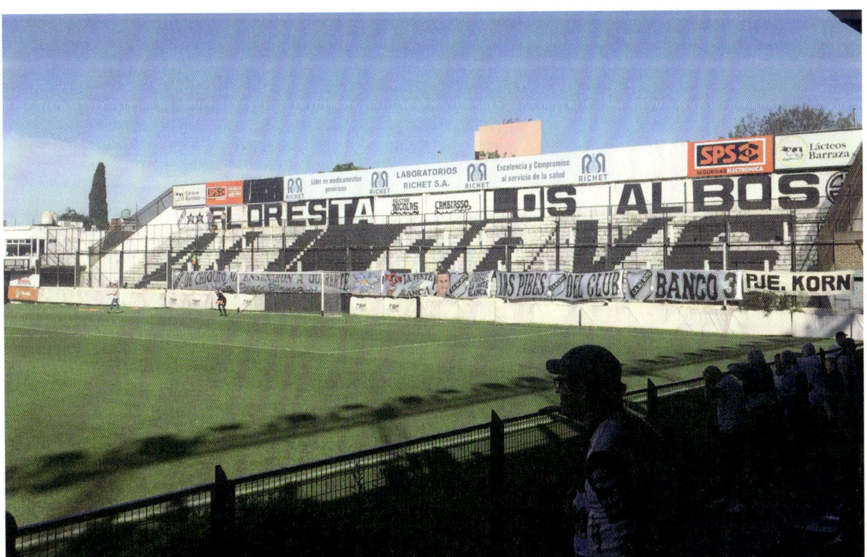

Der Stadtteil ist auch im Stadion präsent. Foto: Klaus-Hendrik Mester

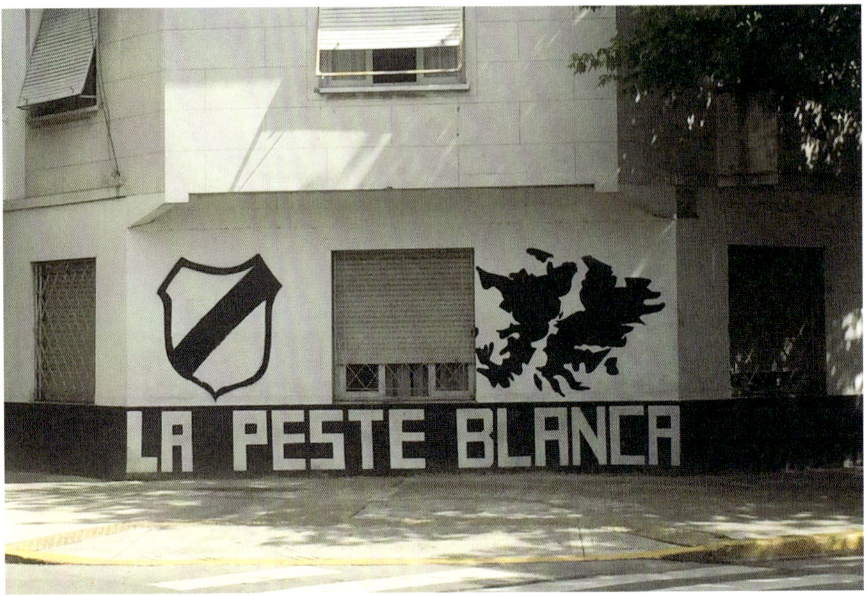

„La peste blanca" – „Die weiße Pest": Spitzname der All Boys. Foto: Klaus-Hendrik Mester

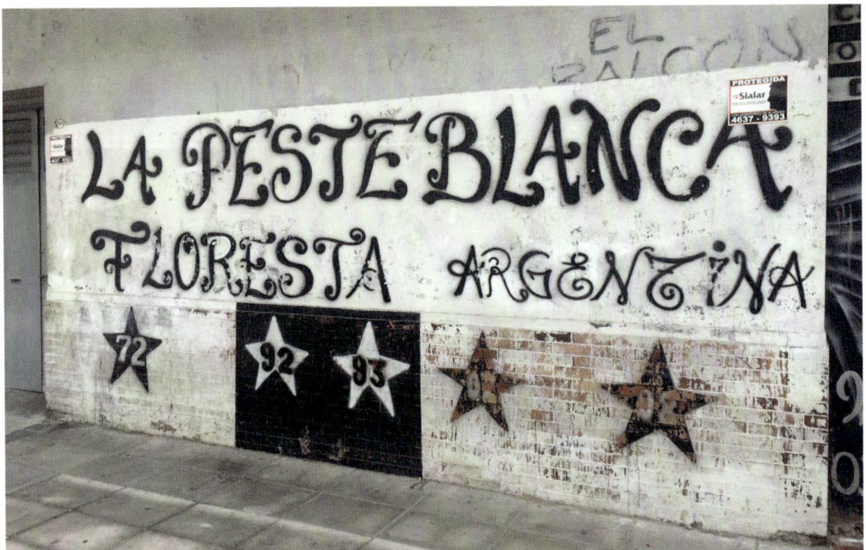

Klare Reihenfolge: Erst Club, gefolgt von Stadtteil und Land. Foto: Klaus-Hendrik Mester

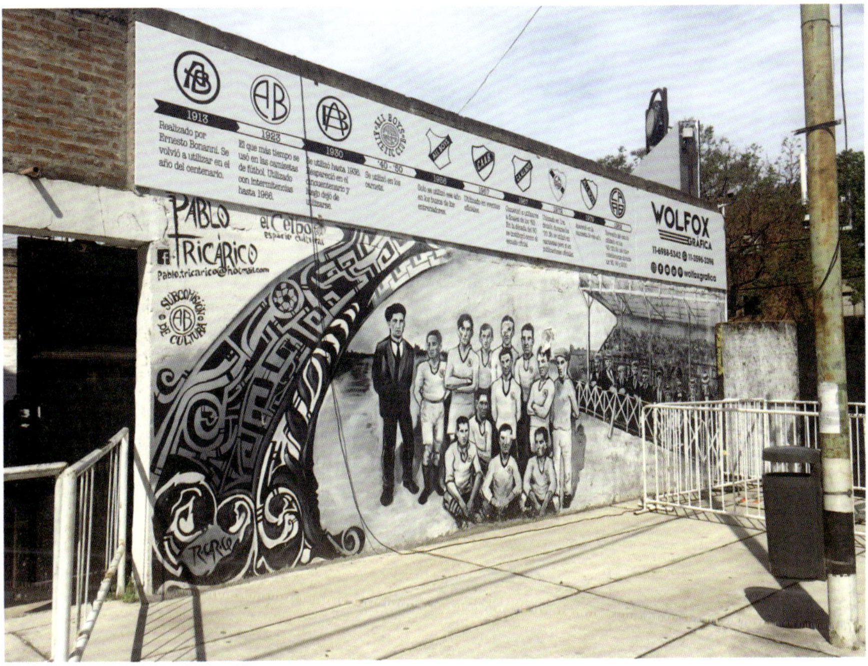

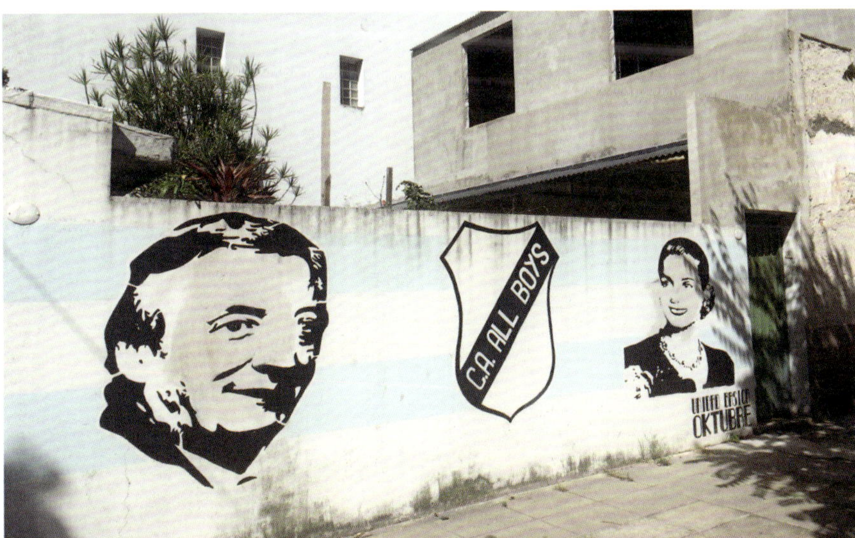

Nostalgische Graffiti für die All Boys. Fotos: Klaus-Hendrik Mester

Buenos Aires, Argentinien

Club Atlético San Lorenzo de Almagro

ist der coolste Club der Welt, weil …

er „den Papst in der Tasche hat".

„Los Santos" – „Die Heiligen". So kurz und knapp nennen die argentinischen Fußballfans die Anhänger des Club Atlético San Lorenzo de Almagro. Der Spitzname geht auf die Gründungstage des Vereins zurück. Der katholische Geistliche Lorenzo Massa erlaubte fußballinteressierten Jugendlichen und Messdienern das Kicken auf dem Kirchhof. Diesen unorganisierten Fußballnachmittagen gaben Pater Massa und einige weitere Mitstreiter mit der Gründung des Club Atlético Struktur. Dabei wählten sie einen Heiligen als Namensgeber. Laurentius von Rom lebte vor etwa 1.800 Jahren und ist Schutzheiliger einiger Berufsgruppen, etwa der Bäcker und der Köche.

Die Verbindungen des Clubs zu Religion und katholischer Kirche gehen sehr viel weiter. Die Vereinsfarben sollen auf die Farbe Blau der biblischen Maria anspielen. Neben „den Heiligen" besitzen die Anhänger des Vereins noch einen zweiten Kosenamen: „Cuervos" – „Die Raben". Hier dient die schwarze Soutane des Vereinsgründers Pater Massa als Vorlage für die Bezeichnung.

Auf dem Stadiongelände liegt eine kleine Kapelle. Dessen Name „Pater Lorenzo Massa-Kapelle" erinnert an den Mitbegründer des Vereins. Vor einigen Jahren feierte hier ein leidenschaftlicher Anhänger des Club Atlético eine heilige Messe. Mit großer Freude teilte er den Anwesenden mit, dass er den Blick auf die Tribünen sehr genieße. Es handelte sich um Jorge Mario Bergoglio. Damals trat er als Kardinal von Buenos Aires vor die Gläubigen. Heute ist er Papst der katholischen Kirche. Der Argentinier macht keinen Hehl aus seiner Zuneigung zu seinem Fußballclub. Vor dem Zweiten Weltkrieg wuchs er als Sohn italienischer Einwanderer im Stadtteil Flores auf. Die Spielstätte des Club Atlético

San Lorenzo lag in der Nähe. Als Kind begleitete er seinen Vater ins Stadion. Schon kurz nach dem Zweiten Weltkrieg schaute er „den Heiligen" bei Ligaspielen zu. Sein Vater schnürte für den Club Atletico die Basketballschuhe und ging als Teil des Teams von San Lorenzo auf Korb-Jagd.

Hinter dem Stadion beginnt eines der Armenviertel in Buenos Aires. Unzählige Buden, Hütten und kleine Häuser legen sich über das Land, nur getrennt durch ungepflasterte Wege. Die „Raben" bieten den Bewohnern Hoffnung, Stolz und Lebensfreude. Auch wenn sich viele eine Eintrittskarte nicht leisten können. Hier hat Franziskus regelmäßig mit Familien gesprochen, versucht Mut zuzusprechen.

Die enge Bindung zum Fußballverein zieht sich wie ein roter Faden durch das Leben des Papstes. Aus der Zeit, als er noch in Buenos Aires als Kardinal tätig war, existiert ein Foto, welches die Presse seither immer wieder ablichtet. Es zeigt Jose Bergoglio schmunzelnd mit einem Wimpel seines Herzensvereins. Andere Fotos zeigen den Mann Gottes mit einem Trikot, das seinen Namenszug trägt. Während eines Gottesdienstes in der Stadionkapelle spendete Franziskus dem Nachwuchstalent Jonathan Pacheco die erste heilige Kommunion. Nur einen Monat später feierte der 18-Jährige seinen ersten Einsatz in der Profimannschaft.

Die Zuneigung des Papstes erwidern Clubführung und Fans. 2008 verliehen die Cluboffiziellen Franziskus die Ehrenmitgliedschaft. Seither zahlt er jährlich seinen Mitgliedsbeitrag. Er ist unter der Mitgliednummer 88235 geführt. Im Stadion rollen Anhänger immer wieder großflächige Banner und Transparente mit dem Konterfei des Heiligen Vaters aus.

Kurz nach seiner Wahl zum Oberhaupt der katholischen Kirche ehrten die Vereinsverantwortlichen des Club Atlético ihren besonderen Anhänger mit einer exklusiven Geste. Die Spieler trugen Trikots mit einem kleinen Foto des Papstes auf der Brust. Dies brachte der Mannschaft Glück: Sie gewann das Auswärtsspiel bei Colon Santa Fe mit 1:0. Einige Fans hüllten sich in Anlehnung an die Kleidung des Papstes in Talare in den Vereinsfarben.

Nach seinem ersten Angelus-Gebet im Vatikan blickte der Papst in die Fernsehkameras. Mit einem verschmitzten Lächeln sendete er einen Gruß der besonderen Art in seine südamerikanische Heimat: „Möge San Lorenzo gewinnen."

Was soll bei dem göttlichen Beistand noch schiefgehen? Hat doch Papst Franziskus den direkten Draht „nach oben". Ich versuche herauszufinden, wie er sein „Fanleben" aktuell auslebt. „Radio Vatikan" teilt mir Interessantes mit. Franziskus schaut sich zurzeit keine Spiele seines Herzensclubs im Fernsehen an. Er hatte nämlich vor einigen Jahren versprochen, dies nicht mehr zu tun. Seine ganze Konzentration gilt seinem Amt. Doch Argentinier, die im Vatikan tätig sind, versorgen ihn mit allen Ergebnissen und Informationen rund um den Club Atlético San Lorenzo. Papst Franziskus sollte sich vielleicht überlegen, mal wieder ein Spiel anzuschauen. Denn seit 2015 hat sein Verein keinen Titel mehr erringen können. Sein „Beistand" scheint notwendig zu sein. Eventuell ist sogar bald ein Besuch vor Ort möglich. Schließlich soll das neue Stadion seinen Namen tragen: „Estadio Papa Francisco". Die innige Bindung zwischen Club und seinem prominentesten Anhänger wäre damit verewigt.

- Für das Bier nach dem Fußballspiel bietet sich das Ausgeh-Viertel Palermo an. Es gilt als sicher. Die Auswahl an Kneipen und Restaurants ist überwältigend. Besonders die zahlreichen Kneipen mit heimischen Craftbeer-Sorten vom Fass sind empfehlenswert. Läden wie „Temple" sorgen für frischen Wind in der Welt konventioneller Getränkeriesen.

- Wer die Atmosphäre im Stadion schon einmal vor einem Besuch vor Ort kennenlernen möchte, dem sei das folgende Video auf „youtube" ans Herz gelegt:
  https://t1p.de/y8rg

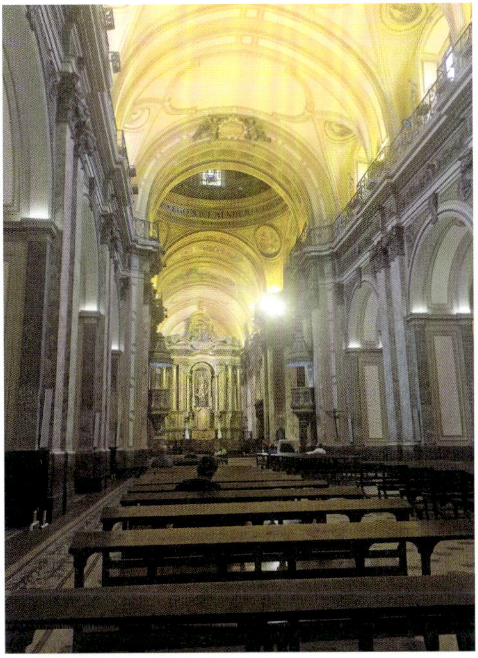

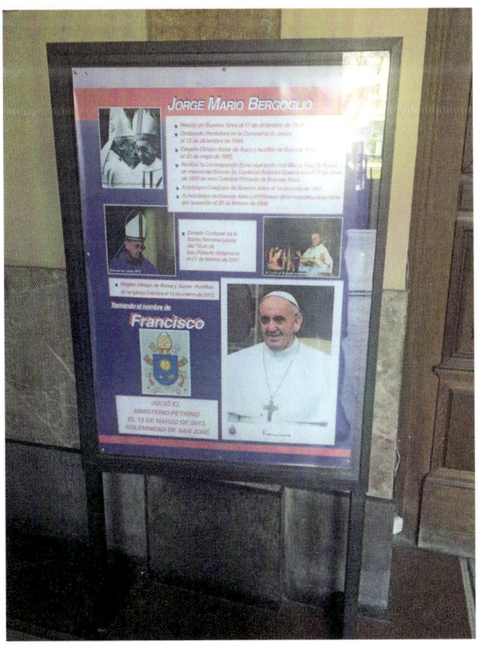

Die alte Wirkungsstätte von Jorge Mario Bergoglio – nun als Papst Francisco verehrt: Die „Catedral Metropolitana de Buenos Aires".
Fotos: Klaus-Hendrik Mester

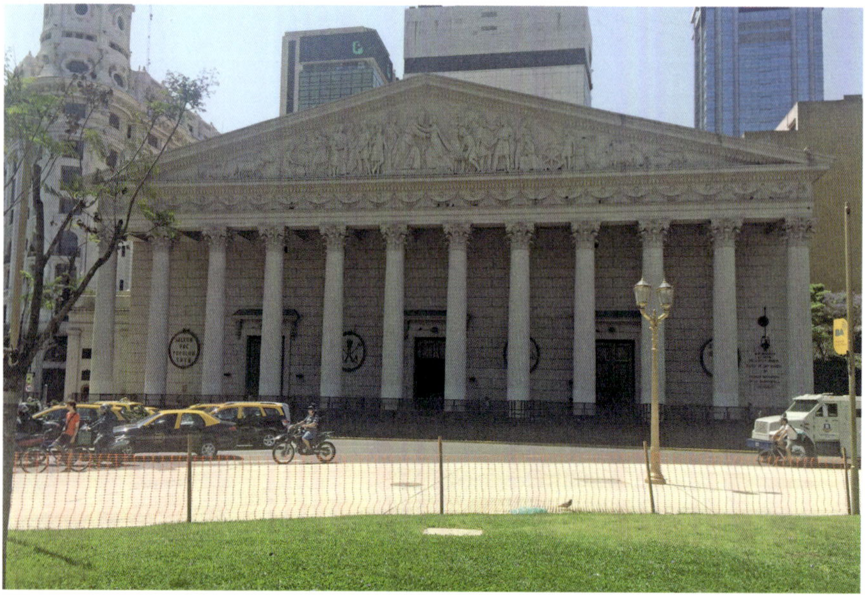

Franziskus war von 1998 bis 2013 als Erzbischof in Buenos Aires rund um die wie ein griechischer Tempel anmutende Kathedrale tätig. Foto: Klaus-Hendrik Mester

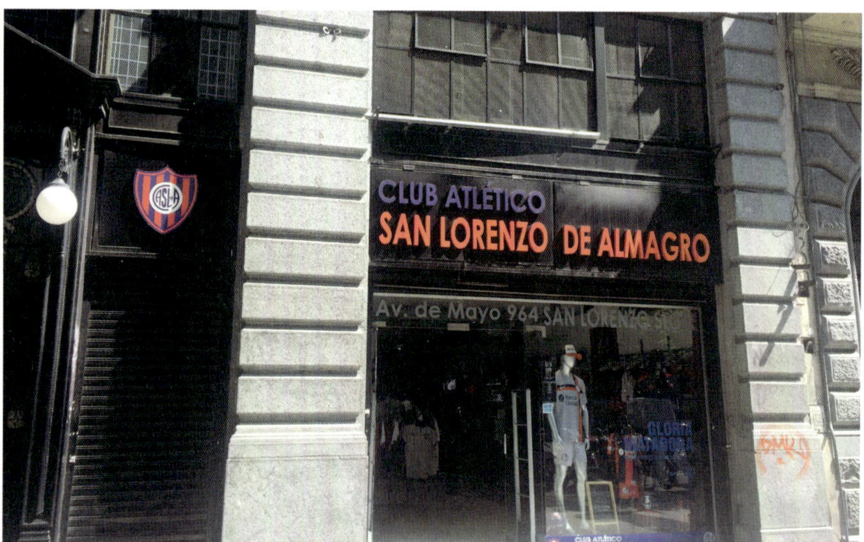

Fanshop der „Heiligen" in der Innenstadt von Buenos Aires. Foto: Klaus-Hendrik Mester

Panama City, Panama

Chorrillo F.C.

ist der coolste Club der Welt, weil ...
er wie Phönix aus der Asche stieg.

„Oh, wie schön ist Panama", heißt die bekannte Kindergeschichte von Janosch. Für El Chorrillo trifft diese Feststellung erst auf den dritten oder vierten Blick zu. Vielleicht auch gar nicht. Das Stadtviertel, im Südwesten der Metropole Panama City gelegen, gilt als einer der gefährlichsten Orte des Landes. In einschlägigen Reiseführern warnen die Autoren vor hoher Kriminalität. Nach Möglichkeit hätten Touristen das Gebiet zu meiden. Zu hoch sei die Gefahr von Überfällen. Armut, Elend und Gewalt bedrücken die Bewohner. Auch das Auswärtige Amt rät von Besuchen des Stadtviertels ab.

Einfache Hütten und riesige Wohnsilos beherrschen das Bild El Chorrillos. Nur wenige Kilometer stadteinwärts glänzen die Wolkenkratzer des noblen Bankenviertels im Abendlicht. Stadtauswärts wohnt die Oberschicht auf einem sanften Hügel mit freien Blicken auf die Weiten des Pazifiks und die Einfahrt zum Panamakanal. Genau zwischen den beiden glamourösen Gegenden drängeln sich die Bewohner El Chorrillos auf engstem Raum. Fast 20.000 Menschen leben auf nicht einmal einem halben Quadratkilometer. Der Beiname der Stadt „La Reina del Pacifico" – die Königin des Pazifischen Ozeans – trifft wohl nicht auf alle Viertel zu.

Um die gegenwärtigen sozialen Probleme des kleinen Stadtviertels zu verstehen, dient ein Blick in die Vergangenheit.

1974. Einige weitsichtige Fußballenthusiasten gründen den Chorrillo FC. Sie verbinden damit die Hoffnung und das Ziel, möglichst viele Jugendliche vor Straftaten zu schützen – Fußballspielen als Mittel der Sozialarbeit.

Panama City, Dezember 1989. US-Streitkräfte marschieren in das mittelamerikanische Land ein. Ihr Ziel: der Sturz des Diktators Noriega. Innerhalb weniger Tage legen die Soldaten El Chorrillo in Schutt und Asche. Dort, wo kurz zuvor zehntausende armer und mittelloser Menschen in Hütten lebten, steht nun kein Stein mehr auf dem anderen. Die Militäroperation löscht einen ganzen Stadtteil aus. Das deutsche Wochenmagazin „Der Spiegel" beschreibt die Lage im Viertel einige Monate später: „Was der Feuersturm nach dem Bombardement nicht besorgte, erledigten die Bulldozer der Army. Heute gähnt ein riesiger leerer Platz, wo einst El Chorrillo stand."

Auch die Verantwortlichen des Chorrillo FC müssen nun in den Trümmern einen Neuanfang wagen. Doch sie geben nicht auf. Als Symbol der Hoffnung fügen sie in ihr Vereinswappen das Symbol des Phönix ein. Er soll sie in eine bessere Zukunft führen.

Aber die Fans müssen noch lange auf Erfolge ihres Clubs warten. Erst 2011 und 2014 gewinnt der Verein einen Meistertitel.

3. Dezember 2017. Der Tag des „Gran Final" der 1. Liga Panamas. Der Chorrillo FC steht im Endspiel um die Meisterschaft. Taxifahrer Adolfo lotst mich seelenruhig durch das Verkehrschaos der mittelamerikanischen Metropole. Unsere Gespräche kreisen um Urlaub, Wetter und Sport. Langsam nähern wir uns dem Nationalstadion Panamas. Ich frage ihn, auf wen er heute im Endspiel tippt. Plötzlich kommt Adolfo in Fahrt: „Fußball ist meine große Liebe". Er schmunzelt und schaut zu mir herüber. „Hier spielen normalerweise alle Baseball. Doch als der Fußball-Nationalmannschaft die Qualifikation für die Weltmeisterschaft gelang, flippten die Leute hier aus. Der Sport wird immer beliebter." Adolfo hält es zwar mit dem Lokalrivalen Tauro FC, doch als Bürger von Panama City drückt er heute Abend natürlich El Chorrillo die Daumen.

Am Estadio Rommel Fernandez ist bereits die „Hölle" los. Viele tausend Fans von Arabe Unido aus Colon, einer kleinen Stadt im Norden Panamas, trommeln sich warm. Stimmgewaltig halten die gelb-schwarz gekleideten Anhänger der Lokalmatadoren aus Chorrillo dagegen. Ich erlebe echte lateinamerikanische Fußballatmosphäre. Heute greift ganz Chorrillo nach der dritten Meisterschaft. Eine Stunde später zieht das Vorprogramm des Endspiels die Besucher in ihren Bann. Im Innenraum des Stadions beginnt ein Spektakel, eine Mischung aus einer Eröffnungsfeier der Olympischen Spiele, Karneval und Open-Air-Konzert. Unzählige Freiwillige tanzen in bunten Kostümen bei Dauerbeschallung aus den Stadionboxen über den Rasen. Nach einigen Minuten bedecken die Menschen fast das gesamte Fußballfeld. Eine Militärkapelle zieht auf. Ein

Tenor schmettert die Nationalhymne. Zuletzt kniet ein Spieler des Chorrillo FC auf dem Rasen und macht seiner Angebeteten einen Heiratsantrag. Meinem Sitznachbarn, einem bulligen Fan in schwarz-gelbem Chorrillo-Trikot, kullern Tränen über die Backen. Mehr an Pathos geht an diesem Abend wirklich nicht.

Doch! Chorrillo FC legt los wie die Feuerwehr. Alfredo Stephens bringt seine Mannschaft mit zwei Toren in Führung. Auch in der zweiten Halbzeit dominieren die Schwarz-Gelben aus Panamas Hauptstadt das Spielgeschehen. Nach einer halben Stunde steht es 3:0. Doch Arabe Unido verstärkt den Druck. Der nur 1,68 m große Enrico Small behält am Elfmeterpunkt die Nerven und schießt den Anschlusstreffer. Arabe bekommt Oberwasser. Die Zuschauer um uns herum schaufeln nervös Erdnüsse in sich hinein. Doch Chorrillo kontert. Zwei späte Tore führen zum 5:1-Endstand. Der Fanblock flippt aus. Die Besucher schreien, tanzen, laufen in die Katakomben und wieder hoch auf die Tribüne, wissen nicht wohin mit ihren Emotionen. Der Phönix ist aus der Asche gestiegen.

2018. Finanzielle Probleme belasten den Club. Die Vereinsführung kämpft um die Zukunft. Eine Vereinsfusion mit dem Club CD Centenario und ein Sponsoringvertrag mit der Universität „Latina de Panama“ führen schließlich zur Rettung des Clubs. Zum wiederholten Mal ist in Chorrillo der Phönix aufgestiegen.

- Estadio Maracana: Der panamaische Mini-Ableger des Riesen in Rio de Janeiro liegt idyllisch direkt an der Bahia de Panama am Pazifischen Ozean. Auch architektonisch überzeugt das Schmuckkästchen.
- Unweit von Chorrillo fahren die Frachtschiffe in den Panama-Kanal ein. An der Uferlinie vergehen die Stunden wie im Flug.
- Chorrillo FC auf Facebook: **https://de-de.facebook.com/Chorrillo-FC-167865703268213/**

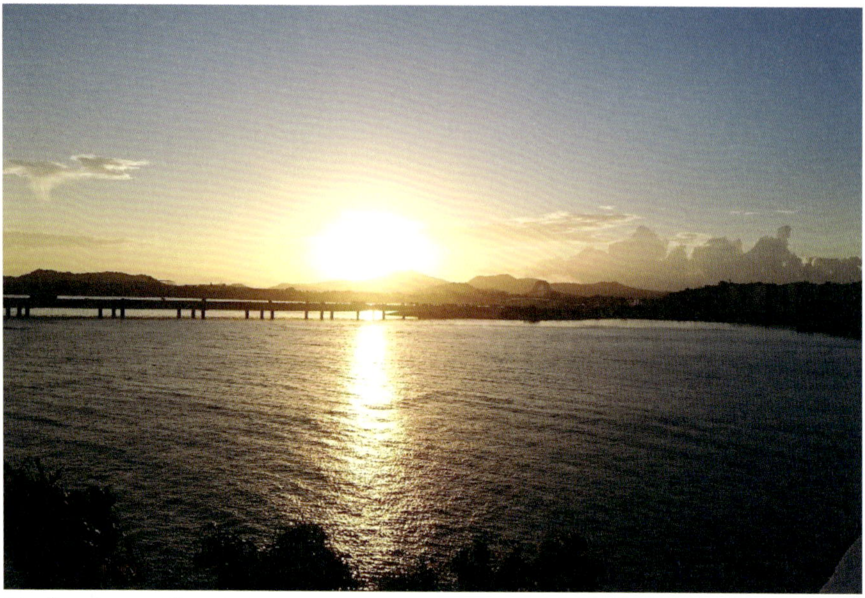

Die Abendsonne über El Chorrillo verdeckt die großen Probleme des Viertels.
Foto: Klaus-Hendrik Mester

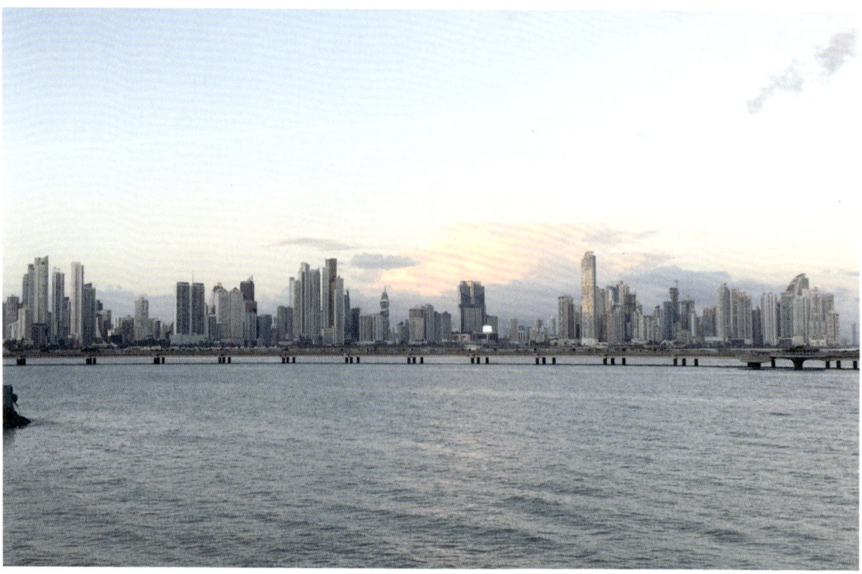

Moderne Skyline von Panama City. Foto: Christiane Mester

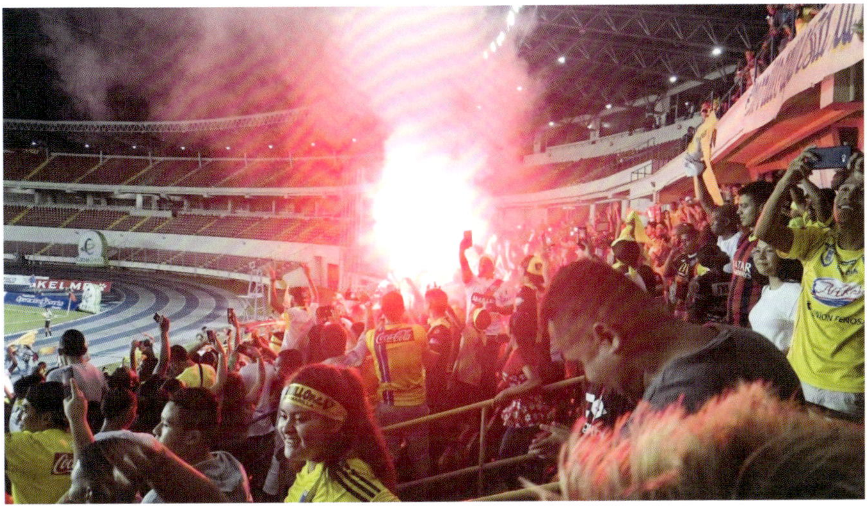

Enthusiastische Fans des Chorrillo FC feiern die Meisterschaft. Foto: Klaus-Hendrik Mester

La Paz, Bolivien

Club Bolivar

ist der coolste Club der Welt, weil …
er dem (Fußball-)Himmel so nah ist.

Los Celestes, die Himmelblauen. So nennen die Bolivianer den Club Bolivar. Die Fußballspieler tragen blaue Trikots. Dies scheint kaum verwunderlich, ist doch die einzige Vereinsfarbe himmelblau. Die Begründung dafür liegt auf der Hand. Der Club Bolivar ist in La Paz beheimatet, dem Regierungssitz des Andenstaats Bolivien. In der Metropolregion leben zwei Millionen Menschen. Und diese fühlen sich dem Himmel sehr nah. Das Stadtzentrum liegt zwar in einem Talkessel mitten in den Anden, jedoch auf einer Höhe von 3.600 Metern. Einige Wohnviertel ziehen sich noch höher an den Berghängen hinauf. Mit jedem Höhenmeter sinkt die Temperatur. Hier oben wohnt der ärmere Teil der Bevölkerung. So liegt das Viertel El Alto mehr als 4.000 Meter über dem Meeresspiegel. Einen Kilometer weiter unten im Tal leben die Wohlhabenden. Seilbahnen überwinden 1.000 Höhenmeter. Sie bringen die Einwohner in verschiedene Viertel von La Paz. Benachbarte Berggipfel ragen fast 6.500 Meter in den Himmel. So haben die Menschen in La Paz die eisbedeckten Spitzen des Illimani stets fest im Blick. Keine Millionenstadt und kein anderer Regierungssitz der Welt liegt höher. Einige der höchsten Andengipfel umgeben die Stadt. Die bolivianische Großstadt gilt als topografisches Unikum.

Nicht nur geografisch ist La Paz eine City der Superlative. Schweißperlen treibt südamerikanischen Fußballern allein der Gedanke an die Stadt auf die Stirn. Gegnerische Fußballmannschaften des Club Bolivar können ein Lied davon singen. Für Vereine aus Regionen, die deutlich tiefer liegen, hat die Hölle einen Namen: das Stadion Hernando Siles.

Die Spielstätte liegt auf einer Höhe von 3.637 Metern. Zum Vergleich: Das Gipfelniveau der Zugspitze beträgt nur 2.962 Meter. Die Folgen der dünnen Höhenluft von La Paz sind legendär. Fußballer klagen über Atemnot, jeder

Spurt verursacht ein Brennen im Lungenbereich, jede Bewegung quält Körper und Geist. Die Liste der malträtierten Fußballspieler ist lang und prominent: Pelé, Ronaldo, Roberto Carlos, Carlos Tévez und unzählige andere litten unter der Höhe von La Paz. Hier oben empfing die bolivianische Nationalelf gerne andere Länderteams. Diese verloren aufgrund der dünnen Luft häufig. Selbst die sonst so übermächtigen Brasilianer gerieten in der Andenstadt regelmäßig in Schwierigkeiten.

Die große Stunde des Club Bolivar schlägt am 8. Dezember 2004. Ganz La Paz fiebert dem Finale der Copa Sudamericana entgegen. Der Wettbewerb ist das südamerikanische Pendant zur Europa League. Wie früher im UEFA-Pokal duellieren sich die Finalisten der Copa Sudamericana in einem Hin- und Rückspiel. Im Estadio Hernando Siles empfangen über 40.000 Zuschauer die weltbekannte Mannschaft der Boca Juniors aus Buenos Aires. Eine Viertelstunde vor Schluss spurtet Bolivars Horacio Chiorazzo allein auf Argentiniens Nationaltorwart Roberto Abbondanzieri zu und umspielt ihn. In dem Moment taucht plötzlich ein Boca-Spieler neben ihm auf, holt ihn fast ein. Chiorazzo erreicht mit einem langen Grätschschritt als erster den Ball und hebt das Leder ins Tor. Ein ohrenbetäubender Jubel bricht im höchsten Stadion der Welt aus. Club Bolivar siegt gegen die großen Boca Juniors mit 1:0. Der Underdog, benannt nach Freiheitskämpfer Simón Bolívar, hat es wirklich geschafft. Dieser Tag bleibt den Fans des Club Bolivar wohl lebenslang im Gedächtnis, auch wenn sie bei der 0:2-Rückspielniederlage nicht jubeln konnten und Boca den Pokalsieg überlassen mussten.

Die Spieler der Boca Juniors tragen ihre Heimspiele 25 Meter über dem Meeresspiegel aus. Die ungewohnte Höhe von La Paz setzte ihnen besonders an diesem Dezemberabend im Jahr 2004 zu. In und um die Metropole leiden auch Einheimische an der sogenannten Höhenkrankheit. Atemnot, Schwindel und Übelkeit sind noch die ungefährlichsten Folgen.

In dieser unwirtlichen Region hat sich vor vielen Jahren ein Deutscher niedergelassen. 1947 emigrierte Lothar Kerscher als Schüler nach Bolivien. In den 1950er-Jahren verschlug es ihn nach La Paz. Seither hat der 1933 in Deutschland geborene Kerscher sein Herz an den Club Bolivar verloren. Nach verschiedenen Funktionen im Verein, unter anderem als Clubmanager und Interimstrainer, leitet er seit 1976 die Fußballakademie für Jugendliche. Noch heute arbeitet der umtriebige Lothar Kerscher in seinem Büro im vereinseigenen Stadion im Stadtviertel Tembladerani. Die imposante Fantribüne mit 4.000 Stehplätzen hat er dabei immer in Sichtweite.

Ein zweiter Deutscher versuchte, seine Erfahrung an den Club weiterzugeben. Trainer-Weltenbummler Rudi Gutendorf coachte den Club Bolivar 1974, allerdings nur für einige Monate.

Vor allem Lothar Kerscher hat aber dazu beigetragen, dass der Club Bolivar dem Fußballhimmel ein Stück nähergekommen ist. Es bleibt spannend, welche gegnerischen Mannschaften als nächste in der Höhe von La Paz straucheln.

- Ausschnitte des stimmungsvollen Finalabends um die Copa Sudamericana in La Paz auf „YouTube“: **https://t1p.de/v41n**
- In La Paz entsteht derzeit das größte städtische Seilbahnnetz der Welt. Genießen Sie schon jetzt die Fahrt mit der Teleférico. In wenigen Minuten überwinden Sie etwa einen Höhenkilometer von La Paz hinauf nach El Alto. Einen ersten Eindruck verleiht dieses Video der ARD: **www.daserste.de/information/wissen-kultur/w-wie-wissen/videos/seilbahn-video-100.html**

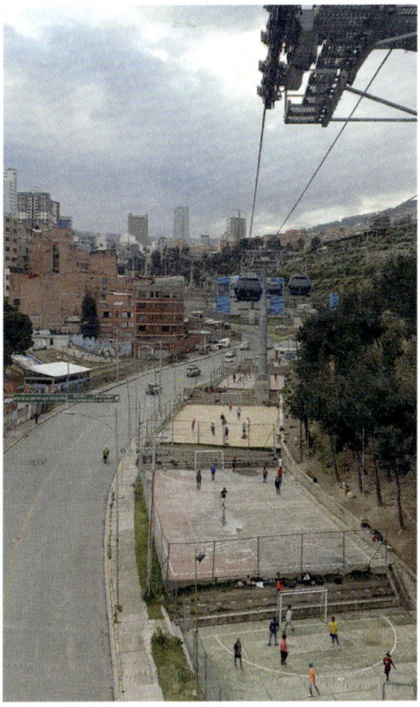

Die Seilbahn schwebt über
die allgegenwärtigen Bolzplätze.
Fotos: Roger Dirksmeier

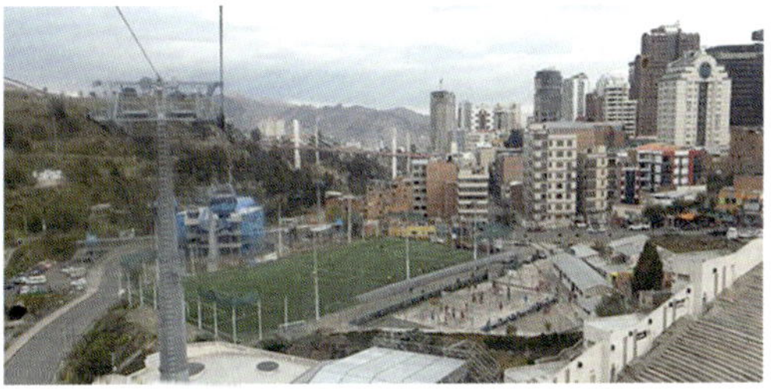

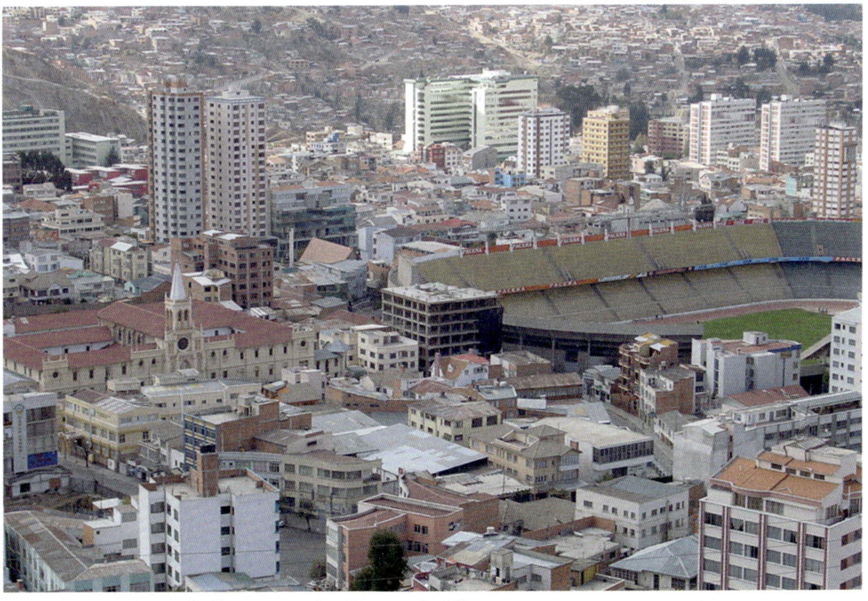

Hier oben ist die Luft dünn: Estadio Hernando Siles. Foto: Dieter Schütz/pixelio.de

Montevideo, Uruguay

Liverpool FC Montevideo

ist der coolste Club der Welt, weil …

er bei genauer Betrachtung aufregender als das Original ist.

Im englischen Liverpool schlägt das Fußballherz. Der FC Liverpool übt auf Fans aus aller Welt seit Jahrzehnten eine fast magische Anziehungskraft aus. 11.000 Kilometer südöstlich der Stadt am Mersey fiebern Fußballbegeisterte mit einem Club gleichen Namens.

Lebten um das Jahr 1800 nur etwa 30.000 Menschen in Uruguay, wuchs die Bevölkerung im Verlauf des 19. Jahrhunderts fast explosionsartig an. Heute hat das Land am Rio de la Plata rund 3,5 Millionen Einwohner. Etwa die Hälfte davon lebt in der Hauptstadt Montevideo. Vor allem aus Europa, insbesondere aus Italien und Spanien, strömten die Menschen nach Uruguay. Die Hoffnung auf ein wirtschaftlich besseres Leben hatten sie dabei im Gepäck. Besonders zu Beginn des 20. Jahrhunderts suchten viele Europäer ihr Glück im fernen südamerikanischen Land. Ihre Fußballbegeisterung nahmen sie mit und gründeten eigene Vereine.

So hoben Fußballenthusiasten auch 1915 den Liverpool FC Montevideo aus der Taufe. Dabei gestaltet sich der Gründungsmythos spektakulärer als beim bekannten englischen Namensvetter. Dort kommt die Entstehungsgeschichte recht profan daher. Ein reicher Geschäftsmann erschuf sich 1892 nach Streitigkeiten mit dem lokalen FC Everton seinen eigenen Verein. Im Gegensatz dazu gibt es gleich mehrere bunte Spekulationen rund um die Ursprünge des uruguayischen Ablegers des FC Liverpool.

Die eine stellt einige befreundete Jugendliche in den Mittelpunkt des Geschehens. So sollen sich vor mehr als 100 Jahren Schüler des katholischen „Colegio de los Padres Capuchinos“ zu einem Verein zusammengeschlossen haben. Sie spielten regelmäßig zusammen Fußball. Die Freunde suchten nun einen Namen für ihre Verein. Einer von ihnen, Julio Freire, hatte während des Erkunde-Unterrichts die zündende Idee. Großbritannien stand im Mittelpunkt der Stunde. Dort stieß der Schüler auf Liverpool, wie Montevideo Hafenstadt. Der nordenglische Ort am Mersey-River steht seither Pate für den Club in Uruguay.

In einer anderen Gründungslegende übernimmt ein Globus die zentrale Rolle. Fußballinteressierte suchten einen Namen für ihren neuen Verein. Sie schoben eine Weltkugel an, die sich zu drehen begann. Mit der Hand stoppten sie den Globus. Der Ort, auf dem der Finger lag, sollte Pate für ihren Vereinsnamen werden. Der Finger eines Gründungsvaters lag auf der englischen Stadt Liverpool.

Heute verbringen die Anhänger des Liverpool FC entspannte Nachmittage und Abende im Estadio Belvedere in Montevideo. Eine treue Fanschar verfolgt die Spiele. Die Mitglieder des Fanclubs „Die Schwarzen vom Hügel" unterstützen ihre Mannschaft lautstark und leidenschaftlich. Ehrenamtliche Helfer halten den Verein in Gang. Im Stadion herrscht eine familiäre Atmosphäre.

Beim Namensvetter im fernen England hingegen drücken horrende Ticketpreise auf die Geldbeutel der Fans. Vorausgesetzt, sie ergattern überhaupt eine Eintrittskarte. Nahezu alle Spiele an der Anfield Road sind ausverkauft. Wie so oft in den höchsten Spielklassen Englands scheinen sich die Profi-Vereine von ihrer Fanbasis abzukoppeln. Millionensummen, die die Clubführungen für Gehälter und Spielerwechsel ausgeben, haben mit der Lebensrealität der Normalbürger nur noch wenig zu tun.

Die Spielstätte des Liverpool FC Montevideo begeistert. Sie liegt auf einem kleinen Hügel zentral im Stadtteil Belvedere. Der Zahn der Zeit nagt unaufhörlich an einem der ältesten Stadien Montevideos. In den vergangenen 100 Jahren scheint hier die Uhr stehen geblieben zu sein. Die Spielstätte bietet einen wunderbaren Gegenentwurf zu den großen, nüchternen Zweckbauten des „modernen Fußballs", zu der nach zahlreichen Renovierungen mittlerweile auch die „Anfield Road" im englischen Liverpool gehört.

Das „Estadio Belvedere" hingegen versprüht Fußballidyll alter Zeiten und wartet zudem mit einem historischen Höhepunkt auf. Hier traten die Spieler der Nationalmannschaft Uruguays zum ersten Mal in ihren heute so unverkennbaren hellblauen Trikots an. Sie schlugen am 15. August 1910 Argentinien mit

3:1. Der Tag gilt als die Geburtsstunde der „Celeste" – der Himmelblauen – wie die Uruguayer ihre Nationalelf nennen.

Bis heute hält die Begeisterung der Uruguayer für den Fußball an. Neben den beiden Großclubs Penarol und National locken kleine Clubs wie der Liverpool FC ihr Stammpublikum aus dem Stadtviertel an.

Schließlich bestechen der Liverpool FC und sein Stadtteil durch die geografische Lage. Nach kurzem Spaziergang durch ihr Viertel gelangen die Bewohner an den Rio de la Plata. Der Fluss breitet sich zum Atlantik hin immer weiter zu einem riesigen Mündungsgebiet aus. Es ähnelt eher einem Meer als einem Fluss.

Entlang der Stadt säumen breite und weitläufige Sandstrände das Flussufer. Hier spielen an Wochenenden Hunderte Beachvolleyball und Fußball oder joggen, walken, radeln. Andere aalen sich in der Sonne oder trinken auf den kleinen Mäuerchen an der Strandpromenade einfach ihren Mate-Tee. Im Sommer versprühen Montevideos Strände ein Urlaubsflair wie am Mittelmeer. Damit kann das Ufer des Mersey-River im englischen Liverpool nicht mithalten.

Ein Spiel des Liverpool FC lässt sich am entspanntesten in Montevideo genießen. Wer nicht ausschließlich an Fußball auf Weltniveau interessiert ist, der genießt die Lebensart in Uruguays Hauptstadt.

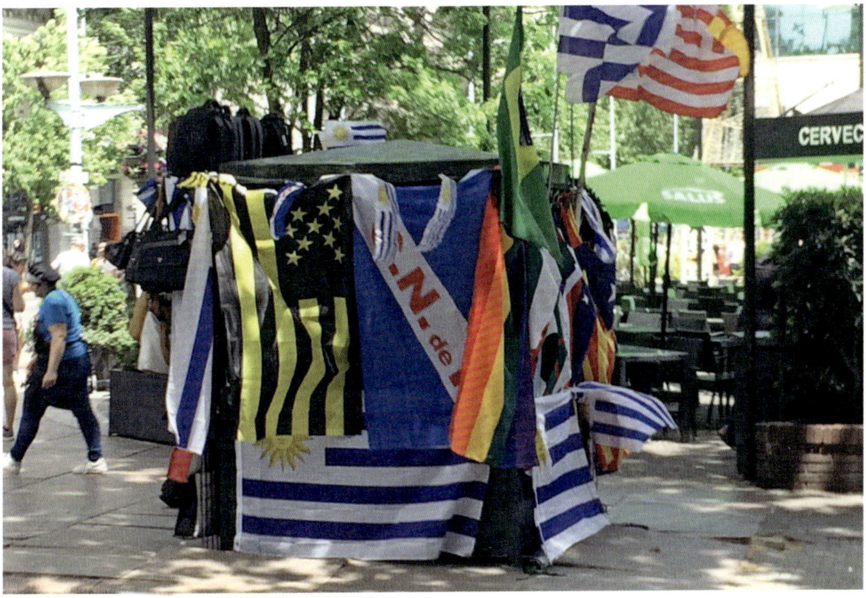

Überall in der Stadt bieten Händler Fußballdevotionalien an. Foto: Klaus-Hendrik Mester

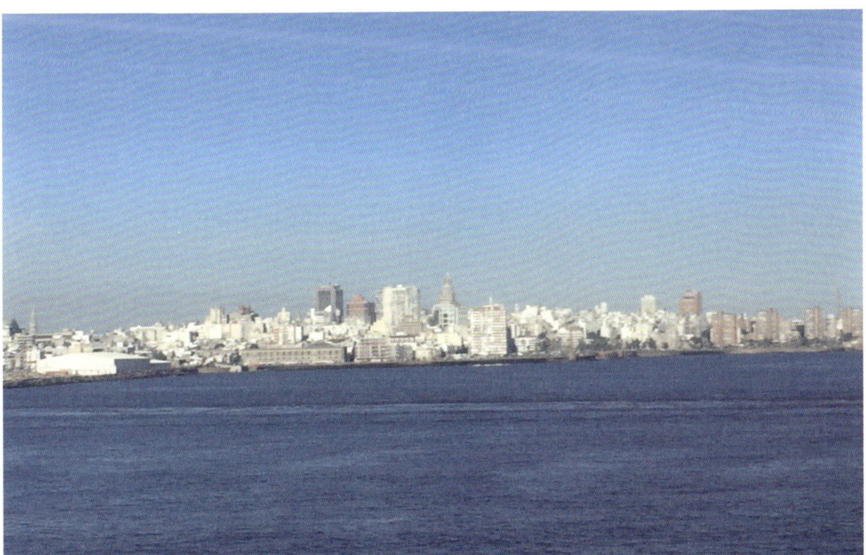

Blick auf Montevideo von der Fähre auf dem Rio de la Plata aus.
Foto: Klaus-Hendrik Mester

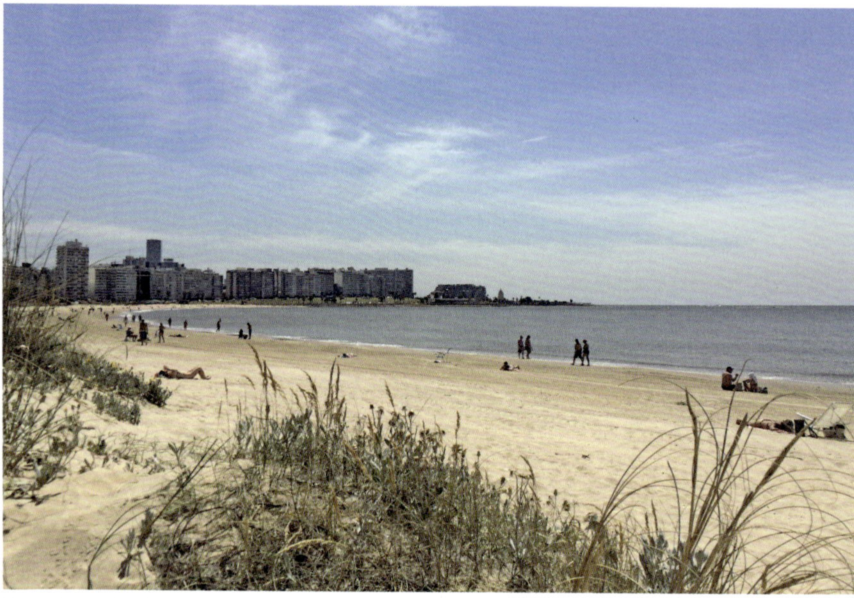

Strand von Pocitos. Foto: Klaus-Hendrik Mester

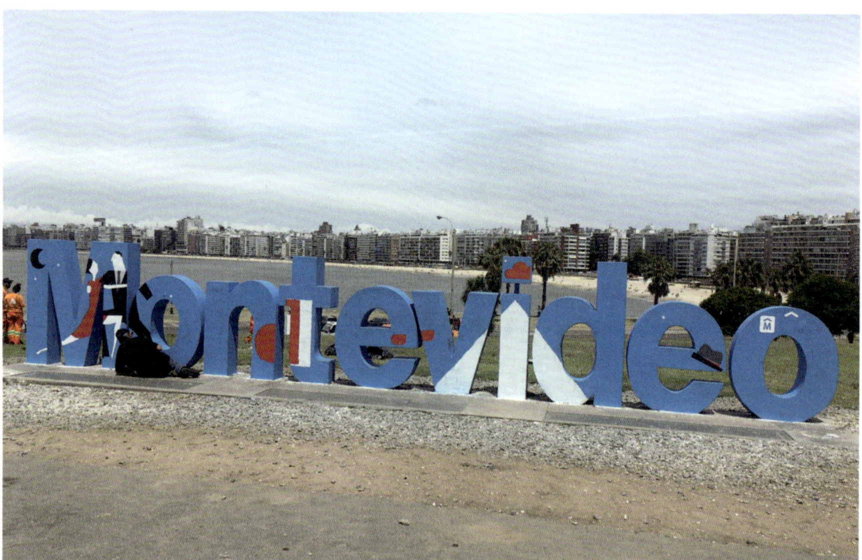

Die Stadt putzt sich heraus. Foto: Klaus-Hendrik Mester

- In den zahlreichen Kneipen und Restaurants der Stadt auf jeden Fall „Chivito" bestellen. Eines der Nationalgerichte Uruguays ist eine Kalorienbombe. Auf ein flaches Stück Rindfleisch gesellen sich gebratener Speck, Zwiebeln und ein Spiegelei. Als Garnitur gibt es Schinken, Pommes und Salat. Nicht fehlen darf eine große Portion Mayonnaise und Ketchup. Guten Appetit!

- Mate-Tee probieren. Das Nationalgetränk schmeckt anfangs etwas erdig und ist zunächst gewöhnungsbedürftig. Mit jedem Schluck entfaltet der Trunk jedoch seine anregende Wirkung.

- Wer mehr über den Fußball in Montevideo erfahren möchte, dem sei ein Werk von Hardy Grüne ans Herz gelegt. In „Montevideo – Eine Reise in das Herz des Fußballs" beschreibt der Autor seine Erlebnisse in den Stadien der Hauptstadt Uruguays. Er gewährt Einblicke in die Fankulturen der Clubs, zeichnet die Atmosphäre in den einzelnen Stadtvierteln nach und illustriert dies mit sehr vielen Schnappschüssen. Erschienen ist das Buch im Zeitspiel Verlag.

Paramaribo, Surinam

Sport Vereniging Robinhood

ist der coolste Club der Welt, weil …

er seinem Namen alle Ehre macht.

Die Gründer haben ein ehrenhaftes Motto für ihren Verein ausgewählt. 1945 hoben einige Fußballliebhaber in Paramaribo die „Sport Vereniging Robinhood" aus der Taufe. Paramaribo ist die Hauptstadt Surinams. In Deutschland kennen recht wenige Menschen den kleinen Staat. Er liegt in Südamerika. Die meisten Einwohner leben auf dem schmalen, fruchtbaren Küstenstreifen. Tropischer Regenwald bedeckt fast das gesamte Land. Bis 1975 war Surinam niederländische Kolonie.

1945 wollten Anton Blijd und seine Mitstreiter den ärmeren Jugendlichen und Männern der Stadt eine sinnvolle Beschäftigung und etwas Lebensfreude in den Alltag bringen. Die genauen Umstände, wie die Gründerväter den Vereinsnamen erschufen, liegen im Dunkeln. Der ärmeren Bevölkerung wollten sie jedoch helfen. Insofern soll das Gründungsmitglied Nelom den Namen in Anlehnung an den Sagenheld „Robin Hood" gewählt haben. Der Sagenheld kämpfte für die Armen. In seiner Tradition sollten Blijd und Nelom mit ihren Kollegen der „Sport Vereniging Robinhood" wirken. Nelom stand dem Verein als Präsident vor. In der Zeit der Clubgründung befand sich das Land in politischer und wirtschaftlicher Abhängigkeit von zwei Staaten. Die Kolonialmacht Niederlande traf die wichtigen Entscheidungen über den Staat. Die USA okkupierten während des Zweiten Weltkriegs Surinam. Sie wollten sich vor allem Rohstoffvorräte sichern und vor Zugriffen anderer schützen.

Unter dem Einfluss gleich zweier Staaten kam den Menschen eine freie sportliche Betätigung gerade recht. Zunächst kickten die jungen Männer des Vereins barfuß. Schnell konnten sie aus der so genannten „Barfußliga" aufsteigen. Als deren beste Mannschaft erhielten sie Fußballschuhe und durften an einem regulären Spielbetrieb teilnehmen. In den kommenden Jahren errangen die Fußballer zahlreiche Siege. 1953 feierten sie zum ersten Mal die surinamische Meisterschaft. Die „Sport Vereniging (SV) Robinhood" entwickelte sich zum beliebtesten und erfolgreichsten Verein des Landes. 24 Meistertitel konnte der Club insgesamt einheimsen. Damit beglückten sie nicht nur die ärmeren Menschen, sondern sehr viele Fans in Surinam. Das Fazit lautet: Der Verein hat seine Ziele übererfüllt, in dem er fast der ganzen Bevölkerung Lebensfreude schenkt.

Nicht nur auf nationaler Ebene sorgten die besten Fußballer Surinams für Furore. Auch international feierten sie beachtliche Erfolge. Einst spielte der Vater des ehemaligen niederländisches Nationalstürmers Patrick Kluivert für den Club. Neben den südamerikanischen Ländern Guyana und Französisch-Guyana nimmt Surinam an der Meisterschaft für Vereinsmannschaften Nord- und Mittelamerikas teil. Der „CONCACAF Champions Cup" – seit 2008 in „Champions League" umbenannt – ist das Pendant zur „UEFA Champions League". Als Mitglied der „Carribean Football Union" messen sich regelmaßig die besten Mannschaften Surinams mit denen aus Nord- und Mittelamerika. Die SV Robinhood erreichte 2005 das Finale der Klubmeisterschaft der Karibik („Carribean Football Union Club Championship"). Sogar fünfmal stand der Club im Finale des „CONCACAF Champions Cup".

Ein langjähriger Fan des SV Robinhood lebt heute in der Nähe von Düsseldorf. Henk sah Mitte der 1960er-Jahre viele Spiele im Stadion. Immer dann, wenn sein Vater Zeit hatte, nahm er ihn mit. Meist verfolgten die beiden von der Sitzplatztribüne aus das Geschehen. Schon zu dieser Zeit hatte sich der SV Robinhood zu einem der beliebtesten Clubs in Surinam entwickelt. „Die Zuschauer sorgten für eine sehr gute Stimmung. Das Stadion war fast immer voll", schwärmt Henk. „Robinhood, Transvaal und Leo Victor waren die beliebtesten und besten Vereine. So wie in der Bundesliga Bayern München, Borussia Dortmund oder Borussia Mönchengladbach", erinnert er sich. Alle drei Clubs stammen aus Paramaribo und spielen heute noch in der höchsten Liga.

Henks Vater war damals für die Regierung tätig. 1972 verließ Henk Surinam in Richtung Niederlande. Ein Schiff brachte Henk zunächst nach Amsterdam. Heute hat er seine private und berufliche Heimat am Niederrhein gefunden.

Einige Familienangehörige und Freunde von Henk leben noch in Paramaribo. So auch Ricardo van Throo, ein alter Bekannter. 1973 begann er seine Karriere in der Jugendmannschaft des Vereins. Er trug in den 1980er-Jahren das Trikot des SV Robinhood und feierte einige Landesmeisterschaften. Ricardo berichtet, dass durchschnittlich 9.000 Zuschauer die Heimspiele besuchen. Bei Spielen gegen Top-Teams kommen bis zu 12.000 Fußballfreunde. 1981 konnten sie sogar Ajax Amsterdam und Feyenoord Rotterdam in Paramaribo erleben. Ricardos Mannschaft verlor die Partien damals. Er trainiert nun schon seit vielen Jahren Teams aus den höchsten Ligen Surinams.

Ricardo ist einer von nur etwas mehr als 500.000 Einwohnern Surinams. Fast exakt genauso viele Einwohner hat Hannover. Die Fläche des Landes entspricht aber knapp der Hälfte Deutschlands. Flora und Fauna gedeihen in reichem Maße, doch viele Menschen leiden unter Armut. Die internationale Organisation für wirtschaftliche Zusammenarbeit und Entwicklung (OECD) stuft Surinam als Entwicklungsland ein. Die Einwohner stammen aus verschiedenen Regionen der Welt. Über ein Drittel der Bevölkerung blickt auf afrikanische Wurzeln zurück. Sie sind Nachfahren einstiger Sklaven. Etwa 150.000 Bewohner stammen aus Indien. Auch viele Menschen indonesischer, chinesischer, arabischer, europäischer und indigener Abstammung leben in Surinam. Vielfältige Kleidungsstile und Musikrichtungen charakterisieren den Vielvölkerstaat.

In der Hauptstadt Paramaribo wohnen viele Menschen in traditionellen verzierten Holzhäusern. Der Architekturstil stammt aus der Kolonialzeit. Der bunte Bevölkerungsmix Surinams spiegelt sich auch in den religiösen Bauten Paramaribos wider. Christliche Kirchen, Moscheen, Hindutempel und Synagogen prägen das Stadtbild.

Die fußballbegeisterten Surinamer bewundern einen ehemaligen Sportler sehr. Andre Kamperveen war der erste Fußballer aus Surinam, der in der niederländischen Profiliga spielte. Dort zog es ihn zum HFC Haarlem. 1982 wurde er bei einem Aufstand gegen die Militärregierung erschossen. Heute trägt das Stadion der SV Robinhood seinen Namen. Dabei ist ein Umstand bizarr. Kamperveen protestierte gegen den damaligen Militär- und Staatschef Desi Bouterse und verlor dabei sein Leben. Bouterse war zuletzt nochmals von 2010 bis zum Frühjahr 2020 Staatsoberhaupt Surinams. Das Stadion erinnerte ihn somit jeden Tag an den Widerstand gegen seine einstige Militärregierung.

Dem Verein mit den ehrenhaften Zielen aus dem kleinen Surinam bleibt zu gönnen, dass er noch sehr viele Menschen mit weiteren Erfolgen beglückt. So wie der Namensvetter aus dem Sherwood Forest die arme Bevölkerung beschenkt haben soll.

- Alle, die mehr über den Fußball im kleinen südamerikanischen Land erfahren möchten, werden auf der Homepage des surinamischen Fußballverbands fündig. Allerdings ist diese in niederländischer Sprache verfasst:
  https://svb.sr/

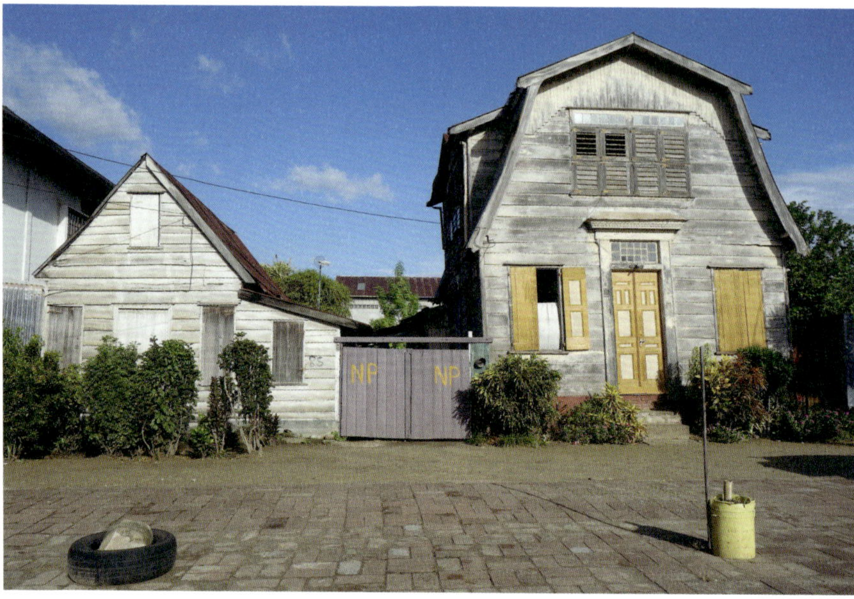

Landestypisches Holzhaus in Paramaribo. Foto: pixabay/ChickenTikkaMasala

Das Vereinswappen spricht eine eindeutige Sprache.

Turrialba, Costa Rica

Turrialba F.C.

ist der coolste Club der Welt, weil …

er aktiven Vulkanen trotzt.

Ich sitze auf dem Beifahrersitz und kann es kaum fassen. Wie ein Film zieht die Landschaft am Fenster vorbei. Das, was ich sehe, überwältigt mich. Sattgrüne Bäume bedecken die sanften Hügel. Kaffeeplantagen ziehen sich endlos die Hänge hinauf. Hier und da tauchen zwischen den Pflanzen Männer mit Strohhüten auf. Plötzlich schweben vor unserem Auto zwei Papageien im Tiefflug über die schmale Straße. Immer wieder begleiten blau schimmernde Schmetterlinge, die Morphofalter, für einen Moment unsere Fahrt. Wir überholen drei Jugendliche. Zwei sitzen auf einem kleinen Moped. Der Dritte sitzt auf seinem Fahrrad und lässt sich per Seil vom Moped-Mitfahrer ziehen. Freundlich winken die drei, als ich den Daumen aus dem Fenster strecke. Wir reisen mitten durch den Regenwald in Costa Rica. Nach einer langen Autofahrt von der Pazifikküste taucht in einem Talkessel unser Etappenziel auf. Turrialba. Mehrere Naturreservate und Nationalparks umschließen die Kleinstadt. Tiefliegende Wolken verhindern den Blick auf die hohen Berge. Zwei davon ragen weit über 3.000 Meter in die Höhe. Beide bedrohen Mensch und Natur. Der Turrialba und der Irazú sind Vulkane. Sie sind aktiv. Sehr aktiv.

Nach 140 Jahren der Ruhe meldete sich der Turrialba wieder zu Wort. Zunächst stieß der Riese nur Dampf aus. 2006 knallte es dann richtig. Die Hänge des Vulkans bewachsen dunkelgrüne Bäume. Er sieht eigentlich sehr friedlich aus. Doch seit einiger Zeit speit er Dämpfe und Aschefontänen in den Himmel. Am 12. März 2015 erzitterten die Menschen rund um Turrialba. Der Vulkan brach aus. Er schoss eine Aschewolke über einen Kilometer hoch in die Luft. Ein Jahr später legte der Turrialba nochmal nach. Einer der heftigsten Vulkanausbrüche Costa Ricas in jüngerer Vergangenheit führte zu Flugausfällen in der Hauptstadt San José. Die ist immerhin 60 Kilometer entfernt. Die Einwohner der Metropole San José konnten die Aschewolke sehen. Die Menschen in Turrialba mussten Atemmasken tragen. Der Schulunterricht fiel aus. Das öffentliche Leben in der kleinen Stadt litt unter den Aktivitäten des Vulkans. Einen Jahreswechsel der besonderen Art erlebten die Bewohner Turrialbas von 2016 auf 2017. Der Vulkan eruptierte am Silvestertag. Die regelmäßigen Eruptionen bedrohen einige Landwirte. Die Aschewolken können Teile der Ernte zerstören. Im Mai 2019 kam es zum vorerst letzten Ausbrauch.

Noch eine Spur bedrohlicher zeigt sich der Nachbar des Turrialba, der Irazú. Dieser ist mit 3.432 Metern der höchste Vulkan Costa Ricas. Seinem Namen, der aus der indigenen Sprache übersetzt „der grollende Berg“ bedeutet, macht er alle Ehre. Seine vorletzte Ausbruchsphase dauerte zwei Jahre an. 1994 katapultierte „der grollende Berg“ Staub und Steine aus seinem Inneren. Der Irazú gilt als einer der gefährlichsten und unberechenbarsten Vulkane im ganzen Land. Die Menschen fürchten vor allem Bergstürze an den Kraterhängen, die als Folge eines weiteren Ausbruchs folgen könnten. So könnte auch Wasser des zwar fast ausgetrockneten, aber säurehaltigen Kratersees ins Tal fließen.

Die Verantwortlichen des örtlichen Fußballvereins lassen die beiden Naturriesen nicht kalt. Mit gehörigem Respekt betrachten sie die Entwicklungen. Auch wenn für die Einwohner Turrialbas derzeit keine direkte Gefahr für Leib und Leben von den Vulkanen ausgeht, so haben die letzten Ausbrüche ihnen dennoch aufgezeigt, wie stark die Natur sein kein. Unkalkulierbare Lavaströme, Gesteinshagel und giftige Dämpfe bedrohen die Anwohner.

Das Stadion des Turrialba F.C. liegt am Ortsrand. Die Krater der beiden Vulkane liegen zwischen 15 und 20 Kilometern Luftlinie entfernt.

Unweit der Vulkane kämpft der Turrialba F.C. um Punkte in Costa Ricas 2. Liga. Das kleine Stadion, das 4.500 Zuschauer fasst, liegt inmitten von tropischen Regenwäldern und Naturschutzgebieten. In den 1960er- bis 1990er-Jahren spielte der Club teilweise in der 1. Liga. Die Costa Ricaner, die so genannten „Ticos“, bezeichnen den Verein oft als „Fahrstuhlmannschaft“. So häufig wechselte das Team zwischen 1. und 2. Liga. Seit einiger Zeit verfolgen die Verantwortlichen ein ehrgeiziges Ziel: Den Aufstieg in die Eliteliga. Das wäre ein weiteres Highlight im exotischen Turrialba. Die fußballverrückten „Ticos“ würde dies freuen.

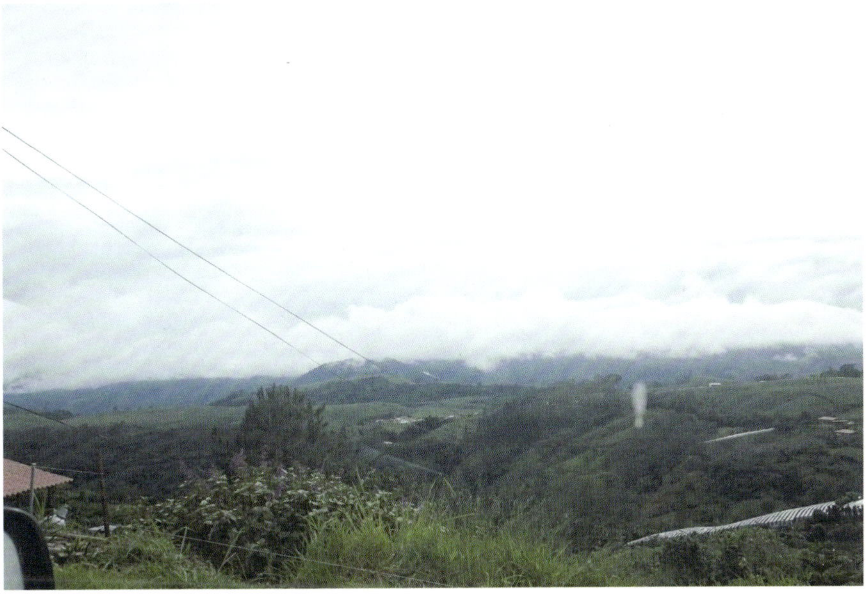

Auf dem Weg nach Turrialba in der Hochebene Costa Ricas. Foto: Klaus-Hendrik Mester

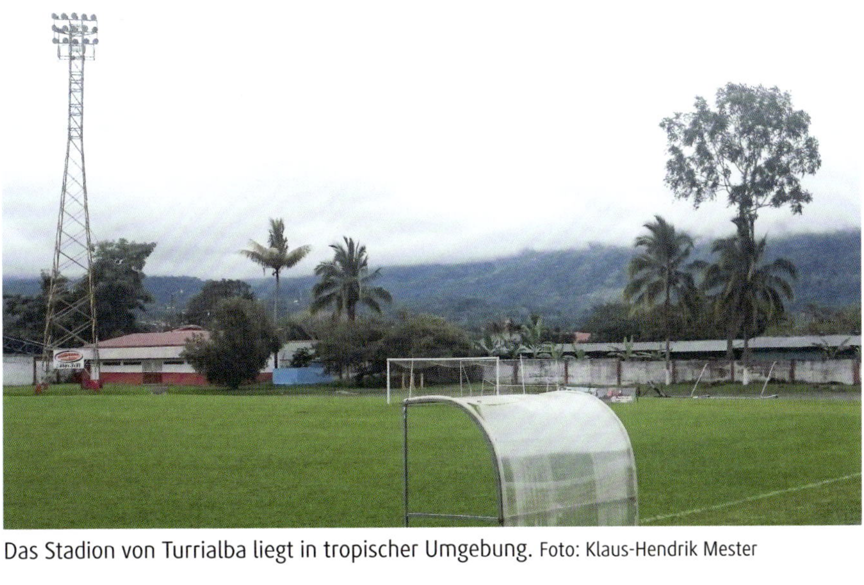

Das Stadion von Turrialba liegt in tropischer Umgebung. Foto: Klaus-Hendrik Mester

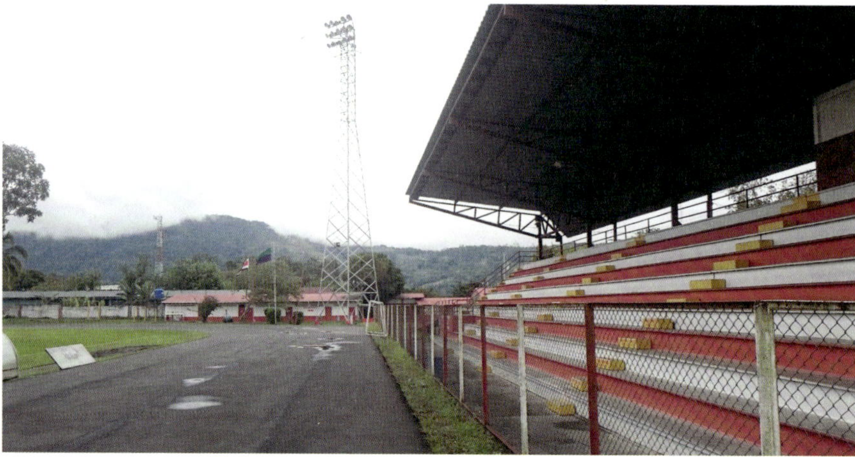

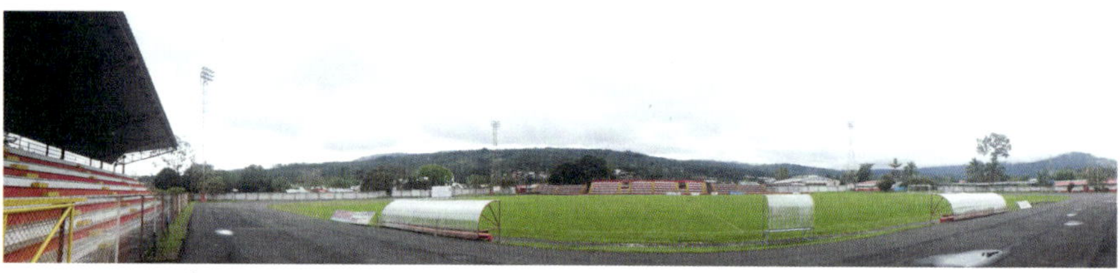

Estadio Rafael Ángel Camacho (Turrialba). Fotos: Klaus-Hendrik Mester

- Turrialba dient vielen Touristen lediglich als Durchgangsstation auf der Reiseroute vom Pazifischen Ozean zum karibischen Meer. Doch die Stadt und ihr Umland bieten einiges, z. B. Wanderungen und Tierbeobachtungen im Regenwald, Kanu- und Kajaktouren oder der Besuch einer der Kaffeeplantagen.
- Eine schöne Unterkunft für einen Aufenthalt in der Region ist das kleine Hotel „Casa Turire". Einige Kilometer entfernt vom Zentrum Turrialbas liegt diese Hacienda mitten in der Natur, idyllisch an einem See:
  https://www.hotelcasaturire.com/
- Der Verein selbst ist auf Facebook aktiv:
  https://www.facebook.com/municipalturrialbacf/

Asien

Immer mehr Menschen in vielen Ländern Asiens begeistern sich für den Fußball. Seit einigen Jahren „boomt“ dort der Sport. Viele europäische Proficlubs machen sich dies zunutze und buhlen mit Freundschaftsspielreisen, Marketingaktivitäten, eigenen Fußballschulen und Büros vor Ort um die Gunst der Sportliebhaber, vor allem in China. Allen voran streben Vereine aus der englischen Premier League nach Fernost.

China und Indien sind weltweit die beiden Länder mit den meisten Einwohnern. Mehr als ein Drittel der Weltbevölkerung lebt dort. Doch Fußball beherrscht das Sportleben in den beiden Staaten noch nicht. Die Chinesen begeistern sich mehr für Badminton, Basketball und Tischtennis, doch Fußball ist auch dank vieler ausländischer Spitzentrainer und Alt-Stars in der Chinese Super League schwer im Kommen. In Indien sind Hockey und Cricket Nationalsportarten. Erst seit 2013 gibt es hier eine Fußball-Profiliga. Der anfängliche Boom, als durchschnittlich über 25.000 Zuschauer in die Stadien strömten, versandete. Das Interesse nahm ab, die Besucherzahl halbierte sich fast.

Doch in anderen Ländern Asiens regiert „König Fußball“. Iraner lieben ihn. Seit 50 Jahren lockt er so viele Menschen in die Arenen wie kein anderer Sport. In Japan und Südkorea zieht der Fußballsport Zehntausende zu den Spielen der Profiligen. Die Nationalmannschaft Nippons holte bereits vier Asienmeisterschaften. Saudi-Arabien und dem Iran gelangen jeweils drei Triumphe.

Auch die Einwohner der Golfstaaten mögen Fußball. Die Profiliga in den Vereinigten Arabischen Emiraten lockt seit langem mit guten Gehältern Fußballer aus aller Welt. Vor allem möchten viele noch kurz vor ihrem Karriereende gutes Geld für die Sportlerrente verdienen. In Katar soll 2022 die Fußballweltmeisterschaft stattfinden. Die klimatischen Bedingungen, Korruptionsverdacht, aber vor allem menschenunwürdige Arbeitsbedingungen beim Bau der Stadien,

Ausbeutung von Gastarbeitern und eine fragwürdige Menschenrechtslage im Land überschatten allerdings die Vorfreude auf das Spektakel.

Neben den Ländern am Persischen Golf erfreut sich der Fußballsport auch im weiteren Nahen Osten großer Beliebtheit. In der politisch instabilen Region des „Levante", dem Morgenland, gilt dies besonders. Er schenkt den Menschen in Israel, Jordanien, dem Libanon, Palästina und Syrien Ablenkung, Lebensfreude und eine Perspektive. Manchmal fungiert das Spielen und Schauen als Rettungsanker in einem schwierigen, teils sogar lebensbedrohenden Umfeld.

Dubai, Vereinigte Arabische Emirate

al-Ahli Club Dubai

ist der coolste Club der Welt, weil …

Stadion- und Moscheebesuch ineinander übergehen.

Auf den ersten Blick scheint der Fußballclub al-Ahli kein besonders liebenswerter zu sein. Aus Sicht eines Fußballromantikers trifft eher das Gegenteil zu: Der recht autokratische Herrscher Dubais, Scheich Hamdan Bin Mohammed al Maktoum, agiert als Vereinspräsident. Im Emirat sprudelt das Geld für das Anwerben internationaler Fußballcracks wie die Erdölquellen. Regelmäßig lockt der Verein Profis im Spätherbst bis Frühwinter ihrer Karriere an den Persischen Golf. Junge Fußballtalente haben es schwer. Rund um das Stadion schießen gigantische Bauwerke wie Pilze aus dem kargen Wüstenboden. Arbeiter aus ärmeren Nachbarstaaten schuften in sengender Sonne auf den zahllosen Baustellen der Stadt. Die Mega-City wirkt auf mich erdrückend, anonym und befremdlich. Denkbar schlechte Voraussetzungen also, um den Stempel „coolster Club der Welt“ aufgedrückt zu bekommen.

Zugegeben, die Vergabe dieses „Gütesiegels“ scheint für al-Ahli Dubai etwas vermessen zu sein. Doch der Verein bringt einen mitteleuropäischen Fußballfan wie mich durchaus ins Staunen. An einem Freitagabend im September 2010 besuche ich das Heimspiel gegen Al Jazira aus dem Nachbaremirat Abu Dhabi. Etwa eine Stunde vor dem Anpfiff suche ich nach einem Kassenhäuschen vor dem Stadion. Aber weder Hinweise auf Tickets noch Menschen, die ich um Rat fragen könnte, sind zu sehen. „Habe ich mich mit dem Datum geirrt? Wahrscheinlich findet das Spiel heute gar nicht statt“, schießt es mir durch den Kopf. Doch mit einem Blick in Richtung Stadion keimt bei mir Hoffnung auf. Die Flutlichtmasten leuchten grell. Ich trotte zur Tribüne, nehme die Stufen des Aufgangs und blicke wenige Momente später auf das Spielfeld. Der Eintritt ist frei.

Noch tummeln sich nur eine Handvoll Zuschauer auf den Rängen. Einige Plätze neben mir unterhalten sich zwei Männer mittleren Alters in englischer Sprache über die Aufstellung des Heimteams. Nur schleppend treffen weitere Besucher ein. Drei Jugendliche setzen sich hinter mich. Kurz darauf taucht ein rot gekleideter Mitarbeiter eines Lieferdienstes auf und übergibt ihnen eine riesige Pizza. Zwei Reihen vor mir schnattern zwei junge Männer lautstark in landestypischer Kleidung. In traditionellem Thawb, einem weißen Gewand bis zu den Knöcheln, dazu Sandalen und hellem Kopftuch diskutieren sie wild gestikulierend.

Zum Anpfiff bevölkern nur wenige Menschen die gegenüberliegende Tribüne. Das soll sich bald ändern. Einige Minuten später höre ich Stimmengewirr. Rechts neben mir, etwa 50 Meter entfernt, ragt ein Minarett einer Moschee in die Höhe. Das Gebäude grenzt direkt an die Mauer der Haupttribüne, auf der ich sitze. Aus der Moschee strömen nun unentwegt Männer. Sie unterhalten sich. Alle sind mit der markanten weißen Thawb bekleidet. Immer mehr Menschen drängen aus dem Gotteshaus. Der helle Lindwurm windet sich langsam vom Ausgang der Moschee in das Stadion hinein.

Binnen Minuten füllen sich die Ränge. Die Menschen aus der Moschee verwandeln die Gegentribüne in eine weiße Wand. Schließlich finden über 5.000 Besucher den Weg in die Arena. Vor einigen Augenblicken noch beim Gebet, feuern die Gläubigen nun ihr Fußballteam an. Das Freitagsgebet stellt für muslimische Männer eine Verpflichtung dar. Eben noch andächtig in die religiöse Pflicht vertieft, wenden sich die Muslime nun ihrem weltlichen Hobby zu. Und dies tun sie mit voller Hingabe. Entscheidungen des Schiedsrichters gehen im Pfeifkonzert unter, laute Anfeuerungsrufe begleiten jede Angriffsbemühung der Heimelf, nach dem ersten Tor springen alle auf und sitzen danach woanders. Als das 2:0 fällt, sitzt niemand mehr. Die Sitzplatzarena wird zum reinen Stehplatzbereich.

Al Jazira rennt in der zweiten Halbzeit an, verkürzt auf 1:2. In der Schlussminute entscheidet der Schiedsrichter auf einen letzten Freistoß für die Gastmannschaft. Tor! Kurz vor dem Ende erzielen die Gäste aus dem Emirat Abu Dhabi den Ausgleich. Nun schlagen die Emotionen einiger Heimfans hoch. Noch vor einer Stunde demütig beim Gebet verharrend, schreien sich die Anhänger ihren Ärger aus dem Leib. Einige aufgebrachte Männer funktionieren ihre Sandalen zu Wurfgeschossen um. Im Islam gilt das Werfen eines Schuhs als Symbol des Protests und der Verachtung. Der Schiedsrichter hat mit seiner Entscheidung am Ende des Spiels den Zorn der al-Ahli-Anhänger auf sich gezogen. Ordner schützen den Referee mit aufgespannten Regenschirmen vor den fliegenden Schlappen. Im Sekundentakt gehen die Ledertorpedos auf den armen Unparteiischen nieder. Der rettet sich schließlich in die Katakomben.

Langsam beruhigen sich die Gemüter. Beim Verlassen des Stadions scheinen fast alle wieder den andächtigen Zustand des Betens erreicht zu haben. Mich beschleicht die Erkenntnis, dass sich Fußballanhänger auf der Welt nicht wirklich unterscheiden. Das eben Erlebte hätte auch in Dortmund oder auf Schalke stattfinden können. Nur wären dort statt Sandalen wohl Bierbecher geflogen.

- Hinweise zu den Terminen der Ligaspiele, Profile der einzelnen Clubs sowie News rund um den Fußball in der Region stellt der Fußballverband der Vereinigten Arabischen Emirate auf seiner Internetseite auch in englischer Sprache zur Verfügung:
  www.uaefa.ae/en

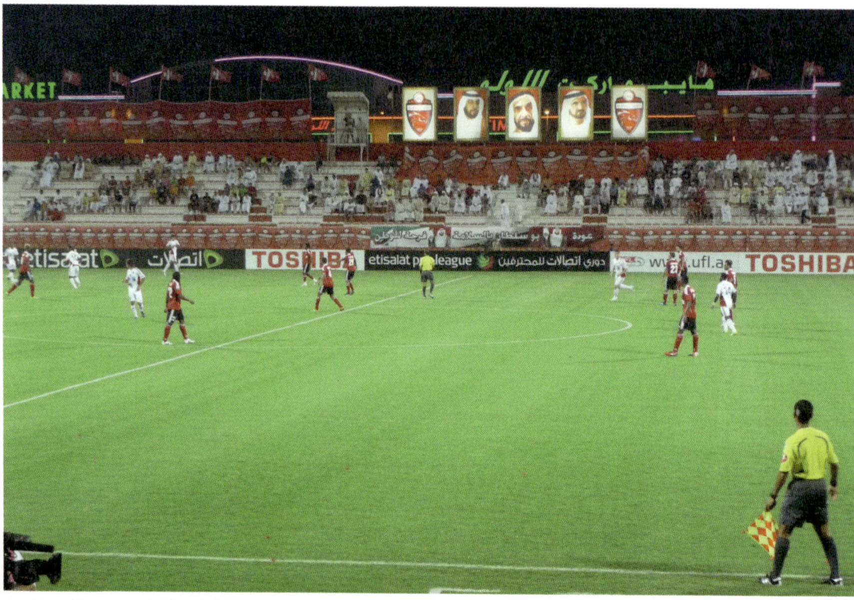

Zu Spielbeginn hält sich der Besuch in Grenzen. Foto: Klaus-Hendrik Mester

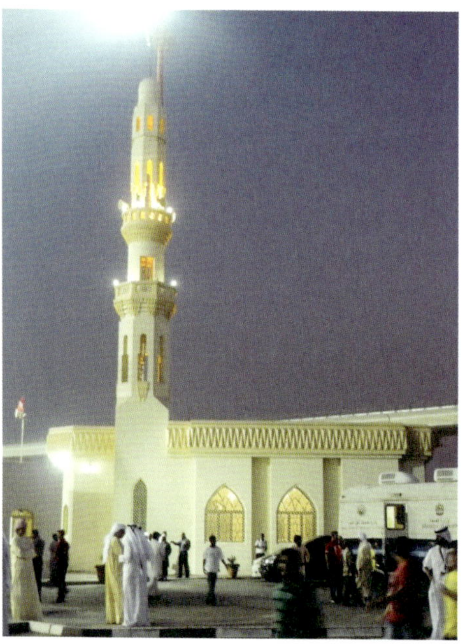
Moschee und Stadion scheinen zu verschmelzen.
Foto: Klaus-Hendrik Mester

Amuda, Syrien

Amuda SC

ist der coolste Club der Welt, weil …

er Hoffnung für Frauen in Syrien bringt.

Amuda liegt im Norden Syriens an der Grenze zur Türkei. Die Region gehört zum kurdisch geprägten Gebiet. Seit langer Zeit bedrücken Kampfhandlungen und Bombeneinschläge die Bewohner. Der Bürgerkrieg lässt die nicht geflüchteten Menschen mit ihrer Angst zurück. Als Kind hat Mahmoud Dahoud mit seiner Familie Stadt und Land verlassen können. Heute feiern ihn die Fans der Dortmunder Borussia. Er hat es geschafft.

Der Krieg löscht Menschenleben aus. Er zerstört die Zukunft der Bewohner, ihre Lebensräume und Kulturstätten.

Die Fernsehberichte aus Syrien machen mich regelmäßig sehr nachdenklich. Ich kann mir kaum vorstellen, wie die Menschen mit der Angst vor Beschuss und Bombenangriffen leben. Was denken sie? Wie sieht ihr Alltag aus? Wie sehen sie die Zukunft? Ein bedrückender, beklemmender, unmenschlicher und lebensgefährlicher Alltag fordert den Menschen psychisch und physisch alles ab.

Doch ein winziger Hoffnungsschimmer strahlt am Horizont. Ein Bericht in der Fernsehsendung „Weltspiegel“ verbreitet einen Hauch von Zukunftsperspektive. Erst 2017 schlossen sich Fußballerinnen in Amuda zu einer Mannschaft zusammen. Bereits drei Jahre später gewannen die Frauen die syrische Meisterschaft.

Der Amuda SC leuchtet seither als ein Stern der Hoffnung auf eine tolerante, friedliche Zukunft Syriens. Denn gesellschaftliche Zwänge verbieten es den Frauen oft, Fußball zu spielen. Ohne finanzielle Unterstützung und dem ständigen Risiko eines militärischen Angriffs ausgesetzt, gelang dieser Erfolg den jungen Sportlerinnen trotzdem. Nach dem gewonnenen Meisterschaftsfinale empfingen die Einwohner die Fußballerinnen überschwänglich. In den Straßen tanzten sie und feierten. Für einen Moment vergaßen viele der 50.000 Bewohner Amudas ihren Alltag voller Risiken und Perspektivlosigkeit. Die Spielerinnen des Amuda SC brachten etwas Lebensfreude in die Stadt zurück.

Für die jungen Frauen bedeutet der Fußball weit mehr als nur Sport. Er gibt ihnen Selbstvertrauen, lehrt sie Teamgeist und stiftet Identität. Im Gegenzug schenken sie dem Verein ihre Leidenschaft. So wuchs aus einer Gruppe die Gemeinschaft selbstbewusster Frauen, die einer ganzen Stadt ihren Stempel aufdrückt. Und zwar im positiven Sinn. Für viele Einwohner sind die Fußballerinnen des Amuda SC Heldinnen. Sie dienen vor allem Mädchen und Frauen als Vorbilder.

In der Fernsehsendung „Weltspiegel" lobt Trainer Ibrahim Ali seine Spielerinnen. „Das Erfolgsgeheimnis ist ihre Liebe zum Sport", erklärt er. Die jungen Frauen sorgen mit ihren Siegen für Aufmerksamkeit. Viele Menschen in der Region zeigen ihre Anerkennung, Respekt und sogar Stolz. Immer mehr Mädchen aus der Gegend interessieren sich für den Fußball und schließen sich dem Club an. Die Erfolge bauen Vorurteile in der Gesellschaft ab, Frauen sollten den Sport besser nicht ausüben. Die Fußballerinnen sprechen in der „Weltspiegel"-Reportage über eine Zeitenwende. Ihre Freiheit, Fußball zu spielen, wollen sie nicht mehr aufgeben.

Dabei hilft ihnen der Sport auch, schwere Schicksalsschläge besser zu verarbeiten. In der Mannschaft musste eine Spielerin den Tod ihres Vaters verkraften. Er starb bei Kampfhandlungen im Krieg. Eine weitere junge Frau des Amuda SC trauert um ihren Freund. Er kam bei Gefechten gegen die Terrormiliz „Islamischer Staat" ums Leben.

Ich bewundere die Frauen. Sie finden in diesem existenzbedrohenden und beklemmenden Umfeld die Kraft, Fußball zu spielen. Sie überwinden gesellschaftliche Vorbehalte. Einige Menschen sehen die Rolle der Frau nicht auf dem Fußballplatz. Andere meinen, sie seien körperlich für die Ausübung des Sports nicht geeignet. Neben dieser Skepsis und Ablehnung müssen die Spielerinnen die ständige Bedrohung durch kriegerische Handlungen erdulden.

Es bleibt zu hoffen, dass die Fußballerinnen in Amuda noch viele weitere Frauen für ihren Sport begeistern können. Frieden in der Region wäre als Allererstes wünschenswert.

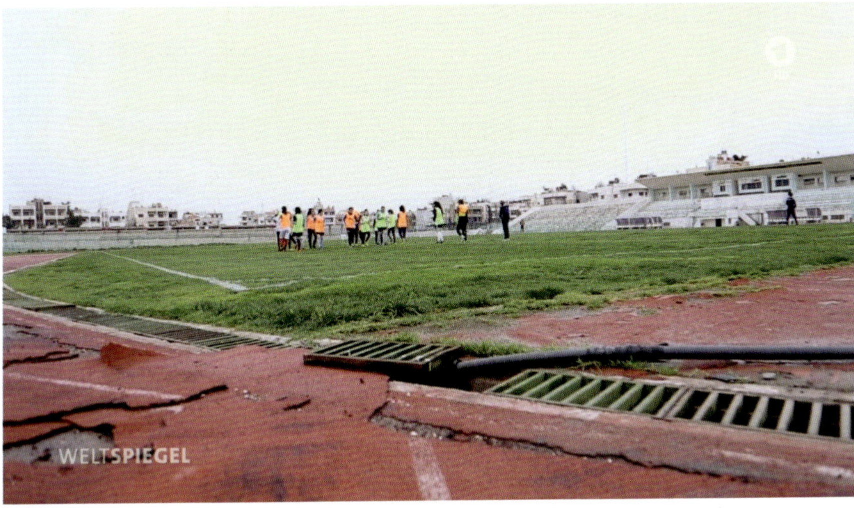

Standbild aus einer Dokumentation der ARD-Fernsehsendung „Weltspiegel“ über den Amuda SC vom März 2020. Abrufbar unter: https://www.daserste.de/information/politik-weltgeschehen/weltspiegel/syrien-324.html. Foto: NDR

Sachnin, Israel

Bnei Sachnin

ist der coolste Club der Welt, weil …

er Hoffnung auf ein friedlicheres Miteinander von Arabern und Juden nährt.

18. Mai 2004. An dem Tag beginnt für Abbas Suan eine neue Zeitrechnung. Eine Kleinstadt im Norden Israel liegt im Freudentaumel. Autos verstopfen die Straßen. Menschen feiern.

In dieser Nacht schöpfen Tausende Hoffnung. Politiker, Journalisten, Sportler, Frauen und Männer in ganz Israel. Für einen Moment blickt die Fußballwelt auf das kleine Fleckchen Erde in Galiläa. Die Mannschaft des Fußballvereins Bnei Sachnin erspielt sich sensationell den israelischen Vereinspokal. Als erster der wenigen arabischen Profi-Clubs im Land erringt Bnei einen Titel.

Inmitten biblischer Stätten liegt der Ort Sachnin. Der See Genezareth, Kanaa und Nazareth befinden sich in der Nähe. Umgeben von Hügeln leben in der Kleinstadt etwa 30.000 Einwohner, überwiegend arabische Muslime. Auch einige Christen führen eine harmonische Koexistenz mit ihren arabischen Nachbarn.

Mittendrin wuchs Abbas Suan auf. 1976 erblickte er in Sachnin das Licht der Welt. Wie fast alle Jungen dort spielte er gerne Fußball. Er hatte großes Talent. Als Jugendlicher schaffte er den Sprung aus dem Juniorenteam in die Herrenmannschaft. Fortan stürmte der arabische Muslim Suan zehn Jahre lang für seinen Club. Er stieg 2003 in die erste Liga auf und zog ein Jahr später zum ersten Mal das Nationaltrikot Israels über. Nur wenige Monate, bevor für ihn eine neue Zeitrechnung begann: Im Nationalstadion Ramat Gan besiegt Bnei den haushohen Favoriten Hapoel Haifa mit 4:1. Abbas Suan ist mit dem Verein seiner Heimatstadt Pokalsieger. Der Erfolg bedeutet, dass auch Araber im kleinen Staat Israel sportlichen Erfolg haben können. Das Nachrichtenmagazin „Der Spiegel“ beschrieb das Ereignis damals unter dem Titel „Triumph der Ausgegrenzten". An diesem Tag konnten sich Abbas Suan und viele Araber als ein zentraler Teil der israelischen Gesellschaft fühlen.

Doch dieser historische Moment symbolisiert mehr. Die Mannschaftsaufstellung von Bnei Sachnin in diesem Pokalfinale liest sich für alle Freunde der Völkerverständigung wie eine Offenbarung. Neben einigen israelischen Arabern wie Abbas Suan steuerten weitere Kicker ihren Teil zum Erfolg bei. Die jüdischen Spieler Avi Danan und Lior Assoulin erzielten insgesamt drei Tore. Der brasilianische Gabriel Lima traf einmal. Dariusz Jackiewicz aus Polen gab eine Torvorlage. Der Kongolese Ernest Oben-Etchi versuchte als Verteidiger, möglichst wenig Schüsse auf das Gehäuse von Keeper Kemoko Camara aus Guinea zuzulassen. Alle großen Weltreligionen aus mehreren Kontinenten der Erde fanden sich in der Mannschaft wieder. Ein größeres Miteinander geht nicht.

Auf der Tribüne der Sachniner Stadions mischten sich in der Vergangenheit Bewohner jüdischen Glaubens aus umliegenden Siedlungen unter die Araber. Guter Fußball lockte alle Bevölkerungsschichten an.

Das zeigt, dass ein friedliches, wertschätzendes Miteinander von Menschen verschiedener Nationalitäten und Religionen keine Utopie sein muss. Sie können zusammen auch ambitionierte Ziele erreichen. Neben allen Hoffnungsschimmern rund um Bnei Sachnin gibt es auch bedenkliche Zeichen.

Was ist vom Pokalsieg als Friedenssymbol geblieben? Im Jahr 2019 spielt Bnei Sachnin nur noch in der zweiten Liga. Bei einigen Auswärtsspielen bekommen die Vereinsaktiven nach wie vor anti-arabische Sprechchöre zu hören. Eine dauerhafte friedliche Koexistenz der Religionen scheint in Israel kaum erreichbar zu sein. Moderate Politiker sind eher weniger und leiser statt mehr und lauter geworden.

Doch ein Hoffnungsschimmer bleibt. Der kleine Verein aus Galiläa gibt nicht auf. Bei Bnei Sachnin kommt es nicht darauf an, welcher Nationalität, Hautfarbe oder Religion die Menschen angehören. Alle möchten erfolgreich Fußball spielen und dadurch die Sorgen der Fans etwas mildern. Das israelische Außenministerium veröffentlichte 2017 einen Kommentar, welcher Mut macht. „Toleranz und Vielfalt treffen auf dem Fußballplatz aufeinander. Dort trainieren Bnei Sachnins muslimische, jüdische und christliche Spieler gemeinsam. Die Teamkollegen, die auf dem Feld und außerhalb enge Freunde sind, sind ein großer Gewinn für das Zusammenleben."

Nach dem Pokalgewinn lobte der damalige Vize-Premierminister Shimon Peres, dass Bnei das Verhältnis zwischen Juden und Arabern verändert und somit dem Land Ehre gebracht hätte. Nicht nur in Sachnin wünschen viele Menschen dem Verein ein neues Fußballwunder. Mit dem Aufsteig ist das gelungen. Im Jahr 2021 kickt Bnei wieder erstklassig.

- Roger Repplinger (2005): Die Söhne Sachnins; bombus Verlag, München. **(Nur noch antiquarisch erhältlich)**
  Der Journalist lebte einige Monate mit den Menschen in Sachnin und schrieb seine Erlebnisse nieder. Das Ergebnis ist ein beeindruckender Bericht über Land, Leute und den Fußball.
- Dokumentarfilm: After the Cup: Sons of Sakhnin United (2009)

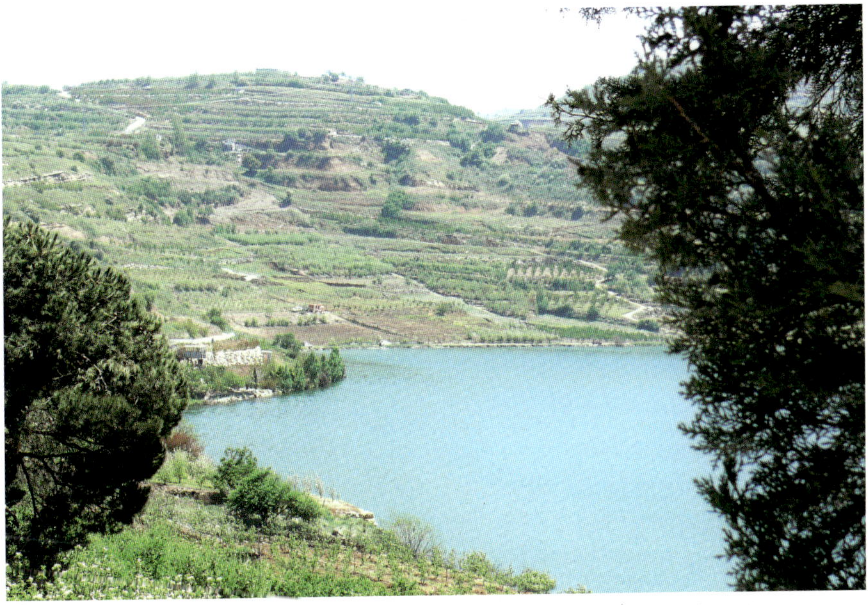

Sachnin liegt ungefähr 25 Kilometer westlich vom See Genezareth. Foto: Klaus Mester

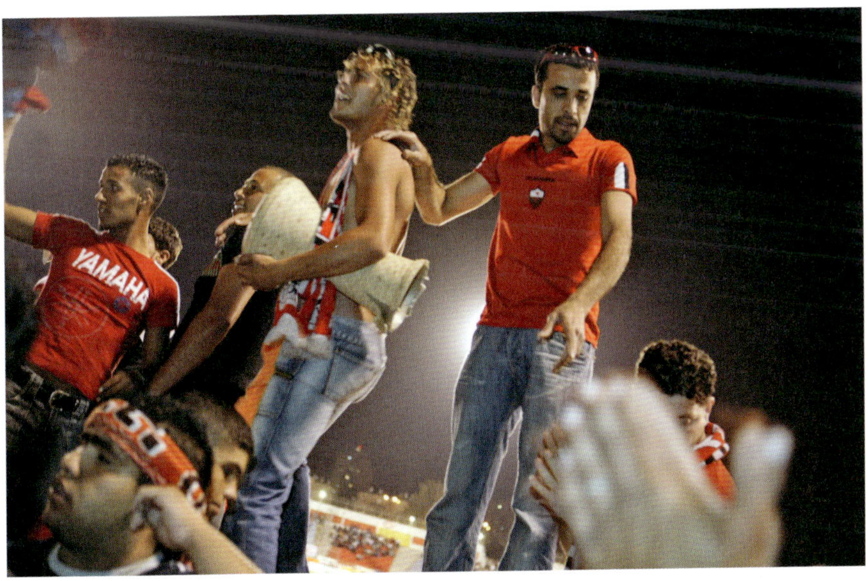

Die Sons (Fans) of Sakhnin United. Foto: imago/Everett Collection

Kathmandu, Nepal

Yeti Himalayan Sherpa Club

ist der coolste Club der Welt, weil …

der Name ein ganzes Land passend beschreibt.

Die Bergkette beeindruckt. Vielmehr ist sie ein System, bestehend aus den höchsten Erhebungen der Welt. Die Berge erstrecken sich über sieben Länder. Das Massiv breitet sich auf einer Länge von unglaublichen 3.000 Kilometern aus. Der Himalaya lockt vor allem ambitionierte Bergsteiger an.

Doch wer das „Dach der Welt", so der Beiname des Gebirges, erklimmen möchte, benötigt Hilfe. Die leisten die Einheimischen. Ohne die Kletterführer und Gepäckträger wäre eine Gipfelbesteigung kaum möglich. Die Helfer nennen sich „Sherpa". Der Begriff stammt aus dem Tibetischen, bedeutet „Osten" und beschreibt ein ganzes Volk in Nepal. Seit der Zeit, in der vor allem britische Extremkletterer den Himalaya für ihre Aktivitäten entdeckten, hat das Wort eine spezielle Bedeutung. Ein „Sherpa" begleitet die Bergsteiger in die Höhen. Dem Erstbesteiger des „Mount Everest", Edmund Hillary, gelang die Besteigung mit Hilfe des „Sherpa" Tenzing Norgay.

Sowohl der *Himalaya* als auch der Begriff *Sherpa* bilden einen Teil des Namens eines Fußballvereins in Nepal: dem „Yeti Himalayan Sherpa Club". Eine besondere Aufmerksamkeit gilt nun dem Wort *Yeti*. Den wollte schon Bergsteiger-Star Reinhold Messner gesehen haben. Dabei handelt es sich um ein Fabelwesen, welches einem großen Affen ähneln soll. Messner spezifizierte jedoch seine Aussage, dass es sich bei seiner Beobachtung um einen großen Bären gehandelt haben müsste. Seit vielen Jahrzenten befeuern immer wieder Gerüchte, Beobachtungen und vermeintliche Beweise die Existenz des Yetis.

1998 hat eine Fluggesellschaft gleichen Namens den Betrieb aufgenommen. Sie fungiert aktuell als Sponsor des heimischen Fußballvereins in Kathmandu. Samar Rana, Manager der „Yeti Airlines", stellte dem Club im Jahr 2019 einen Betrag für die gesamte Saison in Höhe von zwei Millionen nepalesischen Rupien zur Verfügung. Das sind etwas mehr als 7.000 Euro.

Yeti, Himalaya, Sherpa. Die Begriffe bilden den Dreiklang Nepals. Sie stehen für eine außergewöhnliche Natur und ebenso besondere Einwohner. Alles vereint der Name des Fußballclubs in der Hauptstadt Kathmandu. Im Gegensatz zu den Jahrhunderte alten Traditionen der Menschen und dem vor 50 Millionen Jahren entstandenen Gebirge blickt der „Yeti Himalayan Sherpa Club" auf eine recht kurze Historie zurück. 2006 gründeten ihn einige Nepalesen. Ihr Ziel: Möglichst schnell in die erste Liga aufsteigen! Nach nur einem Jahr erreichten sie dies. 2012 konnten die Männer aus Kathmandu sogar die Vizemeisterschaft feiern.

Eine spektakuläre „Werbeaktion" für den Verein unternahm ein Bergsteiger am 25. Mai 2013. An diesem Tag gelang Samina Baig die Besteigung des Mount Everest. Als erste Frau Pakistans stand sie auf dem Gipfel des höchsten Bergs der Erde. Zahlreiche Journalisten berichteten. Lakhpa Sherpa unterstütze die Frau bei ihrer außergewöhnlichen Leistung. Der damalige Vizepräsident des „Yeti Himalayan Sherpa Club" führte voller Stolz die Fahne des Vereins mit im Gepäck. Auf dem „Dach der Welt" dürften wohl noch nicht viele Fahnen von Fußballclubs im stürmischen Wind geweht haben.

So reich die Kultur und Natur Nepals sind, so bescheiden leben weite Teile der Bevölkerung. Etwa ein Drittel der Bewohner kann nicht lesen oder schreiben. Die Lebenserwartung liegt bei nur 70 Jahren. Nepal gehört zu den ärmsten Ländern der Welt. Deswegen verlassen viele Menschen das Land. Als günstige Arbeitskräfte, häufig in den Staaten am Persischen Golf, müssen sie unter meist harten und häufig gefährlichen Bedingungen arbeiten. Sie unterstützen damit ihre Familien in Nepal finanziell.

Im Nationalstadion Nepals finden einige Menschen bei Heimspielen ihres „Yeti Himalayan Sherpa Club" etwas Zerstreuung. Vielleicht können die Anhänger irgendwann einmal die nationale Meisterschaft feiern. Womöglich flattert dann die Vereinsflagge auf dem Gipfel des „Mount Everest".

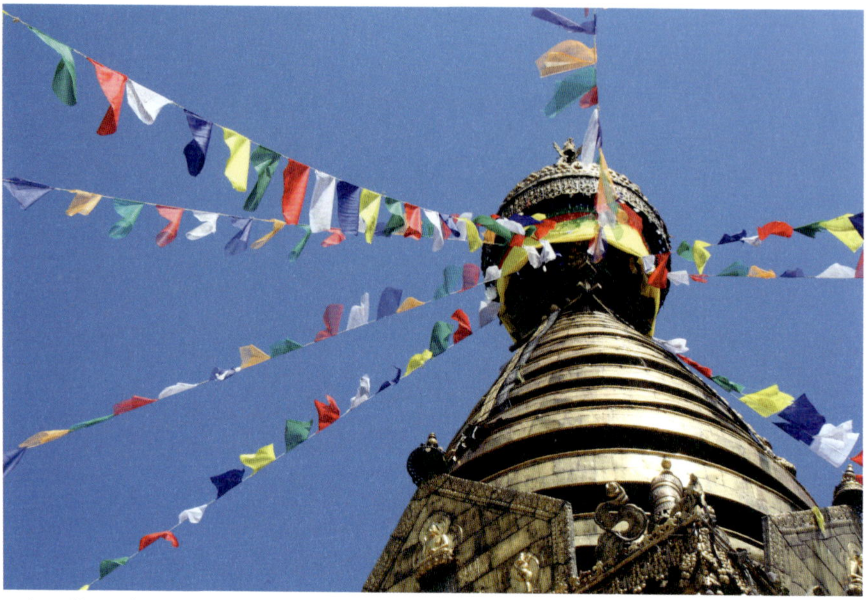

Kultureller Schatz: „Stupa" in Kathmandu. Foto: pixelio/Wolfgang Ruthner

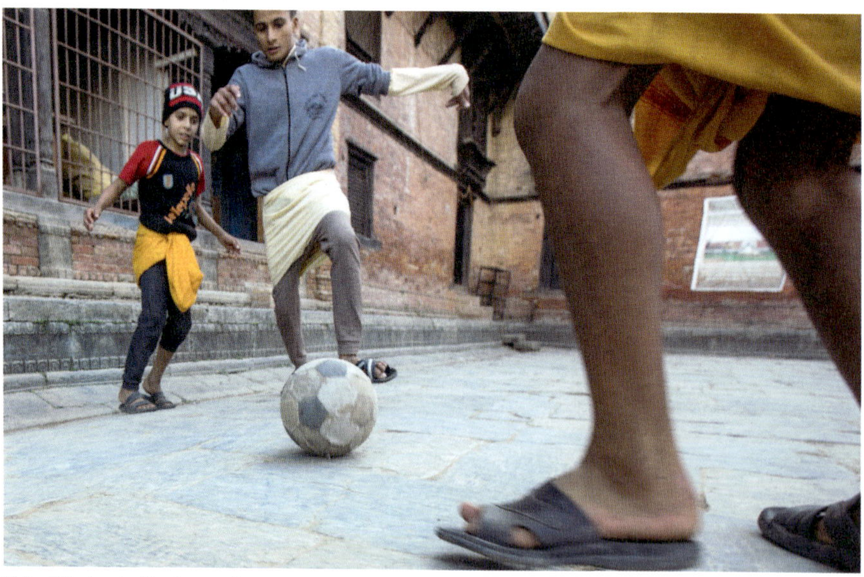

Schulkinder in Kathmandu.

- Aktuelle Informationen über den Verein finden Sie auf der Homepage der „Himalayan Times" in englischer Sprache, wenn man den Vereinsnamen bei der Suchfunktion eingibt: **https://thehimalayantimes.com**
- Videos mit Spielen des YHSC sind Teil des YouTube-Kanals GoalNepal: **https://www.youtube.com/user/GoalNepal/featured**

Europa

Auf diesem Kontinent begann alles. In Europa kickten die ersten Fußballer nach modernen Regeln. Im Jahr 1857 gründeten junge Männer in England den ersten Verein der Welt. Sie hoben den Football Club Sheffield aus der Taufe. Damit setzte der Fußball zu einem einzigartigen Siegeszug an. Er eroberte die Welt.

Heute ist Fußball die beliebteste Sportart in den meisten Staaten Europas. Er zieht die Massen in die Arenen. In Deutschland sorgen die Fans für eine einzigartige Atmosphäre im Stadion. Wegen dieser besuchen sogar Fußballanhänger aus anderen Ländern die Bundesligaarenen. Im Durchschnitt strömten in der Saison 2018/19 über 43.000 Zuschauer zu den Spielen der 1. Bundesliga – so viele wie in keiner anderen Fußball-Liga der Welt.

In Südeuropa hat der Sport eine große gesellschaftliche Bedeutung. Die Anhänger begleiten die Spiele oft sehr emotional. Die Ursprünge der Ultra-Bewegung liegen in Italien. Die Bewegung dieser „Fußballverrückten", wie sich deren Gründer in den 1960er-Jahren selbst nannten, breitete sich in Spanien, Portugal und Griechenland aus. Hochemotional – und manchmal auch darüber hinaus – erleben die griechischen und türkischen Fans die Fußballspiele. Enthusiastische Epizentren liegen auch auf dem Balkan und in einigen Ländern Ostereuropas. Bunt, kreativ und stimmgewaltig verwandeln viele Fans die Stadien bei Spielen ihrer Nationalmannschaften in Tollhäuser, etwa Niederländer, Isländer, Schotten oder Schweden.

Auf den britischen Inseln setzen die Vereine Rekordsummen um. Die Top-Stars der englischen Clubs verdienen nach Medienschätzungen etwa 400.000 Euro – pro Woche. Ablösesummen von bis zu 100 Millionen Euro erzeugen dort kaum noch Aufmerksamkeit. Aktuell erhalten die Clubs der Premier League insgesamt über fünf Milliarden Euro für drei Saisons aus dem Verkauf der TV-Übertragungsrechte.

Die Zahlen sind Fluch und Segen zugleich. Auf der einen Seite spiegeln sie die immense Bedeutung des Sports für Menschen, Wirtschaft und Gesellschaft wider. Andererseits fühlen sich viele Fans durch die immer weiter steigende Kommerzialisierung ausgebootet. Die Blase des Profifußballs scheint sich zunehmend von den Lebensrealitäten der Bevölkerung zu entkoppeln. Einen Stadionbesuch bei einem Erstligaverein können sich längst nicht mehr alle Fußballfreunde in England und anderen Staaten leisten. Der Sport avanciert zum Luxusgut.

Doch nicht nur als Publikumssport zieht der Fußball die Europäer in seinen Bann. Auch als Breitensport nimmt er die herausragende Rolle ein. Die Zahl der organisierten Fußballerinnen und Fußballer verdeutlicht die Beliebtheit dieser Sportart. Der Deutsche Fußball-Bund zählt über sieben Millionen Mitglieder. 1,1 Millionen Frauen und knapp sechs Millionen Männer gehören dem Verband an. Der Großteil davon bevölkert an den Wochenenden die Sportplätze der Republik. Die unzähligen, nicht vom Verband erfassten Hobby-Kicker kommen hinzu. Nach Angaben des Weltverbands FIFA spielen in Europa weit über 60 Millionen Frauen und Männer Fußball in Vereinen. Erfreulich ist, dass immer mehr Mädchen und Frauen ihr Herz für das runde Leder entdecken. Sie spielen selbst aktiv und besuchen auch in großer Zahl die Stadien. Bis in die 1980er-Jahre dominierten die Männer die Szene. Frauen verloren sich nur vereinzelt in die Stadien der europäischen Profivereine. Heute ist das Fußballpublikum zum Glück bunter.

London, England

AFC Wimbledon

ist der coolste Club der Welt, weil …
ihn die Fans besitzen.

Oft schreibt das Leben unglaubliche Geschichten. Sie bieten ein interessanteres Drehbuch als viele Filme in Hollywood. Der AFC Wimbledon steht beispielhaft für das Fußballmärchen schlechthin. Es entspringt keiner Feder eines kreativen Autors, sondern findet seit einigen Jahren im Süden Londons statt.

Fast immer beginnen romantische Filme mit einer ausgemachten Krise und heftigen Problemen des Protagonisten, um dann behutsam auf das Happy End zuzusteuern. Natürlich muss der Hauptdarsteller zwischendurch noch einige Hindernisse aus dem Weg räumen. In diesem realen Fall steht der Fußballverein AFC Wimbledon im Zentrum des Geschehens. Den Spannungsbogen der Geschichte hätte kein Autor besser erfinden können.

Zu Beginn dieser Story standen die Fußballfans im Wimbledon vor dem Nichts. Ab 2002 widerfuhr ihnen ein Alptraum: Ihr Verein durchlief ein Insolvenzverfahren. Zwei Jahre später kauften Investoren den finanziell angeschlagenen FC Wimbledon auf, änderten den Vereinsnamen und siedelten den Club im über 100 Kilometer entfernten Milton Keynes neu an. Dort residierte ab sofort der neue Profi-Club Milton Keynes Dons. Die meisten Fans verweigerten die Gefolgschaft. Doch wem sollten sie jetzt die Daumen drücken? Etwa den einstigen Stadtrivalen Chelsea oder Arsenal? Undenkbar. In ihrer Not entwickelten die Anhänger einen genialen Plan. Sie gründeten einfach ihren eigenen Club. Ihren persönlichen Nachfolgeverein des geliebten FC Wimbledon: Den AFC Wimbledon.

Zunächst schlossen sich einige Wimbledon-Fans zusammen. Dieser Neubeginn lässt sich genau auf den 28. Mai 2002 zurückdatieren. Vor Ort scharten sich im Pub „Fox & Grapes" die treuesten Anhänger um den Fanclub-Vorsitzenden Kris Stewart. Vormittags informierte ihn sein Chef, dass er seinen Job als Finanzberater in einem IT-Unternehmen nicht mehr weiter ausüben könne. Er war arbeitslos. Abends entnahm er der Presse, dass sein Fußballverein nun in der Form nicht mehr weiter existieren und ins weit entfernte Milton Keynes umziehen würde. Kurz darauf wählten die Fans Kris Stewart zum Vorsitzenden ihres neuen Fußballvereins, dem AFC Wimbledon. Ein Katastrophentag ging für Stewart mit einem kleinen Hoffnungsschimmer zu Ende.

Die Hoffnung wuchs. Immer mehr Anhänger schlossen sich den Clubgründern an. Die neue Fanbewegung, das sympathische Aufbegehren einiger einfacher Bürger gegen schwerreiche Investoren, nahm die örtliche Presse gerne auf. Später berichteten sogar Fernsehteams aus Wimbledon. Es setzte ein positiver Domino-Effekt ein. Zum ersten Spiel des AFC pilgerten fast 5.000 Menschen. In den kommenden Jahren eroberten die Wimbledoner Englands Fußballligen. Eine Welle von Aufstiegen setzte ein.

Im Sommer 2011 geschah die Sensation. Im Entscheidungsspiel gelang der Mannschaft gegen Luton Town im Elfmeterschießen der Aufstieg in den Profibereich des englischen Ligasystems. Ab jetzt spielten die in Blau-Gelb gekleideten Aufstiegshelden in der 4. Liga. Die Heimspielstätte des sympathischen Fan- und Familienclubs liegt im Nachbar-Örtchen von Wimbledon, in Kingston Upon Thames, etwa 20 Kilometer südlich der Londoner City. Fußballromantik und Beschaulichkeit breiten sich an Spieltagen rund um das Stadion „Kingsmeadow“ aus. Ausgesprochen zahlreich vertretene Familien sorgen für eine entspannte und friedliche Stimmung. Von der Fantribüne aus heizen einige hundert Wimbledoner ihrer Mannschaft ordentlich ein.

Familienkompatibel kommt auch das Vereinsmaskottchen daher: Haydon, der Womble. Der Zottel mit dem Körper eines Teddy-Bären und der Schnauze einer Spitzmaus tapst gemütlich bei den Heimspielen durch das „Kingsmeadow“. Unzählige Kinder lieben Haydon. Geduldig erfüllt der süße Zottel jeden Fotowunsch. Die Kinderbuchautorin Elisabeth Beresford erfand die Wombles. Diese bewohnen Höhlen in Wimbledon und setzen sich für den Schutz der Umwelt ein. Der britische TV-Sender BBC verfilmte die Geschichten. In den 1970er-Jahren liefen diese auch im deutschen Fernsehen. Als Synchronsprecher der Wombles fungierte damals Dieter Hallervorden.

In der jüngeren Vergangenheit ereigneten sich in der Geschichte des AFC Wimbledon zwei unglaubliche, fast kitschige Höhepunkte. Highlight Nummer eins trug sich am 30. Mai 2016 zu. Im Londoner Wembley-Stadion hatten sich mehr als 20.000 Fans des AFC eingefunden. Insgesamt erwarteten fast 60.000 Besucher das Entscheidungsspiel um den Aufstieg in die 3. Liga. Der AFC gegen Plymouth Argyle. Das Spiel avancierte zum Hitchcock-Krimi. In der Schlussminute brachte der Jubelschrei der AFC-Fans das Wembley-Stadion fast zum Einsturz. Adebayo Akinfenwa schoss ihr Team in die 3. Liga. Gerade er, den die englische Presse als den schwergewichtigsten Profi der Welt herabwürdigte, entfachte einen bis dahin ungekannten Jubelsturm. Der Sohn nigerianischer Einwanderer, den die Wimbledoner so liebten, sah sich häufig rassistischen Beleidigungen und Anspielungen auf sein Körpergewicht ausgesetzt. Der Stürmer, der mehr als 100 Kilo auf die Waage brachte, antwortete stets mit großartigen Toren und einer riesigen Portion Humor auf die Kritik. Die Frage, ob er sich vorstellen könne, für die englische Nationalmannschaft aufzulaufen, konterte der Stürmer voller Selbstironie: „Wenn sie vor jedem Spiel Hühnchen servieren, dann bin ich dabei."

Den Weg zum zweiten Highlight in der Vereinshistorie hatte Publikumsliebling Akinfenwa geebnet: Mit dem Aufstieg traf das Team nun zum ersten Mal auf die Milton Keynes Dons, dessen Gründung zur Auflösung des FC Wimbledon geführt hatte. Ein Show-Down wie im Wilden Westen bahnte sich an. Ganz England schaute darauf, wie sich beide Clubs in der 3. Liga schlagen würden: Der eine in der Hand von einigen tausend Fußballfans, der andere im Besitz eines Investors. Am 10. Oktober 2016 titelte die Online-Ausgabe der ARD-Sportschau: „Das Märchen des AFC Wimbledon ist seit dem vergangenen Wochenende um ein Kapitel reicher, und die Fußball-Romantiker fühlen sich in ihrem Kampf bestätigt. Erstmals steht der 2002 von Fans gegründete Klub aus dem Londoner Stadtteil vor dem ungeliebten Rivalen Milton Keynes Dons – auf diesen Tag hatten die Anhänger des AFC Wimbledon 14 lange Jahre gewartet." Die angesehene britische Zeitung „The Guardian" bezeichnetet diesen Tag als „historischen Meilenstein" des AFC Wimbledon.

Die unglaubliche Geschichte des AFC Wimbledon hat vorerst ihr Happy End erreicht. Die Geschichte schrieb das Leben, kein Drehbuchautor. Doch seit kurzem steht fest: Die Erfolgsstory des Fußballclubs aus dem Londoner Südwesten lässt sich demnächst vom Kinosessel aus verfolgen. Die renommierte Hollywood-Produktion „20th Century Fox" sicherte sich die Filmrechte an der bisher kurzen Vereinsgeschichte. Das Drehbuch haben Kris Stewart, die Fans, Funktionäre und Fußballer des AFC Wimbledon in den vergangenen Jahren bereits geschrieben.

- Anreise zum Stadion mit der Buslinie 65 von Ealing nach Kingston upon Thames. Sie werden sich vorkommen wie in einem Barnaby-Krimi.
- Den kleinen Fanshop vor dem Stadion besuchen. Auf gefühlt fünf Quadratmetern gibt es wirklich alles rund um den AFC zu kaufen.
- Wer sich für die „Wombles" interessiert, der schaut auf YouTube: **https://t1p.de/jaa5**

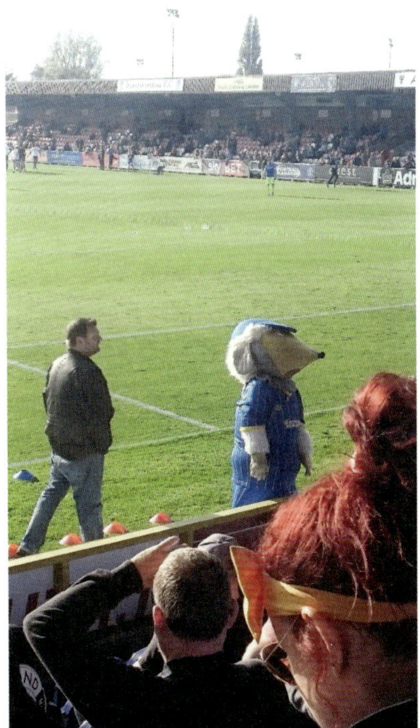

Das skurrile Maskottchen des AFC: Haydon, der Womble.
Foto: Klaus-Hendrik Mester

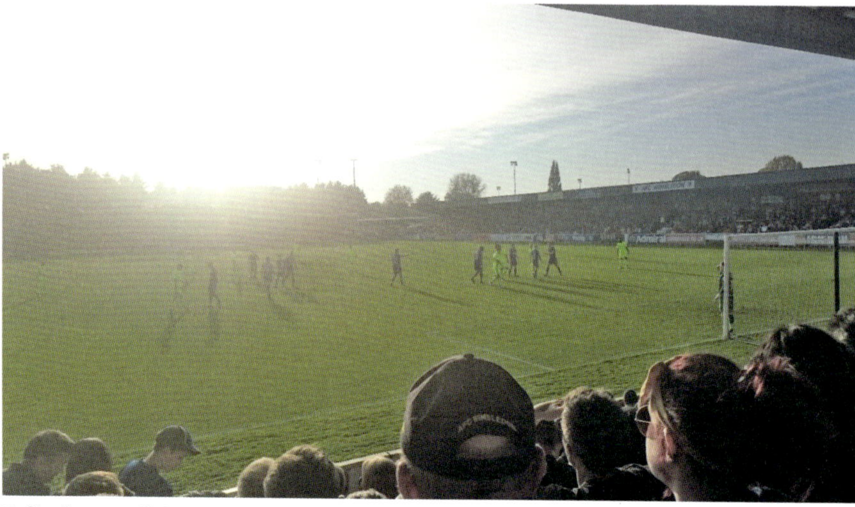

Fußballromantik im Stadion des AFC Wimbledon. Foto: Klaus-Hendrik Mester

Auxerre, Frankreich

AJ Auxerre

ist der coolste Club der Welt, weil …

Guy Roux fast 45 Jahre erfolgreich die erste Mannschaft trainierte.

Hier wird Tradition großgeschrieben. Seit dem 3. Jahrhundert residierten in der Stadt fast 1.500 Jahre die Bischöfe des Bistums Auxerre. Noch heute zeugen zahlreihe Sakralbauten von der Bedeutung der katholischen Kirche. Die imposante Kathedrale Saint-Étienne erhebt sich am Ufer des Flusses Yonne.

Auch die Ursprünge des Fußballclubs der Kleinstadt im Burgund gehen auf die Amtskirche zurück. Der katholische Pfarrer Ernest-Théodore Valentin Deschamps gründete den Fußballverein. 1905 hob er den Club aus der Taufe. Bis 1949 sollte die Association de Jeunesse Auxerroise, knapp AJ Auxerre und noch kürzer l'AJA genannt, sein Verein bleiben. Der fußballbegeisterte Würdenträger führte die AJA bis zu seinem Tod 1949 als Präsident. Bis heute bleiben die Vereinsverantwortlichen dem Pfarrer verbunden. Statt den Namen des Stadions an einen Sponsor meistbietend zu versilbern, trägt es nach wie vor den Namen „Stade de l'Abbé Deschamps".

Das Festhalten an Altbewährtem hat in der kleinen Stadt Tradition. Lange Jahre dümpelte AJA in den Amateurligen Frankreichs vor sich hin. 1961 übernahm Guy Roux das Traineramt. Als 14-Jähriger trat er bereits 1952 dem Club bei und spielte später in der ersten Mannschaft. Der junge Trainer konzentrierte sich auf die Förderung von Jugendspielern aus der Umgebung. Bevor Proficlubs in Frankreich und Europa das Wort „Scoutingsystem" erfinden sollten, setzte es der clevere Monsieur Roux im beschaulichen Burgund bereits um. Die Idee sollte bald Früchte tragen. Langsam führte der Trainer seine Teams von einem Aufstieg zum anderen.

1974 erreichte der Club das Unfassbare. Der Aufstieg in die 2. französische Liga gelang. Fünf Jahre später siegte das Team fast im Pokalendspiel gegen den

FC Nantes. Nur mit Pech unterlagen Guy Roux und Co. erst im Elfmeterschießen. Doch schon ein Jahr später, 1980, entschädigte der nächste Höhepunkt der Vereinsgeschichte für das verlorene Endspiel. Die AJA stieg in die 1. Liga auf. Guy Roux, damals 41 Jahre alt und schon fast die Hälfte seines Lebens als Trainer in Auxerre aktiv, wähnte sich auf dem Höhepunkt seiner persönlichen Laufbahn. Doch es sollte noch viel besser und spektakulärer werden.

Auxerre – eine an schöner Natur und gutem Wein reiche, aber an finanzkräftigen Sponsoren arme Stadt – beherbergte nun einen Fußballverein in der 1. Liga. Guy Roux gelang der Spagat, mit wenig Geld maximalen Erfolg zu erreichen. Trainer und Funktionäre spähten talentierte Fußballer aus, lockten sie in die schöne Stadt, gaben ihnen Freiraum zur Entfaltung und mussten die gereiften Profis dann in die weite Fußballwelt ziehen lassen. Doch regelmäßig sorgten die Fußballer unter der weitsichtigen Führung des Guy Roux für tolle Erfolge. Eric Cantona, der spätere französische Nationalspieler und heutige Filmschauspieler, sowie Joël Bats, Frankreichs Nationalkeeper, trugen zur ersten Teilnahme des AJ Auxerre am Europapokal bei. 1984 schied die Mannschaft knapp gegen Sporting Lissabon in der 1. Runde des UEFA-Pokals aus.

Der spätere Abwehrrecke der nigerianischen Nationalelf, Taribo West, hob mit seinen Mitspielern den französischen Pokal in die Höhe. 1994 feierten die 34.000 Einwohner Auxerres und die Fans der AJA ihren ersten nationalen Fußballtitel. Zwei Jahre später legte Laurent Blanc, der spätere Weltmeister und Trainer der „Équipe Tricolore“, mit seinen Mitspielern den Grundstein für die erste französische Fußballmeisterschaft. Nebenbei holte die Elf den Pokalsieg in Frankreich. 2003 und 2005 folgten weitere Pokalerfolge.

In Frankreich genießt der etwas knorrige Guy Roux einen Kultstatus. Er initiierte den schrittweisen Ausbau des Dorfsportplatzes in ein modernes Stadion mit über 20.000 Plätzen. Unter seiner Regie entstanden der Bau und der Unterhalt eines Jugendleistungszentrums.

Der bodenständige Junggeselle symbolisiert – gewollt oder ungewollt – den „France profonde“. Der Begriff umschreibt das ländliche, provinzielle Alltagsleben. Doch diese Charakterisierung lebt Guy Roux immer positiv aus. Mit seinem Einfallsreichtum, seiner Cleverness und Bauernschläue sowie seiner legendären Sparsamkeit verwandelte er einen kleinen Fußballverein vom Land in einen internationalen Spitzenclub.

Im September 1996 stellte Guy Roux seine Mannschaft auf das erste Champions-League-Spiel der Clubgeschichte gegen Ajax Amsterdam ein. 25 Jahre zuvor hatte er eine Amateurelf aus der Provinz übernommen. Nun gehörte die AJ Auxerre zu den besten Mannschaften Europas. Das Heimspiel im ausverkauften „Stade de l'Abbé Deschamps" ging zwar 0:1 verloren. Die Erfolgsgeschichte des Guy Roux jedoch strebte ihrem Höhepunkt entgegen. 1986, 1988 und 1996 kürten ihn die Juroren zum Trainer des Jahres in Frankreich. 1999 erhielt Roux den höchsten Verdienstorden des Landes, indem er zum Ritter der Ehrenlegion ernannt wurde. Bis zu seinem Rücktritt im Jahr 2005 sollte er insgesamt 890 Ligaspiele als Trainer fungieren.

In der Fußballwelt dürfte die Karriere des Guy Roux einzigartig sein. In fünf Jahrzehnten führte er einen kleinen Provinzverein zu einem der besten Clubs Europas. „Chapeau, Monsieur Roux!"

- Die Homepage von „AJA" fasst Highlights der Vereinsgeschichte zusammen. Die Erfolge von Guy Roux nehmen dabei eine besondere Stellung ein:
https://www.aja.fr/histoire

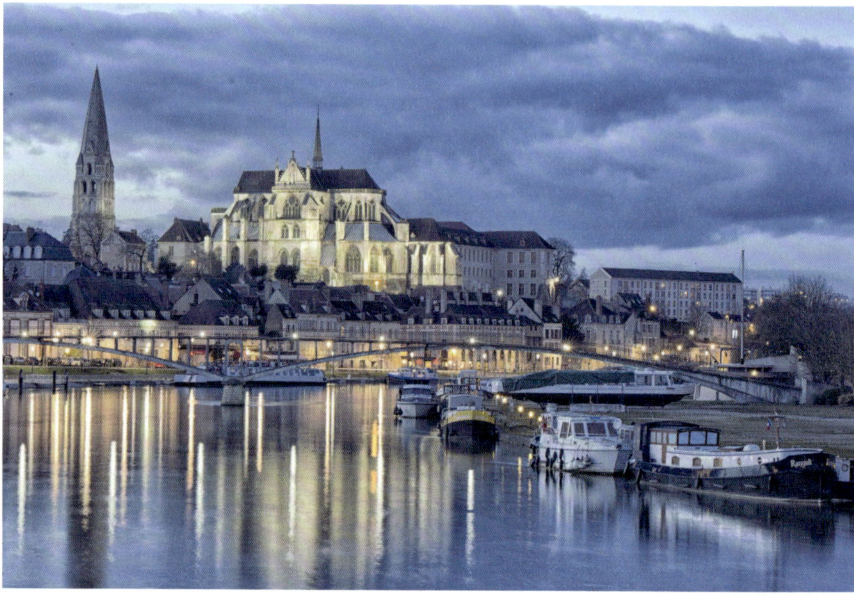

Die blaue Stunde am Ufer der Yonne mit Blick auf Auxerres Kathedrale St. Etienne.

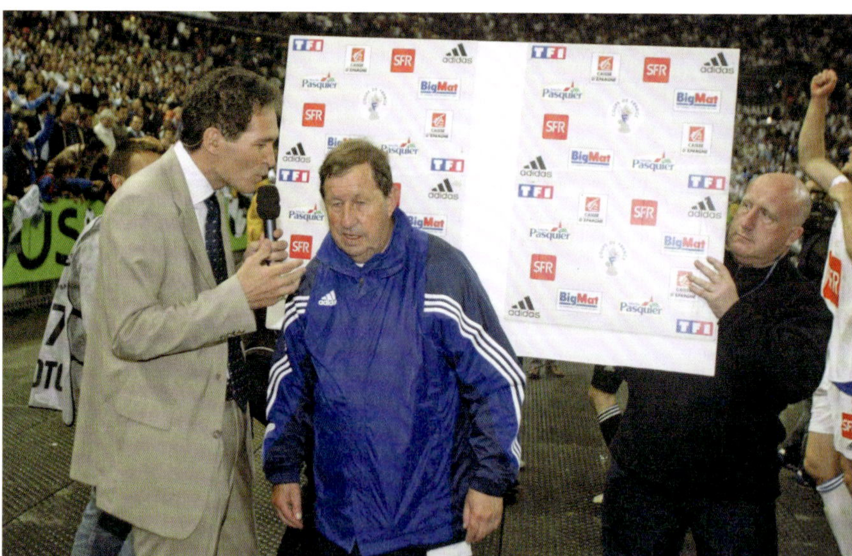

Vor einer mobilen Sponsorentafel: Der legendäre Guy Roux im Interview nach seinem letzten Spiel als Trainer von AJ Auxerre – dem Pokalsieg 2005. Foto: imago/PanoramiC

Castel di Sangro, Italien

A.S.D. Castel di Sangro

ist der coolste Club der Welt, weil …
hier ein Fußballwunder geschah.

Pittoreske Bergdörfer stechen aus der rauen Hügellandschaft hervor. Es scheint, als stünden hier einige Häuser seit dem Mittelalter unverändert. Die Orte trotzen der Umgebung aus schroffen Felsen und kargen Hängen. Naturfreunde und Ruhesuchende finden ihr Paradies. Passionierte Großstädter denken eher an Hase und Igel, die sich gute Nacht sagen. Die Abruzzen, die bergige Region in der Mitte Italiens, dienen als eine Art „Epizentrum der Entspannung". Das war auch in Castel di Sangro nicht anders. Bis zum Jahr 1996.

Die Beschaulichkeit hat einen Namen: Castel di Sangro. In dem kleinen Örtchen leben nicht einmal 7.000 Menschen. Jeder kennt jeden. Lange Zeit reihte sich der lokale Fußballverein – die „Associazione Sportiva Dilettantistica Castel di Sangro Calcio, kurz A.S.D. – in die Idylle ein. Sie war von jeher nur ein recht unbedeutender Club in einem Dorf in der Provinz.

Im Herbst 1945 initiierte der junge Priester Don Arbete Fußballspiele für Jugendliche. Er versuchte, den Heranwachsenden nach dem Zweiten Weltkrieg etwas Freude zu bereiten. Anfangs kickten die Jungen mit einem Ball aus Socken. Nur eine Kordel hielt diese zusammen. 1952 entstand aus diesen sportlichen Betätigungen der Jugendlichen die A.S.D., die „Amateursportvereinigung". Drei Jahrzehnte kickten die Fußballenthusiasten in der untersten Liga. In den 1980er-Jahren gelangen die ersten Erfolge. 1982 errangen die Spieler den ersten Aufstieg in der Vereinsgeschichte. Die Einwohner in Castel di Sangro waren begeistert. Doch Spielern und Clubverantwortlichen fehlte das Geld für Ausrüstung und Spielbetrieb. Nun schlug zum ersten Mal die Stunde des Herrn Rezza. Er hatte als Bauunternehmer das nötige Kleingeld und kaufte den finanziell stark angeschlagenen Club kurzerhand.

In seinem Buch „Das Wunder von Castel di Sangro“ beschreibt der US-amerikanische Autor Joe McGinnies den schwerreichen Mäzen. Pietro Rezza stammte aus Süditalien. Er heiratete in eine wohlhabende Familie ein. Danach expandierte er bis nach Neapel. Die Geschäfte florierten. Signor Rezza liebte Zigarren. Fast ständig zog er an den großen Tabakwaren. Leibwächter sorgten für seinen Schutz. Er sprach wenig und ließ lieber Taten sprechen. Rezza war nun der stolze Besitzer der A.S.D., dessen Siegeszug fortan begann.

Mitte der 1980er-Jahre gelangen der Mannschaft weitere Aufstiege. Die Spieler feierten 1989 einen sensationellen Erfolg. Castel di Sangro, das kleine Provinzörtchen, beheimatete ab sofort einen Proficlub. Die A.S.D. trat in der vierthöchsten Spielklasse, der „Serie C2“ an. Ein kleines Wunder! Zwei Spielzeiten stemmten sich der Club und seine Fans gegen den Abstieg. Dann jedoch setzte langsam das „große Fußballwunder“ ein.

In den Jahren nach 1991 bewies Vereinspräsident Gabriele Gravina ein glückliches Händchen. Junge Talente aus der Umgebung starteten in Castel di Sangro durch. Zweimal konnte sich das Team in der Spitzengruppe der Liga platzieren. Kurz vor Weihnachten 1993 feuerte Gravina, mit der Nichte von Clubbesitzer Rezza verheiratet, den Trainer. Osvaldo Jaconi übernahm das Amt. Ihn beschreibt Autor McGinnis in seinem „Fußballwunder“-Buch als knurrigen, schroffen und autoritären Zeitgenossen, der aber in vertrauter Umgebung auftauen und herzlich sein kann.

Auf jeden Fall war Osvaldo Jaconi ein beharrlicher Verfechter des defensiven Fußballspiels. 1995 führte das „Triumvirat“ Rezza, Gravina und Jaconi die A.S.D. Castel di Sangro in die dritte italienische Liga. Der Trainer stand nun vor der riesigen Herausforderung, den Klassenerhalt zu schaffen. Doch am Ende erreichte seine Mannschaft das Unglaubliche: Platz 2. Der Verein konnte nun in die „Serie B“, Italiens zweithöchste Liga, aufsteigen. Die Jaconi-Elf musste sich in zwei Ausscheidungsduellen durchsetzen.

Der ganze Ort stand Kopf. Das Hinspiel der 1. Runde am 9. Juni 1996 bei der AS Gualdo verlor die A.S.D. mit 0:1. Eine Woche später fieberten Tausende im Stadion von Castel di Sangro mit. Nach 90 Minuten stand es noch 0:0. Trainer Jaconi reagierte nochmal und wechselte einen neuen Spieler ein. Der schnappte sich den Ball und traf zum 1:0, wodurch die Mannschaft tatsächlich das Entscheidungsspiel um den Aufstieg gegen Ascoli auf neutralem Platz in Foggia erreichte.

Präsident Gravina konnte es kaum fassen. Großzügig hatte er angekündigt, für die Anhänger die Kosten der Busfahrt nach Foggia zu übernehmen. Er dachte dabei an einen, vielleicht zwei Busse. Letztlich saßen fast alle Einwohner des kleinen Abruzzen-Städtchens in den Fahrzeugen. Über 30 Omnibusse tuckerten in das fast 170 Kilometer entfernte Foggia. Tausende feuerten ihr Team gegen den Gegner aus Ascoli an. Es sollte ein atemberaubender Krimi werden.

An diesem 22. Juni 1996 fielen in Foggia zunächst keine Tore. Kurz vor Schluss der Verlängerung stand es noch 0:0. Osvaldo Jaconi nahm eine letzte Auswechslung vor. Die Fans trauten ihren Augen nicht. Der junge Keeper Roberto de Juliis verließ das Feld. Dafür betrat Torwart-Oldie Pietro Spinosa das Spielfeld. Der 34-jährige sollte im folgenden Elfmeterschießen seine Routine ausspielen. Einen Schuss hielt er. Doch auch sein Gegenüber aus Ascoli wehrte einmal ab. Jetzt entschied jeder einzelne Elfmeter. Die Schüsse von Castel di Sangro saßen. Dann schlug die Sekunde des Pietro Spinosa: Er brachte seine Finger an den hart geschossenen Ball. Kein Tor. Die mitgereisten Bewohner Castel di Sangros flippten aus. Ihre „Associazione Sportiva Dilettantistica" war ab sofort zweitklassig!

Castel di Sangros Trainer hatte mit der Einwechslung des Reservetorwarts ein Zauberhändchen bewiesen. Journalisten beschrieben daraufhin das Geschehene: „Di miracolo in miracolo!" – „Das Wunder aller Wunder!".

In der kommenden Spielzeit setzte sich das „Fußballmärchen" in Castel di Sangro vorerst fort. Die Vereinsführung ließ ein neues Stadion bauen. Im letzten Saisonspiel schaffte die Mannschaft den Klassenerhalt. Doch es zogen „dunkle Wolken" am Fußballhimmel der Kleinstadt in den Abruzzen auf. Zwei Spieler starben bei einem tragischen Autounfall. 1997 musste Verteidiger Gigi Prete ins Gefängnis. Er hatte Drogen geschmuggelt. Ein Jahr später stieg der Club ab. Bald fand sich die A.S.D. in der vierten Liga wieder. 2005 verwehrte der italienische Fußballverband dem Verein aufgrund finanzieller Probleme den weiteren Spielbetrieb. Mit einer Neugründung im gleichen Jahr wendeten die Vereinsverantwortlichen das Verschwinden des Clubs ab. Sie hatten damit für ein „kleines Wunder" gesorgt. 2012 erfolgte eine weitere Umstrukturierung des Clubs, der heute den Namen „ACD Castel di Sangro-Cep 1953“ trägt. Die Fußballtradition im Abruzzen-Örtchen lebt weiter.

Die A.S.D. Castel di Sangro bestritt eine lange Fußballreise. Angefangen hatte alles mit einem Ball aus alten Socken. Später ereignete sich das ultimative Fußballwunder Italiens im Örtchen. Dann endete alles fast im Ruin. Doch am Ende besteht der Verein weiter. Alle in Castel di Sangro warten nun auf ein weiteres Fußballmärchen.

Für eine Saison lebte der US-amerikanische Journalist und Autor Joe McGinnis in Castel di Sangro. Er lernte Einwohner, Fans, Spieler, Trainer und Clubführung näher kennen. Daraus entstand eine mitreißende Story über den Zweitligisten und seinen Anhang:

Joe McGinnis (2007): Das Wunder von Castel di Sangro; Verlag Kiepenheuer & Witsch, Köln.

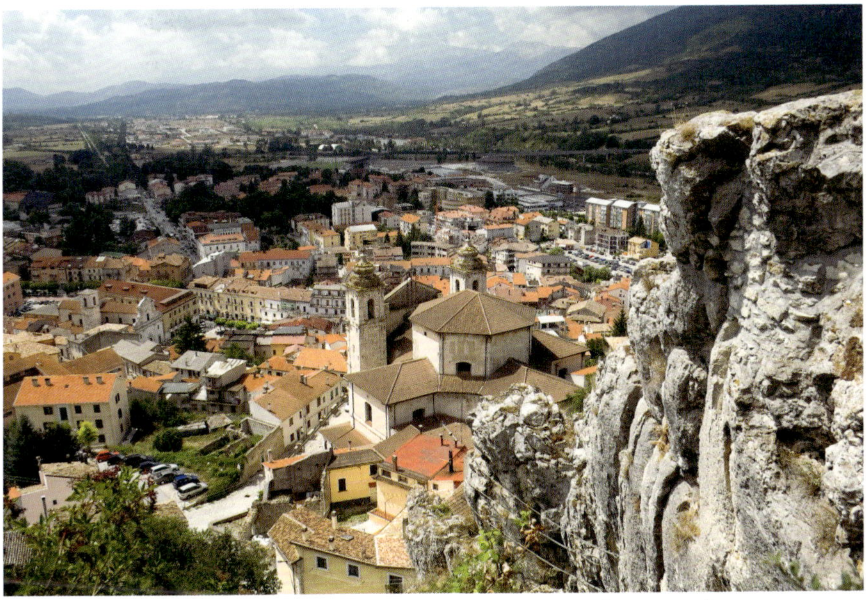

Der beschauliche 5.000-Seelen-Ort Castel die Sangro inmitten der rauen Abruzzen.
Foto: istockpho/gmalandra

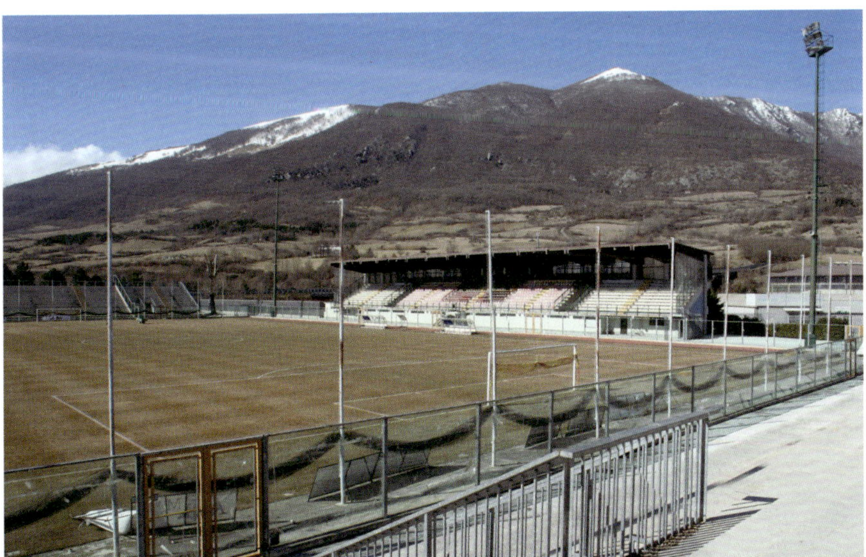

Hier spielte einst die Serie B … Foto: wikimedia/Dario Riccio

Salzburg, Österreich

SV Austria Salzburg

ist der coolste Club der Welt, weil …

er sich gegen ein übermächtiges Unternehmensimperium stemmt.

„Austria Salzburg – Das Original aus der Mozartstadt". So lautet der Untertitel der Homepage des österreichischen Fußballvereins. Der unbedarfte Leser fragt sich: „Gibt es eine ‚Fälschung'? Und wenn ja, wer oder was verbirgt sich dahinter?" Um diese Fragen zu beantworten, blicken wir in die Vergangenheit. Dabei sind die 2000er-Jahre von großer Bedeutung.

Nach der Clubgründung 1933 spielte der Verein mit wenigen Ausnahmen stets in den höchsten Ligen in Österreich. In den 1970er-Jahren spielte Austria Salzburg mehrfach im Europapokal. Das Stadion im Stadtteil Lehen lockte seit 1972 die Zuschauer an. Mitten im Viertel gelegen entwickelten die Zuschauer in dem engen Stadion eine eigene stimmungsvolle Atmosphäre. Der überwiegende Teil bestand aus Stehplätzen. Das trug zur Nähe der Besucher im Stadion bei. In den 1980er-Jahren besuchten mein Vater und ich einige Spiele. Lautstarke Anfeuerungsrufe blieben mir bis heute im Gedächtnis. Einzelne ältere Herren schrien „He, beweg`di!" oder „I werd narrisch, lauf endlich a mal!" Die Stimmung war rustikal und bodenständig, aber zugleich ehrlich und herzlich. Ein kleines Gegenstück zum eher idyllischen, fast kitschigen, aber wunderschönen Stadtbild.

Der 6. April 2005 leitet die Zeitenwende im Salzburger Fußball ein. Die heimische Austria leidet unter einer sportlichen und finanziellen Talfahrt. Ein großer Getränkehersteller aus dem benachbarten Salzkammergut übernimmt den gesamten Proficlub.

Zunächst sind fast alle Anhänger positiv gestimmt. Das finanzstarke Unternehmen soll den Club wirtschaftlich stabilisieren. Viele träumen von ganz großen Zeiten, die dem Verein bevorstehen. Zumindest hoffen die Fans auf eine

Renaissance der großen Austria-Zeit: 1994 führt Kult-Trainer Otto Baric den Club erstmals zur österreichischen Meisterschaft. Zeitgleich steht die Austria sensationell im Finale des UEFA-Cups gegen Inter Mailand. Knapp unterliegen die Österreicher mit jeweils 0:1 im Hin- und Rückspiel.

Im Frühjahr 2005 liegen diese freudigen Ereignisse verschüttet in den Hinterköpfen vieler kritischer Austria-Fans. Der neue Vereinseigner entpuppt sich langsam als kühler Investor. Fanbelange berücksichtigt er kaum. Dann läuft das Fass über. Der Investor möchte die Vereinsfarben ändern. Für jeden echten Fußballfan ist dies das Schlimmste. Das Violett-Weiß soll dem Rot-Weiß weichen. Jahrzehntelang getragene Traditionsfarben sollen verschwinden. Viele Fans aus der Kurve wehren sich. Sie kanalisieren ihre Wut, in dem sie einen neuen Verein gründen wollen. Die meisten Initiatoren gehören den beiden damals größten Fanclubs der Austria an: Union '99 und Though Guys Salzburg.

Mitte 2005 studiert David Rettenbacher in Innsbruck BWL und Wirtschaftspädagogik. Er engagiert sich im Fanclub Union '99 Ultra, dem er bis heute angehört. In seiner Heimat überschlagen sich die Ereignisse. Die Gründungswilligen stehen unter großem Zeitdruck. Sie müssen für die Saison 2006/2007 Spielernamen an den Fußballverband melden. Es geht um Minuten. Kurz vor Meldeschluss schreiben die Gründungsmitglieder eilig und wahllos Namen auf die Spielerliste. Da die Clubgründer der Fanszene der Austria angehören, finden sich fast ausnahmslos Anhänger aus der Kurve auf der Liste wieder. Auch der junge Student David Rettenbacher gehört dazu. Im Herbst ist es endlich geschafft.

7. Oktober 2005. Das Datum zementiert die Zeitwende in der Salzburger Fußballwelt endgültig. An diesem Tag holen sich die Anhänger von Austria Salzburg ihren Verein zurück. Offiziell und faktisch nehmen sie eine Vereinsgründung vor. Doch die Anhänger verbinden viel mehr damit. „Es ist eine Wiederauferstehung", beschreibt David Rettenbacher dieses Gefühl. Der neu gegründete Club entspricht genau dem alten, der seit 1933 besteht. Name, Clubgeschichte, Vereinsfarben: Seit über 70 Jahren existiert der SV Austria Salzburg in den Farben violett und weiß. Vereinsführung und Fans wollen an diesem 7. Oktober an die Tradition anknüpfen. Sie sehen sich als das Original des Salzburger Fußballs.

Seit der Vereinsgründung ist viel geschehen. Die Mannschaft legt Aufstiege in Serie hin. Von der untersten Klasse kämpfen sich die Austrianer bis in die dritte Liga vor. 2015 gelingt die Sensation. Die Violett-Weißen kicken wieder im Profi-Fußball. Die Fans strömen ins Stadion und freuen sich über Zweitligafußball. Auch im österreichischen Pokal sorgt die Austria für Furore. 2013 besiegt die Elf den Bundesligisten SV Grödig im Elfmeterschießen.

Doch Ende des Jahres 2015 gerät der Club in wirtschaftliche Probleme. 1,4 Millionen Euro Verbindlichkeiten türmen sich auf. Insolvenzverfahren und Zwangsabstieg folgen 2016. Der Verein steht vor dem Abgrund. Dann handeln die Fans. Kreative Spendenaktionen halten den Club am Leben. Ein Austria-Fan verkauft die private Waschmaschine und säubert seine Kleidung eine Zeit lang per Hand. Einige andere stornieren den Familienurlaub. Viele Anhänger nehmen gar Kredite auf. Wieder andere versteigern liebgewonnene Sammlerstücke aus vergangenen Jahrzehnten. Das alles nur, um die Einnahmen ihrem Herzensverein zu überlassen. Sie alle retten die Austria.

2019 gelingt der Wiederaufstieg in Liga drei. Heute übernehmen die Anhänger ehrenamtlich die Aufgaben im Club. Als Ordner in der Kurve, im Vorstand, als Jugendtrainer, als Platzwart, in der Stadiongastronomie, in der Buchhaltung, im Fanshop, in der IT. „Einfach, weil wir alle Fans sind", erklärt David Rettenbacher. „Das ist alles wunderschön, birgt aber natürlich – gerade in besonders verantwortungsvollen Tätigkeiten wie etwa der Vorstandsarbeit – auch die Gefahr, sich zu sehr vom Herzen lenken lässt. Da muss man sich manchmal ganz bewusst selbst bremsen und Entscheidungen mit kühlem Kopf und klaren emotionsbefreiten Gedanken treffen", führt Vorstandsmitglied Rettenbacher weiter aus.

David Rettenbacher gehört nicht nur dem Fanclub Ultra `99 an. Der heute 38-Jährige fungiert auch aktuell als Vorstandsmitglied des SV Austria Salzburg. Mit großem Einsatz und Leidenschaft geht er diesen „Berufungen" nach. Seinen Beruf führt er als kaufmännischer Leiter eines mittelständischen Tourismusbetriebs aus.

Ein Blick nach Wals-Siezenheim im Salzburger Land fördert einen anderen Fußballverein zu Tage. Dort kickt der FC RB Salzburg in einer schmucken Arena. Seit der Spaltung zwischen RB und Austria Salzburg im Jahr 2005 geht es dort steil bergauf. Millionenschwere Investitionen eines weltweit agierenden

Getränkeproduzenten führen zu mehreren österreichischen Meisterschaften und nach vielen Anläufen auch in die UEFA-Champions League. 12.000 Menschen arbeiten für das Unternehmensimperium. Der Jahresumsatz beträgt etwa sechs Milliarden Euro. Bei der Austria gibt es keinen einzigen hauptamtlichen Mitarbeiter. Aber dort laufen die Spieler nach wie vor in violett-weißen Trikots auf, genau wie im Jahr 1933. In Wals-Siezenheim haben sich die Vereinsverantwortlichen für rot-weiß entschieden.

Getrost darf sich Austria Salzburg als das „Original in der Mozartstadt" bezeichnen. Der bodenständige, sympathische und leidenschaftliche Einsatz der Fans kommt von Herzen. Es scheint, als hätten sich die Austrianer ihren Fußball wieder zurückgeholt.

- Das Stadion der Austria im Stadtteil Maxglan besticht allein schon durch das Bergpanorama der Alpen. Ein Besuch lohnt sich, die Fans sorgen für Erstligastimmung.
- Wer nicht reisen möchte, dem sei die interessante Reportage des Fernsehsenders DAZN über den Club ans Herz gelegt: **https://t1p.de/lfzj**

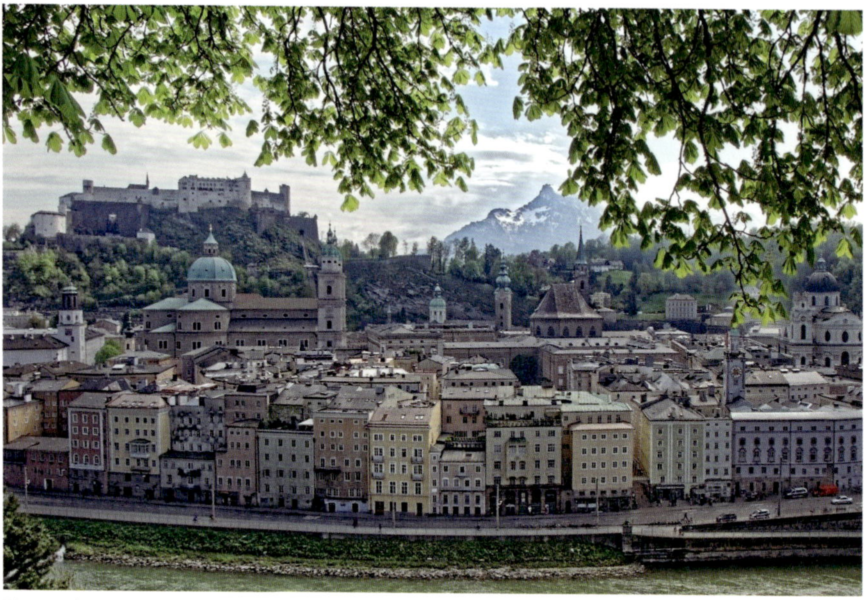

Pittoreskes Salzburger Stadtpanorama. Foto: pixabay/Makalu

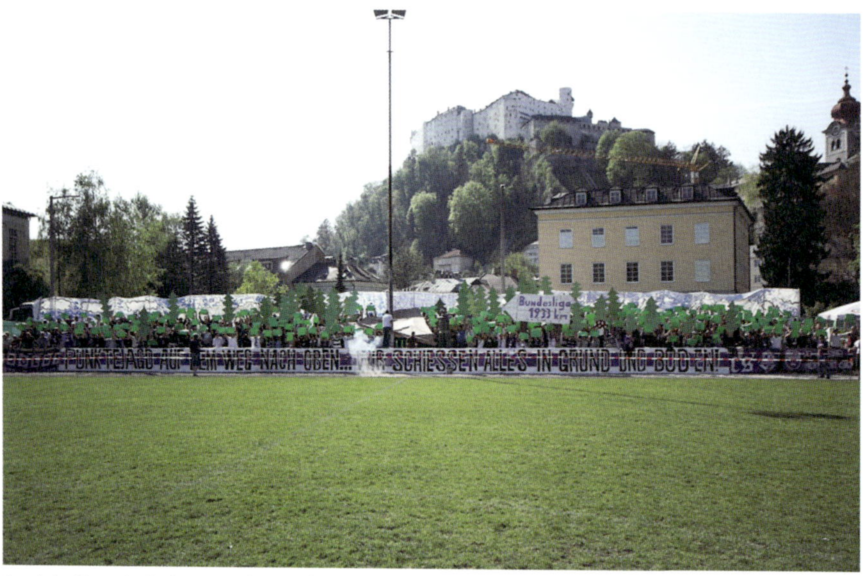

Austria-Fans bei einem Heimspiel am UFC-Platz 2007. Foto: wikimedia/VW33

Lissabon, Portugal

Benfica Lissabon

ist der coolste Club der Welt, weil…

hier das Maskottchen ein abwechslungsreiches Leben genießt.

Im Spätsommer 2016 begegne ich ihm zum ersten Mal. Vitória schaut mir genau in die Augen. Er bewegt sich nicht. Stolz sieht er aus. Fast unantastbar. Ihn anzufassen würde ich mich auch nicht trauen. Vitória ist ein Adler. Sein Name bedeutet „Sieg". Keine schlechte Wahl, denn der erhabene Greifvogel ist das Wappentier des erfolgreichsten Fußballvereins in Portugal: Sport Lisboa e Benfica. Als lebendiges Tier sitzt er vor mir auf einem kleinen Pfahl mit dem Vereinswimpel im Estádio de la Luz, der Heimspielstätte von Benfica Lissabon.

Insbesondere älteren Fußballinteressierten geht der Vereinsame „runter wie Öl". In den 1960er-Jahren gehörte der Club zu den Besten Europas. Der Starstürmer Eusébio verzauberte das Publikum. 1961 und 1962 bejubelten die Benfica-Fans den Europapokalsieg der Landesmeister. Trotzdem entließen die Verantwortlichen des Vereins den Trainer Béla Guttmann. Der angesäuerte Coach prophezeite daraufhin, dass Benfica in den nächsten 100 Jahren keinen europäischen Titel mehr gewinnen würde. Bisher behielt er Recht. Heute ist diese Vorhersage als „Guttmann-Fluch" bekannt.

Als kleine Gegenmaßnahme könnte Vitória fungieren. Seit Anfang des Jahrtausends freuen sich die Benfica-Anhänger vor dem Anpfiff auf ein Schauspiel. Vitória kreist über das Stadion, um nach einigen Minuten auf dem Rasen zu landen. Je weiter der Flug, umso besser. Denn es gilt: Ist Vitória besonders lange in der Luft, so erhöhen sich die Chancen auf einen Heimsieg Benficas!

Dieses Spektakel geht die Vereinsführung generalstabsmäßig an. Das erzählt die junge Portugiesin uns, den Beteiligten der Stadionführung durch den Benfica-Tempel. Einige Meter neben Vitória thront ein gleichnamiger Adler genauso stolz auf dem Vereinswappen. Er fungiert als Ersatzvogel, falls sein Nachbar mal schlecht drauf ist oder einfach etwas müde. Beide Tiere teilen sich die Flugeinlagen im Stadion. Die Vereinsoberen wollen einfach sicher sein, dass immer ein Adler flugbereit ist.

Mittlerweile in den Stadionkatakomben angekommen, wundere ich mich über drei Käfige. Zwei dienen den beiden Vitórias als Schlafstätte. Aber für wen ist Käfig Nummer drei? Die Stadionführerin klärt auf. Es gibt einen dritten Adler. Der arbeitet gerade als Repräsentant für Benfica. Vereinsmitarbeiter haben ihn zu einem Pressetermin mit in die Lissabonner Innenstadt genommen. Die drei Vitórias sorgen mit ihren Flugshows für Gänsehautstimmung bei den Fans, sollen der Mannschaft das nötige Glück für einen Sieg bringen, bieten das Motiv für Fanfotos und übernehmen Marketingaufgaben verschiedener Art. Moderne Arbeitsteilung gilt bei Benfica auch für Adler. Für diese Mehrfachbelastung entschädigt sie ein professioneller Falkner. Die Drei genießen eine Art „Rundumbetreuung". Schon die Vorbereitung auf einen ersten Einsatz im Stadion dauert Monate. Der glückbringende Flug durch die Arena will trainiert werden.

Spätestens, wenn Vitória abhebt und über die Tribüne kreist, sind die Anhänger hin und weg. Majestätisch gleitet er über das Estádio da Luz. Landet der Flugkünstler schließlich auf dem Vereinswappen im Mittelkreis des Rasens, tobt die Menge. Unter tosendem Applaus genießt der Adler die uneingeschränkte Aufmerksamkeit von über 60.000 Zuschauern. Für einen Moment ist der Herr der Lüfte der Star. Vielleicht beendet Vitória einmal den „Guttmann-Fluch". Nicht unwahrscheinlich bei seinen Fähigkeiten.

- Das Benfica-Museum mit mehreren Stockwerken bietet sich für einen Besuch nach der Stadionführung oder bei einem Heimspielbesuch an. Besonders beeindruckend ist ein Aufzug, in dem eine Videoshow im 3-D-Format abläuft inklusive Stadionatmosphäre.

Nähere Informationen finden sich auf der Homepage des Museums: **https://museubenfica.slbenfica.pt/**

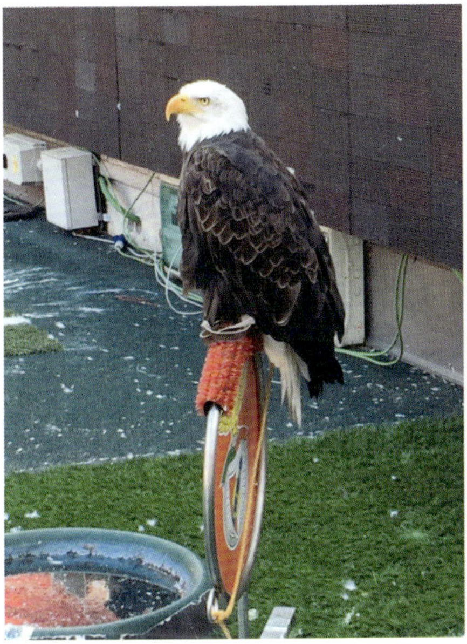

Erhaben, grazil und kräftig: Vitória.
Foto: Christiane Mester

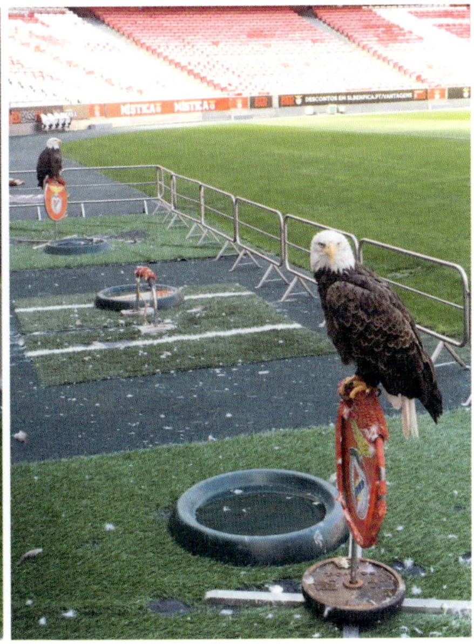

Vitória 1 und 2.
Foto: Christiane Mester

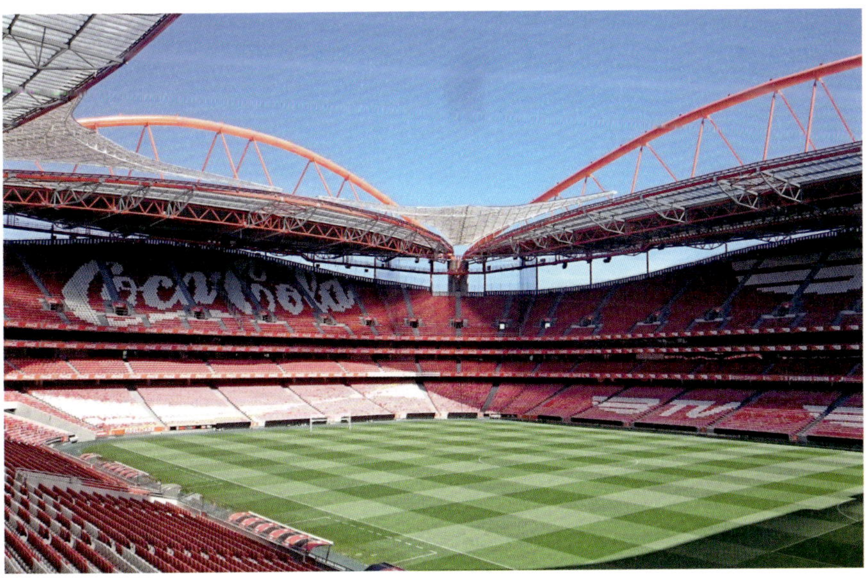

Vitórias Revier. Foto: Klaus-Hendrik Mester

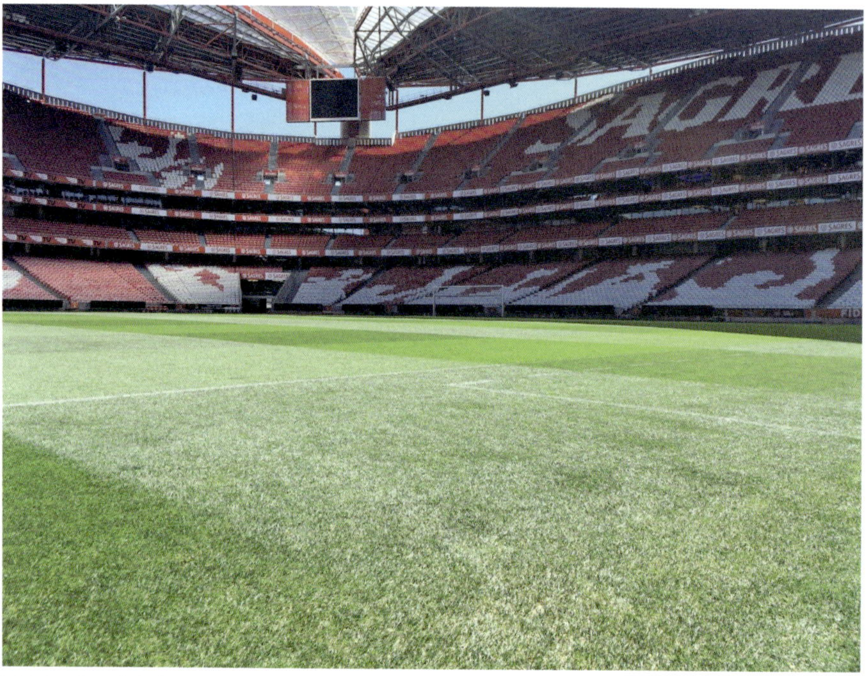

Vitórias Landebahn. Foto: Christiane Mester

Dortmund, Deutschland

Borussia Dortmund

ist der coolste Club der Welt, weil …

seine Fans ihre Elf auf der größten Stehplatztribüne der Erde anfeuern.

Die Anhänger strömen in Scharen ins „Westfalenstadion“. Durchschnittlich 80.000 Zuschauer feuern ihre Mannschaft an. Das Herz des Stadions und der Borussia schlägt auf der Südtribüne. Hier stehen fast 25.000 Menschen. Sie verschwinden in der gelben Masse, die sich Stufe um Stufe dem Himmel entgegen schiebt. Die Vereinsfarben bedecken die riesige Betontribüne. Die „gelbe Wand“ sorgt für Stimmung.

Die Einwohner einer ganzen Kleinstadt fänden auf der Stehplatztribüne Platz. So könnten zum Beispiel alle Menschen aus dem nahegelegenen Fröndenberg die „Süd“ bevölkern. Einer von ihnen macht sich seit Jahrzehnten zu jedem Heimspiel auf den Weg. Seit einigen Jahren reist er auch zu allen Auswärtsspielen. Ob Bundesliga, DFB- oder Europapokal: Frank ist dabei. Mein alter Freund aus Jugendtagen steht seit mehr als 30 Jahren auf der „Süd“. Erst in Block 12, danach in Block 14 – bis heute. Zum ersten Mal zog es ihn 1988 ins Westfalenstadion. Der FC Homburg gastierte im DFB-Pokal. Die Borussen siegten 2:1 und gewannen einige Monate später den Pokal.

Eine Dauerkarte besitzt Frank seit 1990. Unvergessene Europapokalabende, Meisterfeiern oder auch bittere Niederlagen – Frank hat die gesamte Bandbreite an Gefühlen auf der Südtribüne miterlebt. Von absoluter Stille bis hin zu explosionsartiger Euphorie zieht sich das Stimmungsgefüge. Wenn 25.000 Fans zeitgleich jubeln und schreien, nimmt das jeden noch so emotionslosen Besucher im Stadion mit.

Besonders im Gedächtnis eingebrannt hat sich bei Frank das Spiel gegen den FC Malaga. „Wenn ich an den Abend denke, habe ich heute noch Gänsehaut. Das war richtig irre“, schwärmt er. Im Champions League-Viertelfinale schaffte die Borussia erst in der Nachspielzeit die notwendigen zwei Treffer. „Viele Zuschauer hatten das Stadion vor dem Abpfiff verlassen. Ich war auch drauf und dran, zu gehen. Gut, dass ich geblieben bin", freut sich Frank. Das Stadion bebte. Plötzlich bestand die Südtribüne aus einem einzigen jubelnden Menschenknäuel. Alle lagen sich in den Armen. Das 3:2 von Felipe Santana aus kurzer Distanz reichte zum Weiterkommen.

Auf der Südtribüne tummelten sich immer schon besonders viele Menschen. In der Zeit, als die Bundesliga noch kein gesellschaftliches Event wie heute darstellte, standen bereits Tausende hinter dem Tor. Die bejubelten vor dem Anpfiff ein Ritual: Der Torhüter betrat als Erster das Feld. So lief „Teddy" de Beer in den 1980er-Jahren unter tosendem Beifall in Richtung Südtribüne, um kurz danach hinter den Schüssen des Torwarttrainers hinterher zu fliegen. Die Fans der Dortmunder Borussia gelten seit Jahrzehnten als besonders treu. Der Zuschauerschnitt stieg seit Mitte der 1970er-Jahre von knapp 25.000 auf nunmehr über 80.000 Besucher. Damit lag der Verein immer weit vorne in der Statistik. Doch die Anhänger auf der Südtribüne sind stets das „Salz in der Suppe", der Stimmungsfaktor gewesen. Die Corona-Krise zeigt, dass der Fußball ohne Zuschauer in Stadien einen Großteil seiner Faszination und Emotionalität verliert.

Seit den 1980er-Jahren besuche ich immer mal wieder das „Westfalenstadion". Seit Kindertagen hat sich bei mir besonders ein Bild eingebrannt. Bei einem Tor der Borussia ergießt sich über die gesamte Südtribüne eine riesige Bierdusche. Viele Fans schleudern dann vor Freude ihre Getränke in die Höhe. Mittlerweile schiele ich bei einer guten Torchance der „Schwarz-Gelben" schon mit einem Auge auf die Tribüne, um den Moment des „Bier-Spektakels" nicht zu verpassen.

Aktuell besuchen sogar Sportanhänger aus dem Ausland die Spiele der Borussia. Besonders englische Fußballfreunde zieht die Atmosphäre im „Westfalenstadion" an. In ihrer „Premier League" müssen sie horrende Ticketpreise zahlen. Die Stimmung in den Stadien gleicht eher der auf Tennisplätzen. Da bekommen die Besucher von der britischen Insel in Dortmund schon etwas Besonderes geboten. Wenn die Fans der „Süd" einmal in Wallung geraten, schwappt die Stimmung schnell auf das gesamte Stadion über. Besonders beindruckend: Regelmäßig wippen mehr als 20.000 Menschen zur Melodie des „Pipi Langstrumpf"-Liedes und bringen die Betonstufen der Tribüne zum Schwingen.

Doch im Vergleich zur Stimmung in früheren Jahrzehnten, als die Südtribüne etwa 10.000 Zuschauer weniger fasste, gibt es heute Unterschiede. Frank sieht die Situation differenziert: „Früher zog es vor allem wirklich Fußballinteressierte ins Stadion. Mittlerweile stehen zahlreiche Event-Zuschauer mit wenig Sachverstand auf der Tribüne. Dafür ist das Publikum heute bunter. Die Spiele besuchen nicht mehr nur eingefleischte Fans."

Schön wäre es, wenn die Fankultur auf einer der wohl immer noch stimmungsvollsten Tribüne der Welt noch lange anhält. Denn in Dortmund lohnt sich allein der Stadionbesuch der „gelben Wand" wegen.

- Der Dokumentarfilm „Wir die Wand" des Westdeutschen Rundfunks (WDR) beschreibt ebenso interessant wie emotional die treuen Fans auf der Südtribüne. Im Fokus stehen ausschließlich Schicksale und Lebensläufe einzelner Fans. Deren Authentizität macht den 90-minütigen Film zu einer sehenswerten Reportage: **https://l1p.de/hz5w**
- Das Fanzine „schwatzgelb.de" berichtet über den Club aus der Perspektive der Anhänger: **www.schwatzgelb.de/**

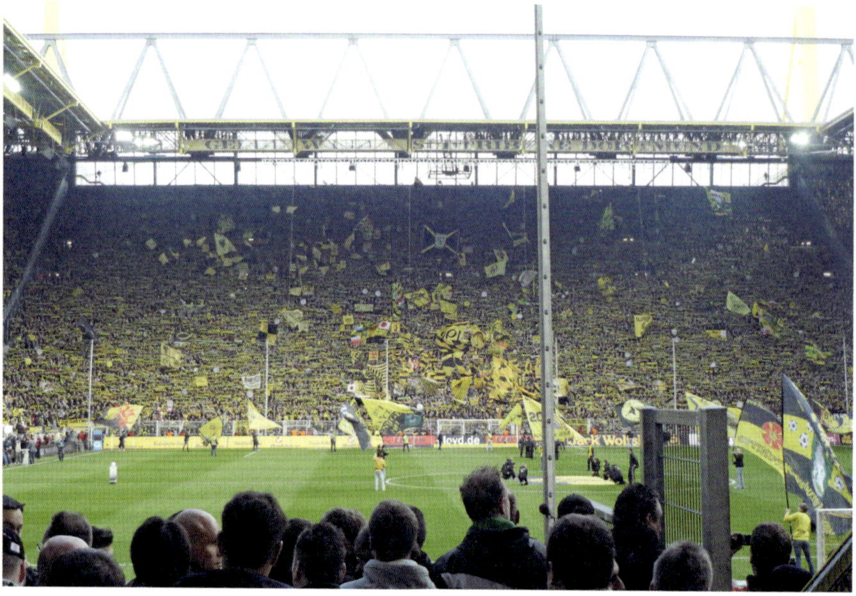

Schwarz-gelbes Fahnenmeer auf der Südtribüne (Borussia Dortmund – Borussia Mönchengladbach 2:0, 21. April 2012). Foto: Klaus-Hendrik Mester

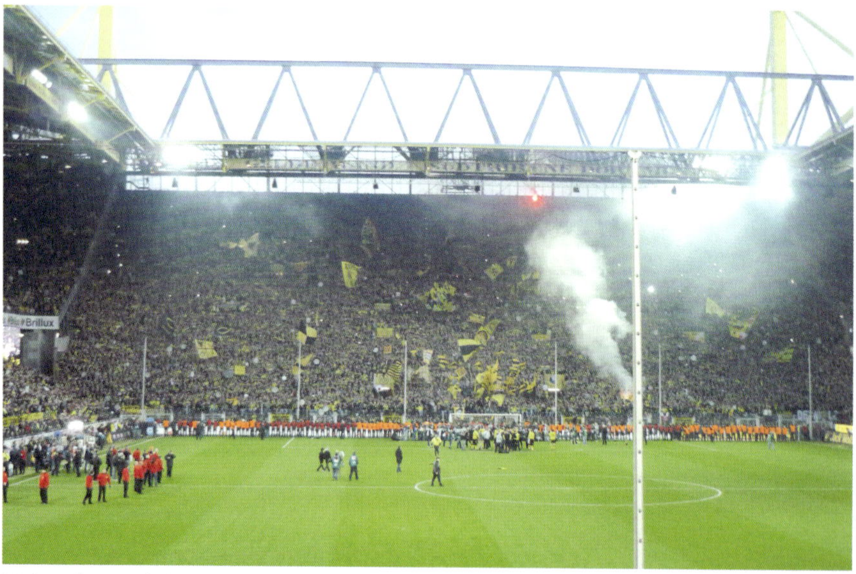

Meisterfeier auf der Südtribüne (21. April 2012). Foto: Klaus-Hendrik Mester

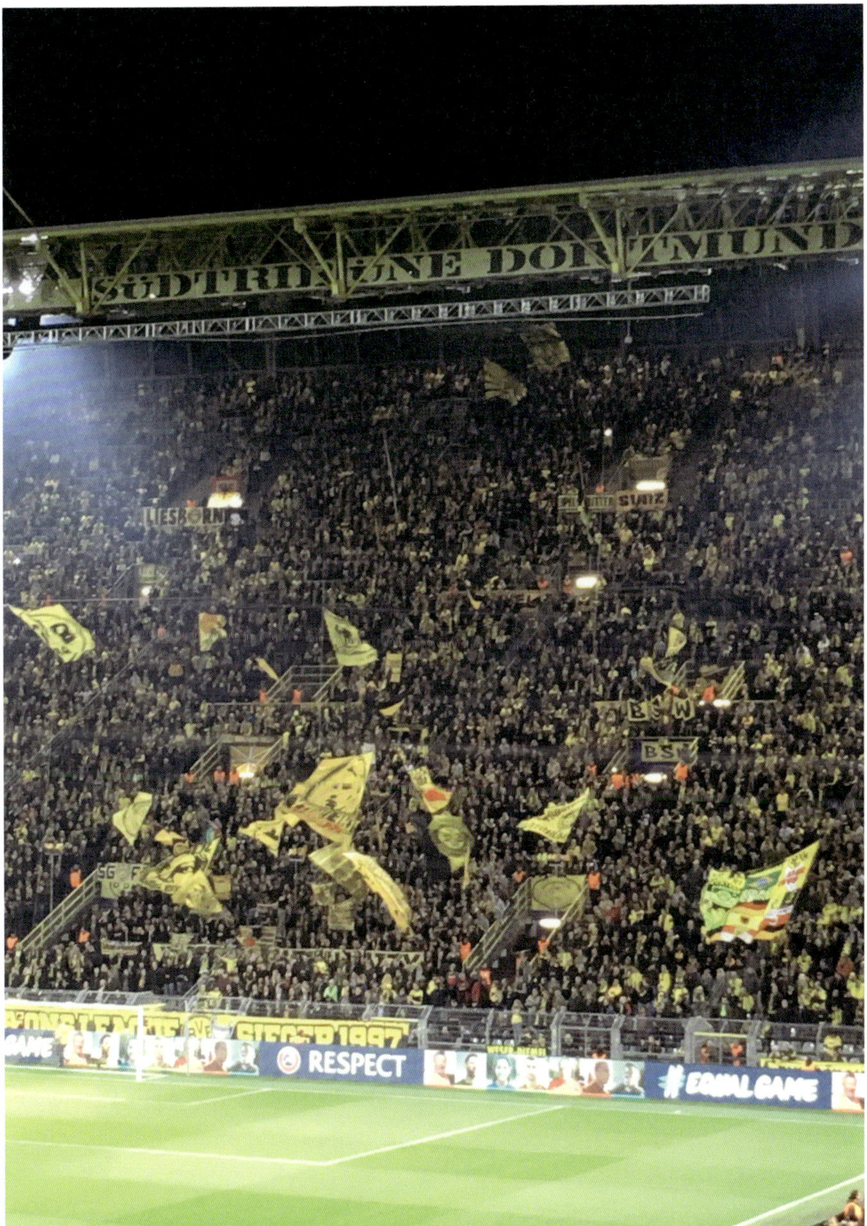

Stimmungsvolle Atmosphäre unter Flutlicht (Borussia Dortmund – APOEL Nikosia 1:1, 1. November 2017). Foto: Klaus-Hendrik Mester

Mönchengladbach, Deutschland

Borussia Mönchengladbach

ist der coolste Club der Welt, weil …

er den unbeschwerten Offensivfußball erfunden hat.

„Wir schossen Tore wie am Fließband“, resümiert Herbert Laumen. Der gebürtige Mönchengladbacher gehörte viele Jahre der legendären „Fohlenelf“ an. Als offensiver Mittelfeldspieler prägte er deren Spielweise. Schließlich schoss er die Mannschaft zur ersten Deutschen Meisterschaft der Vereinsgeschichte.

Im April 1964 begann Hennes Weisweiler als Trainer bei Borussia. Hier arbeitete er mit jungen und talentierten Fußballern zusammen. Taktisch etwas ungestüm, aber umso spielfreudiger und offensiv zog die Mannschaft eine ganze Stadt in ihren Bann. Die Anhänger strömten aus der gesamten Region ins Bökelberg-Stadion. Bald begeisterte die Elf Fußballfreunde aus allen Teilen Deutschlands. Heute kennen den Club viele Sportfans weltweit. Offensivfußball und Tore konnten die Zuschauer ab Mitte der 1960er-Jahre genießen. Die Mannschaft zauberte.

Was war ihr Erfolgsrezept?

„Es passte alles wie die Faust auf's Auge“, erinnert sich Herbert Laumen. Die Spieler hielten zusammen. Ihre jugendliche Unbekümmertheit, ähnliche Interessen und Spielfreude ließen die vielen Talente zu einer Einheit zusammenschmelzen. Hinzu kam die außergewöhnliche Klasse der Spieler. Fast alle Kicker der Fohlenmannschaft starteten in Mönchengladbach eine große, vielfach internationale Karriere. Torhüter Wolfgang Kleff, Berti Vogts, Günter Netzer, Herbert Laumen, die Kremers-Zwillinge, Jupp Heynckes. Die Liste ließe sich weiter fortsetzen. Frappierend und heute fast unglaublich anmutend: Zahlreiche Spieler waren gebürtige Mönchengladbacher.

Zu ausgeprägtem Teamgeist und individueller Klasse jedes Fußballers gehörte aber unweigerlich eine weitere Person: Hennes Weisweiler. „Er hatte ein unglaubliches Händchen. Für den einzelnen Menschen, für das Spielsystem, für die Taktik, für Talente. Er war ein exzellenter Trainer", begeistert sich noch heute „Fohlenelf"-Mitglied Laumen. Er beschreibt das Erfolgsrezept des Trainers und der Mannschaft näher: „Für jeden von uns hatte Hennes Weisweiler ein offenes Ohr. Er stellte eine Vaterfigur gerade für die zahlreichen jungen Spieler dar. Zusammen wurden Probleme diskutiert. Er hat im Gespräch jeden Einzelnen stark gemacht. Das war seine besondere Gabe."

Doch in der Zeit nach seinem Amtsantritt hatte die Borussia ein Problem. Vorne fielen zwar Tore ohne Ende, aber die Abwehrspieler agierten häufig unsicher. „Wir spielten zwischendurch mal 4:5 oder 5:6. Solche kuriosen Ergebnisse waren keine absolute Seltenheit", erinnert sich Herbert Laumen. Trainer Weisweiler entschloss sich deshalb – auch auf den Rat seines Mannschaftskapitäns Günter Netzer –, die Defensive zu verstärken. 1969 schlossen sich der Borussia zwei „Abwehrrecken" an. Ludwig „Luggi" Müller kam vom 1. FC Nürnberg. Klaus-Dieter Sieloff wechselte aus Stuttgart an den Niederrhein. Weisweilers Schachzug bewirkte ein kleines Wunder. Die Borussia kassierte in der Saison 1969/70 nur 17 Gegentore. So wenig wie kein anderer Bundesligist. Für den heimatverbundenen Herbert Laumen ging in dieser Zeit ein Traum in Erfüllung. Borussia Mönchengladbach errang die Deutsche Meisterschaft. „Am 30. April 1970 läuteten in der Kirche am Bökelberg nach Spielschluss die Glocken. Es war unglaublich. Für mich persönlich, als Kind der Stadt, war das etwas ganz Besonderes.", schwärmt Laumen. Seit 1953 spielte er nur für seine Borussia – erst in allen Jugendmannschaften, dann in der „Fohlenelf".

Diesen Begriff schuf der Sportredakteur der Rheinischen Post, Wilhelm August Hurtmanns. Er hatte sogar einen Platz im Mannschaftsbus. Die Spielweise der jungen Truppe begeisterte ihn so sehr, dass er in seinen Berichten den Ausdruck der „Fohlenelf" verwendete. Und die Fohlen galoppierten weiter.

Die goldenen „Siebziger" endeten. Spieler, Trainer, Verantwortliche und Fans hatten in nahezu jedem Jahr der Dekade große Erfolge, Titel und Pokale feiern können. Regelmäßig kamen Tausende auf dem „Alten Markt" zusammen, um die Trophäen gebührend im Empfang zu nehmen. Die Ausbeute: Fünfmal Deutscher Meister, zweimal UEFA-Pokalsieger, einmal Gewinner des DFB-Pokals. Zudem standen die Spieler jeweils im Finale des Eurocups der Landesmeister und des Weltpokals.

In den folgenden Jahrzehnten musste der umsichtige Manager Helmut Grashoff mit seinen Kollegen in der Vereinsführung versuchen, mit den Herausforderungen des Profifußballs Schritt zu halten. Der überschaubare Bundesligastandort Mönchengladbach mit kleinem Stadion und begrenzter Anzahl an Sponsoren entwickelte sich finanziell zu einem „David". Der Club musste nun regelmäßig seine besten Spieler verkaufen. Doch Helmut Grashoff und seinen Nachfolgern gelang es, den Zuschauern auf dem Bökelberg trotzdem guten und vielfach offensiven Fußball zu präsentieren. Oft qualifizierte sich die Mannschaft für europäische Wettbewerbe. Junge Talente tauchten „wie Sand am Meer" auf. Jungspunde wie Lothar Matthäus, Uwe Rahn oder Stefan Effenberg reiften zu Nationalspielern. Bei Borussia hatten sie die Möglichkeit, sich in Ruhe weiterzuentwickeln. Grashoff und Co. ließen sich den Verkauf dieser Fußballer teuer bezahlen. Doch irgendwann riss das kreative Erfolgsrezept. 1999 und 2007 musste der Verein in die 2. Bundesliga absteigen.

Heute erlebt Borussia Mönchengladbach ein „Revival" der erfolgreichen Zeiten. Offensiv und dynamisch verzücken die Spieler die Fans und qualifizieren sich regelmäßig für die europäischen Wettbewerbe. „Da kann man nur den Hut ziehen", beschreibt Herbert Laumen die aktuellen Entwicklungen des Vereins.

Ich selbst bin glühender Borussia-Fan und blicke etwas wehmütig auf die erfolgreichen 1970er-Jahre. Ich habe diese Zeit nicht bewusst miterleben können, da ich erst 1973 geboren wurde. Doch die aktuelle Spielweise ähnelt schon etwas der der „goldenen Zeiten". Und wenn es einmal nicht so laufen sollte, bleibt eines: Die schönen Erinnerungen!

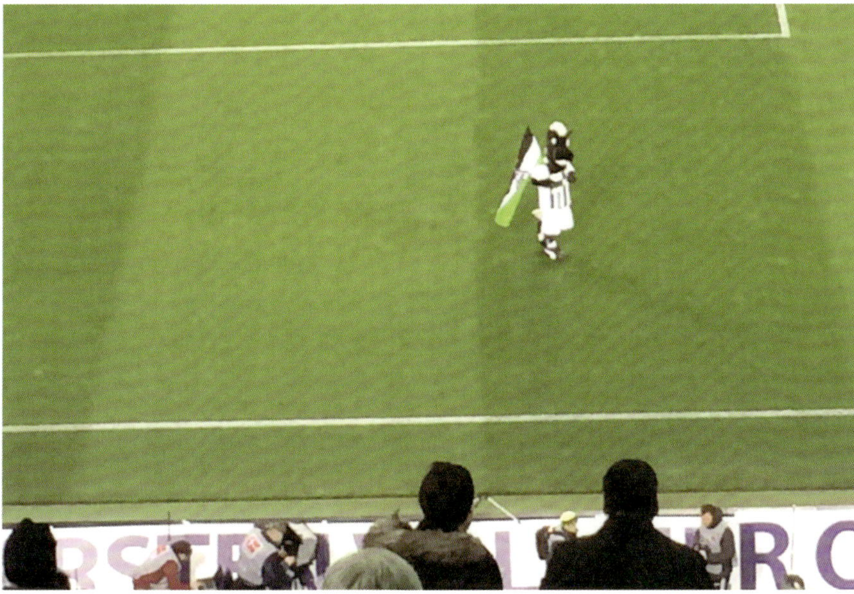

Die „Fohlenelf" lebt weiter. Das Vereinsmaskottchen „Jünter", eine Reminiszenz an Günter Netzer. Foto: Klaus-Hendrik Mester

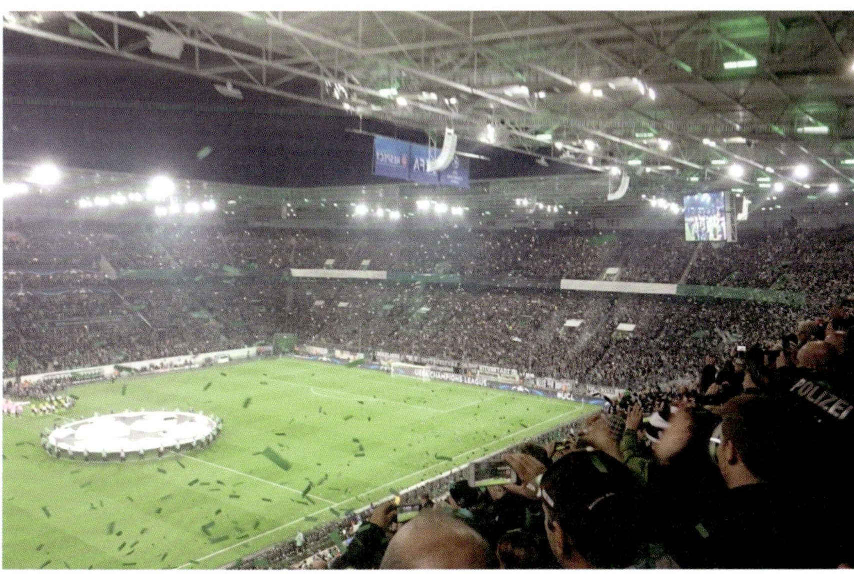

Borussia in der Champions League. Juventus Turin gastierte am 3. November 2015 im Borussia-Park. (1:1). Foto: Klaus-Hendrik Mester

- Das Vereinsmuseum „Fohlen Welt" am Stadion mit seinen wechselnden Ausstellungen kann ich wärmstens empfehlen. Nicht nur Fans von Borussia Mönchengladbach kommen auf ihre Kosten. Natürlich nimmt die „Fohlenelf" einen Teil der Ausstellung ein.
  https://museum.borussia.de/de/

- Buchautor Heinz-Georg Breuer bietet dem Leser einen rasanten Galopp durch die wechselvolle Clubgeschichte: „Und täglich schießt die Fohlenelf", erschienen im Arete Verlag, Hildesheim.

- „Zeiglers wunderbare Welt des Fußballs" blickt auf die Meisterfeier in Borussias Mannschaftskabine am 30. April 1970 zurück:
  https://t1p.de/7sxr

- Beim Anblick des Mannschaftsfotos geht allen Nostalgikern und etwas älteren Borussia-Fans das Herz auf: Die Traditionsmannschaft von Borussia Mönchengladbach kickt regelmäßig unter Trainer Herbert Laumen:
  https://www.weisweiler-elf.de/

Santa Cruz de Tenerife, Spanien

Club Deportivo Teneriffa

ist der coolste Club der Welt, weil …

er durch Ursprünglichkeit besticht.

An einem warmen Frühsommertag schlendern meine Frau und ich durch Teneriffas Hauptstadt Santa Cruz. Von der Atlantikküste breiten sich die Häuser auf den umliegenden Hügeln aus. In Küstennähe locken kleine Tapas-Bars und Kneipen Touristen und Einheimische gleichsam an. Weiter den Berg hinauf passieren wir die Fußgängerzone. Wenig später schließen sich größere Wohnblocks an. Die Balkone bieten einen Logenblick auf den Atlantik. Es gibt schlechtere Orte zum Leben.

Auf einmal erblicke ich einen Betonklotz. Mehrstöckige Wohnhäuser keilen das Bauwerk ein. Das Estadio Heliodoro Rodriguez Lopéz liegt im Herzen von Teneriffas Kapitale. Dort empfängt heute der Heimverein Real Oviedo. Für CD geht es um den Klassenerhalt.

Bierbänke dienen als provisorische Verkaufsbuden für Fanartikel. Ältere Herren offerieren Schals, Trikots und Mützen des CD Teneriffa. Im Erdgeschoss der umliegenden Wohnhäuser bieten dutzende Kneipen, manche nur wenige Quadratmeter groß, den Anhängern eine Einstimmung auf das Spiel. Plötzlich durchquert eine Gruppe im Gänsemarsch die Straße vor dem Stadion. Männer mit Trompeten und Posaunen bahnen sich lautstark ihren Weg durch die Menge. Zum Lied der Blaskapelle setzen die Passanten sofort zum rhythmischen Klatschen an. Viele stimmen den Text des Liedes an. Offensichtlich handelt es sich um einen Vereinssong-Klassiker. Die Begeisterung ist groß.

Die Szenerie erinnert mich an meine ersten Stadionbesuche als Kind in den 1980er-Jahren. Bodenständigkeit statt Kommerz herrschen rund um das Stadion. Ein großes Maß an Ursprünglichkeit erkenne ich hier in Santa Cruz wieder. Die Menschen scheinen sehr geerdet zu sein. Im Stadion verfestigt sich mein Eindruck.

Die Zuschauer feuern ihr Team immer wieder an. Kein Fanatismus ist zu spüren, Begeisterungsfähigkeit aber sehr wohl. Statt eintönigem Sing-Sang der Fans, der häufig über den gesamten Spielverlauf in deutschen Stadien zu hören ist, unterstützen die Anhänger des CD Teneriffa ihre Mannschaft situativ, abhängig von der Entwicklung des Spiels. Bei Ecken und Freistößen klatschen alle.

Dann passiert es. Das Stadion explodiert. Kurz vor dem Halbzeitpfiff verwandelt Publikumsliebling Suso Santana einen Elfmeter. Die Zuschauer um uns herum springen auf tanzen, schreien und rufen „Klassenerhalt". Im steilen Stadion sitzen wir im Oberrang. Trotzdem kommt es mir so vor, als ob wir den jubelnden Spielern die Hand reichen könnten. Alles ist kompakt und nah. Die Distanz zwischen Fans und Mannschaft scheint aufgehoben.

Die Verbundenheit zwischen Anhängern und Club zeigt sich auch in der Halbzeitpause auf eindrucksvolle Weise. Unter minutenlangen Standing-Ovations der Zuschauer ehrt der Stadionsprecher die Jugendmannschaften des Vereins. Die Zeremonie nimmt fast die gesamte Pause in Anspruch. Am Ende stehen mehr als 100 Kinder und Jugendliche samt Betreuerinnen und Trainern auf dem Spielfeld. Alle Beteiligten, Spieler und Anhänger, spenden sich nun gegenseitig Beifall. Kleine Momente voller Respekt, Wertschätzung und Empathie. So schön kann ein Stadionbesuch sein.

Für CD endet das Heimspiel mit einem Happy End. Der 2:1-Sieg gegen die Gäste aus dem nordspanischen Oviedo bedeutet einen riesigen Schritt in Richtung Klassenerhalt in der 2. Liga.

Der Club hat schon bessere Zeiten erlebt. Zu seinen Glanzzeiten in den 1990er-Jahren avancierte der Club zu einem der besten in Europa. Auch deutsche Fußballer und Trainer, wie Robert Enke, Oliver Neuville, Jupp Heynckes, Bernd Krauss und Ewald Lienen genossen das ganzjährig milde, subtropische Klima der Insel.

Ein weiteres Beispiel für die Bodenständigkeit des Clubs bietet der Verkauf der Eintrittskarten. Ein modernes, im Profifußball obligatorisches Online-Ticket-System darf natürlich nicht fehlen. Eine weitere Möglichkeit, an Karten zu gelangen, versetzt mich allerdings wieder auf sympathische Art in die 1980er-Jahre zurück. Drei Tage vor dem Spiel kaufen wir unsere Ticktes in einem kleinen, unscheinbaren Schreibwarenladen in der Kleinstadt Puerto de la Cruz, unserem Urlaubsdomizil. Dieses liegt eine knappe Autostunde von der Inselhauptstadt in Richtung Westen. Der nette Mann hinter dem Schalter der „Papeleria La Asomada“, ein Schreibwarengeschäft mit angebundenem Lottoladen, bemüht sich, uns einen guten Platz zu organisieren. „Ihr sitzt direkt am Treppenaufgang, dann könnt ihr nach dem Spiel schnell weg“, grinst er uns an. Eine ähnlich skurrile Vorverkaufsstelle entdecken wir in der Tankstelle am Ortsausgang des Bergstädtchens La Orotava. Weitere Verkaufsstellen finden sich auf der Vereinshomepage des Club Deportivo Teneriffa: eine Buchhandlung, Bars, Lottogeschäfte, Supermärkte, ein Tante-Emma-Laden, ein Einkaufszentrum und weitere Tankstellen.

Gerne erinnere ich mich an die Zeit, als ich Karten für Borussia Dortmund noch am Bahnhofskiosk in Menden im Sauerland erstehen konnte. Dies ist allerdings über 30 Jahre her.

Schön, Fußball back to the roots!

- Ein Besuch der gemütlichen Kneipen, Tapas-Bars und Restaurants rund um die Hauptkirche „Iglesia de la Concepción“ bis hin zum Puente Serrador bietet sich vor allem vor einem Stadionbesuch an. Die Spielstätte des CD Teneriffa liegt nur einige Gehminuten entfernt. Im Stadion selbst gibt es außer Wasser und Softdrinks nur Kartoffelchips.

- Einen Steinwurf von der Hauptkirche entfernt liegt der „Mercado de Nuestra Sénora de África“. Der größte Markt in Santa Cruz ist wärmstens zu empfehlen. Ein gepflegtes Gebäude in orientalischem Stil, mit Arkaden und Innenhof, beherbergt interessante Verkaufsstände aller Art. Neben Blumen, Obst, Gemüse, Fisch und Fleisch können Interessierte sogar Brieftauben erwerben.

- Sie können Eintrittskarten online oder in Vorverkaufsstellen auf der ganzen Insel kaufen. Nähere Informationen dazu auf der Homepage des Clubs:
https://www.clubdeportivotenerife.es/entradas

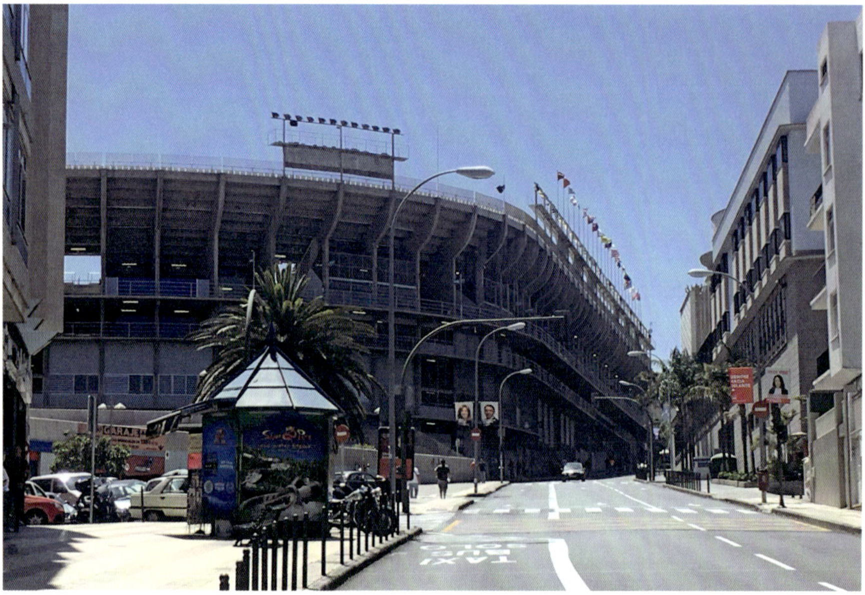

Stadion mitten im Wohngebiet. Foto: Christiane Mester

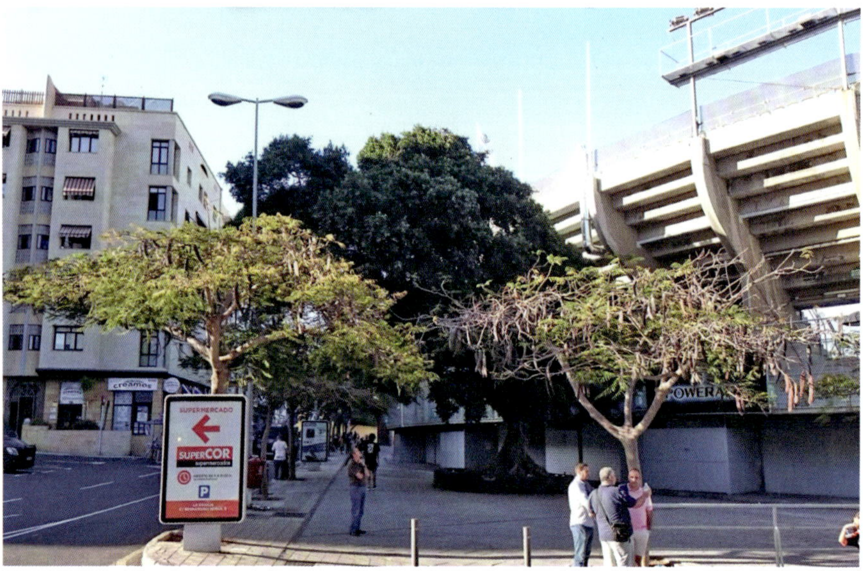

Freier Blick von der Dachterrasse gegenüber auf das Spielfeld. Foto: Klaus-Hendrik Mester

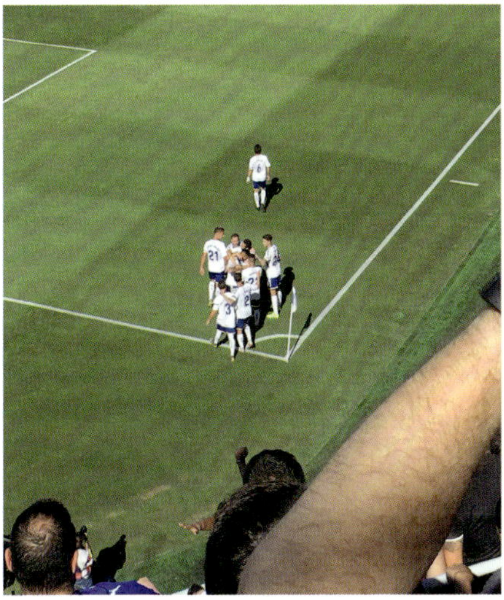

Mittendrin statt nur dabei: Torjubel hautnah.
Foto: Christiane Mester

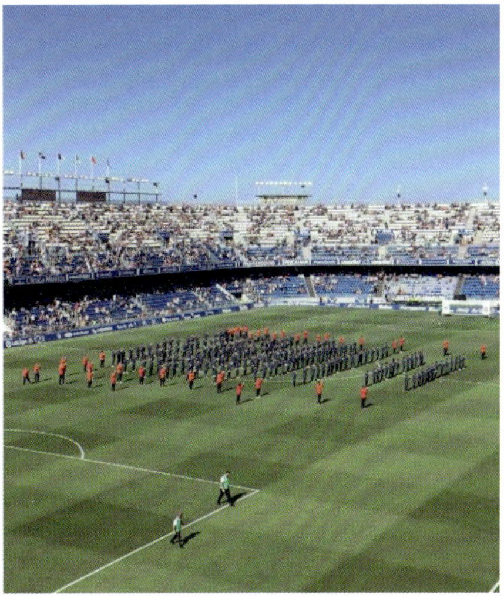

CD Teneriffa ehrt seine Jugendlichen.
Foto: Christiane Mester

London, England

Fulham FC

ist der coolste Club der Welt, weil …
das Stadion in malerischer Umgebung liegt.

„Der Star ist die Mannschaft“. So charakterisierte der damalige Bundestrainer Berti Vogts seine Europameisterelf von 1996. Diese Typisierung lässt sich auf viele Vereinsmannschaften übertragen. Manchmal besteht das Team auch ausschließlich aus Stars. Zum Beispiel im noblen Chelsea, einer der besten Wohn- und Fußball-Adressen in der Weltstadt London. Ganz anders im einen Steinwurf entfernten Fulham: Hier ist der Star ganz klar das Stadion, speziell seine Lage. Der Ort verzückt nicht nur Nostalgiker.

Die Verzückung beginnt schon mit der Anreise. An diesem trüben Oktobertag spült die Tube, Londons U-Bahn, Fußballfans auf den Bahnsteig der Haltestelle „Putney Bridge“ hinaus. Hier startet jedes Jahr das weltberühmte Ruderrennen zwischen den Studenten aus Cambridge und Oxford. Ab jetzt zieht die Umgebung die Stadiongänger in ihren Bann. Eine Zeitreise nimmt ihren Lauf. Schnell sind die Stufen des Abgangs der Bahn-Station genommen. Wenige Augenblicke später beginnt ein Eintauchen ins Mittelalter. Imposant ragt der helle Steinturm der All Saints Church in den matten Herbsthimmel. Uralte, verwitterte Grabsteine umringen den ausladenden Bau. Die 600 Jahre alte Kirche könnte auch als Kulisse für einen Edgar-Wallace-Krimi dienen. Schräg gegenüber führt der Weg an einem mit dunklem Fachwerk verzierten Haus vorbei. Grünspan liegt auf den verwinkelten Vordächern. „Wie im Märchen“, denke ich. Fehlt nur noch, dass es Frau Holle aus dem Fenster schneien lässt.

Hinter dem Haus steigen Rauchschwaden auf. Eine Handvoll freundlicher Männer wendet Würstchen, Frikadellen und Steaks auf den beiden Holzkohlegrills, zapft Bier, kassiert oder hält einfach nur einen Plausch mit den Gästen. Angelockt vom Duft der frisch gebratenen Zwiebeln reihen meine beiden

Freunde und ich uns in die überschaubare Reihe der Hungrigen ein. Wir lassen uns einen leckeren Burger schmecken.

Nach diesem kulinarischen Highlight soll es aber noch besser werden. Mit einem Blick nach rechts fällt uns der gediegene Fulham Palace direkt ins Auge. Hier verbringen die Bischöfe Londons seit dem 11. Jahrhundert die warmen Sommertage. An den Prachtbau schmiegt sich der Bishops Park an. Vor weit mehr als 100 Jahren erholten sich hier schon die Londoner. Seither scheint sich nicht viel verändert zu haben. Nach wenigen Schritten weiten sich herrschaftliche Parkanlagen vor unseren Augen aus. In das satte Tiefgrün der Wiesen reihen sich die in Gelb-Orange und facettenreiches Braun gehüllten Bäume ein. Die Blätter in allen Schattierungen rieseln herunter und färben die Grünflächen. Alles riecht nach Rasen. Ich möchte auf der Stelle die Fußballschuhe schnüren und mich einer der beiden Teams anschließen, die gerade in der wunderbaren Kulisse kicken. Einige Meter neben uns schnattern Enten in den leichten Wellen der Themse. Idyllischere Momente bieten sonst nur Rosamunde-Pilcher-Filme.

Langsam zeichnen sich die Konturen eines hohen Baus hinter den Laubbäumen ab. Zwei Flutlichtmasten ragen empor. Die Parkidylle schwappt in das Stadion „Craven Cottage" herüber. Die Themse und der Park umringen das Stadion. Hier residiert der älteste Fußballclub der englischen Hauptstadt, und dies seit über 120 Jahren. Nur drei Jahre nach der Eröffnung des Bishops Park versuchten sich die Fußballpioniere in der damals nagelneuen Spielstätte. Wir bahnen uns den Weg durch die Fußballfans. Die Atmosphäre passt zum nostalgischen, gediegenen Umfeld. Familienväter spazieren mit ihren Kindern auf der gesperrten Straße. Ältere Herren in gepflegtem, dunklem Sakko studieren das aktuelle Programmheft. Tiefenentspannung statt Hektik breitet sich rund um das Stadion aus.

Wir trotten Richtung Eingang. Dahinter wartet der nächste Romantik-Klassiker. Das schmale Asphaltstück vor der Tribüne, nur wenige Meter breit, nutzen Fulham-Fans für Fachgespräche und die Aufnahme von Kaltgetränken. Wir gönnen uns ein Bier und schauen auf die Themse. Keine 20 Meter entfernt peitscht ein Steuermann seine Rudermannschaft mit einem Megaphon an. Fünf Meter hinter uns erklimmt eine Gruppe von Fans die Treppen der Tribüne „Riverside Stand". 2012 hätten bei Hochwasser im Stadion die olympischen

Kanu-, Ruder- oder Schwimmwettbewerbe stattfinden können, so dicht nebeneinander liegen Themse und Stadion. Olympia stattete dem Stadion tatsächlich schon einmal einen Besuch ab. Am 5. August 1948 bejubelten 25.000 Engländer den knappen 1:0-Sieg ihres Teams gegen die französische Elf.

Kurz vor Spielbeginn werfen wir einen ersten Blick ins Stadion. Die Zeit scheint stehen geblieben zu sein. Gegenüber legt sich das Grau des flach abfallenden Dachs schützend über die alte Holztribüne. Unzählige schmale Holzpfeiler tragen die Konstruktion. Sie wirken wie senkrecht aufgestellte Streichhölzer, die unter einer viel zu schweren Last zu bersten drohen. Doch seit 1905 geben die Stützen nicht nach.

Auf den oberen Reihen der nach Johnny Haynes benannten Tribüne lassen sich Fulhams Fans auf Klappsitzen aus Holz nieder. Der Namensgeber schoss zwischen 1952 und 1970 insgesamt 147 Tore in fast 600 Spielen für den FC Fulham. Zahlreiche großflächige Fotos an einem Ende der Tribüne erinnern an den alten Helden. Doch die historische Zeitreise soll ihren Höhepunkt erst noch erreichen. Am rechten Rand der Tribüne lauert ein architektonischer Knalleffekt. Ohne diesen wäre das „Craven Cottage“ nur ein Schmuckkästchen, mit ihm ist es eines der schönsten Stadien der Welt. Ein uralter Backsteinbau, das Cottage, drängt sich zwischen den „Johnny Haynes Stand“ und die Hintertortribüne. Doch der Umstand, dass dieses aus der Zeit gefallene Gebäude jeden Zuschauer heute noch beeindruckt, liegt in einem fatalen Fehler begründet.

Schon 1780 errichtete Baron William Craven an gleicher Stelle eine Jagdhütte. Ein Brand zerstörte das Bauwerk 100 Jahre später: Star-Architekt Archibald Leith, Erbauer legendärer Spielstätten wie der „Anfield Road“ in Liverpool, des „Old Trafford“ in Manchester und des Glasgower „Hampden Parks“, plante den Wiederaufbau der alten Jagdhütte unfreiwillig: Leider hatte der Oscar Niemeyer der Gründerzeit vorher schlicht vergessen, Umkleidekabinen in den Katakomben der Tribünen einbauen zu lassen. Die Not wandelte Leith in eine Tugend um. Er ließ die alte Jagdhütte mit Umkleidekabinen für die beiden Mannschaften neu errichten. Hier bereiten sich noch heute die Spieler des FC Fulham und deren Gegner auf ihre Einsätze vor.

Weiter oben sitzen die VIPs auf dem langgezogenen Balkon der Jagdhütte. Viele Plätze nehmen die Familienmitglieder der Profi-Fußballer ein. Die Schnitzereien des weißen Geländers wirken wie aus einer anderen Zeit. Wo andernorts praktische Anzeigentafeln Spielstände und Werbebotschaften an die Kunden übermitteln, erinnern die roten Schornsteine auf dem Cottage an das viktorianische Zeitalter.

An dem Ort, an dem vor mehr als 120 Jahren Londons erste Fußballer aus Spaß am Sport vor dem Ball traten, beherbergt diese museale Spielstätte nun hochbezahlte Profikicker. Inmitten dieser Kulisse gerät Fulhams 5:0-Erfolg gegen den späteren Premiere-League-Aufsteiger Huddersfield Town zur Nebensache.

Nach dem Spiel inspizieren wir die Außenansicht der alten Holztribüne. Lässig blickt Johnny Haynes als Statue auf die abwandernden Anhänger. Die rote Backsteinfassade der Tribüne lässt im Inneren eher ein Museum als einen Fußballplatz vermuten. Gegenüber schließen sich gepflegte Reihenhäuser mit kleinen Vorgärten an. Umringt von Themse, Parkanlagen und noblen Wohngebieten kann ein Stadion idyllischer kaum liegen.

Die nostalgische Anreise, die malerische Umgebung und das uralte Cottage schieben selbst das Fußballspiel in den Hintergrund. Mehr Charme, Idylle und Fußballromantik gehen nicht. Also: Auf ins „Craven Cottage"!

- Einen Spaziergang durch den Bishops Park unternehmen.
- Eine Sitzplatzkarte auf der Tribüne „Riverside Stand" ergattern. Auf dem schmalen Platz zwischen Tribüne und Themse mit Blick auf das Wasser vor dem Spiel einen leckeren Pie und ein Pint frisch gezapftes Bier genießen.
- Nach dem Match die Putney Bridge überqueren und auf der Südseite der Themse in eines der guten Restaurants einkehren.
- In England empfehle ich generell den Kauf eines Stadionhefts. Die Fülle an Informationen, Hintergrundberichten und Statistiken (bis hin zur Zahl der Auswärtsfans) bestechen.
- Offizielle Webseite des Vereins: **www.fulhamfc.com/**

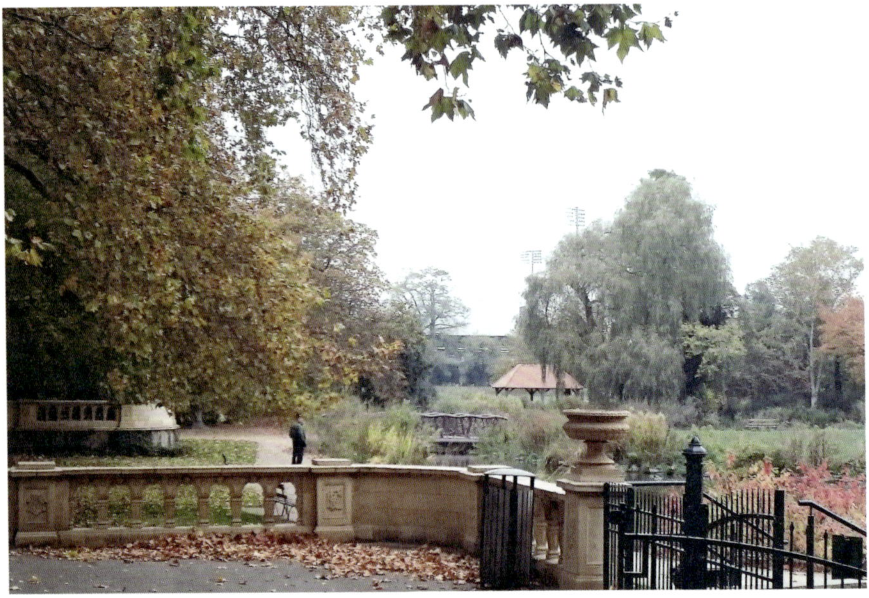

Bishops Park (eröffnet 1893). Im Hintergrund zu sehen: Die Flutlichtmasten des „Craven Cottage". Foto: Klaus-Hendrik Mester

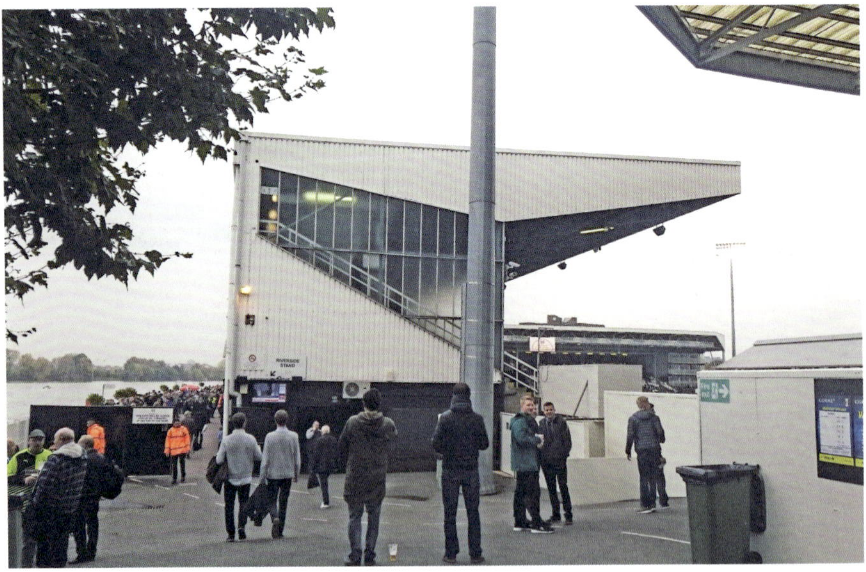

Riverside Stand direkt neben der Themse. Foto: Klaus-Hendrik Mester

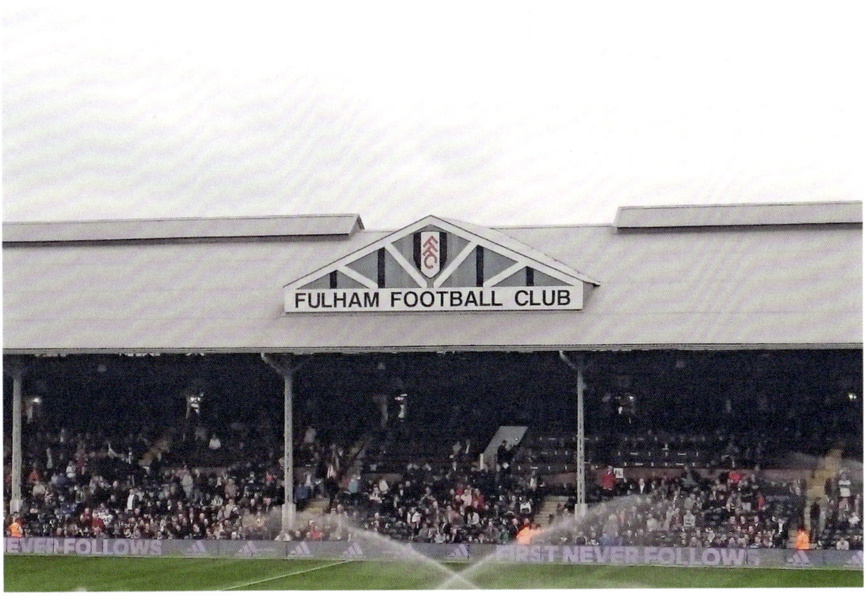

Der „Johnny Haynes Stand" versprüht pure Nostalgie. Foto: Klaus-Hendrik Mester

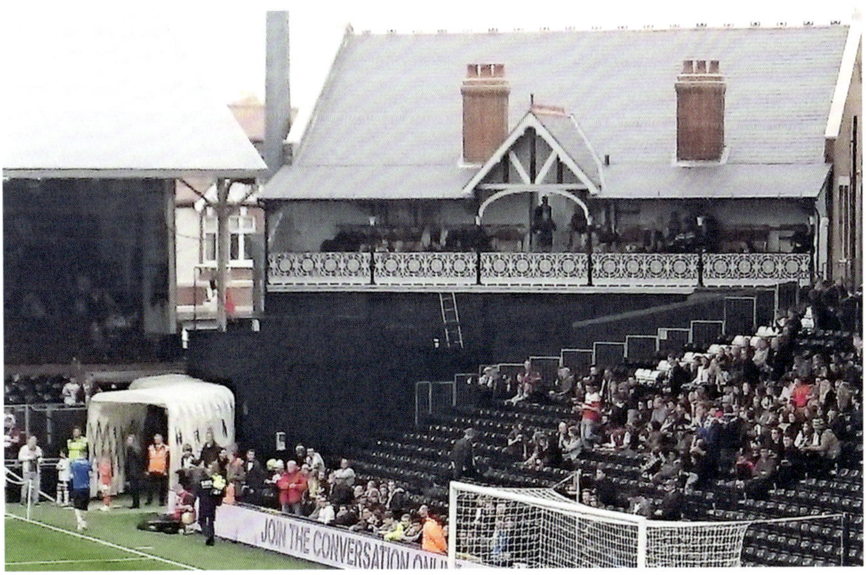

Jagdhütte im Stadion. Foto: Klaus-Hendrik Mester

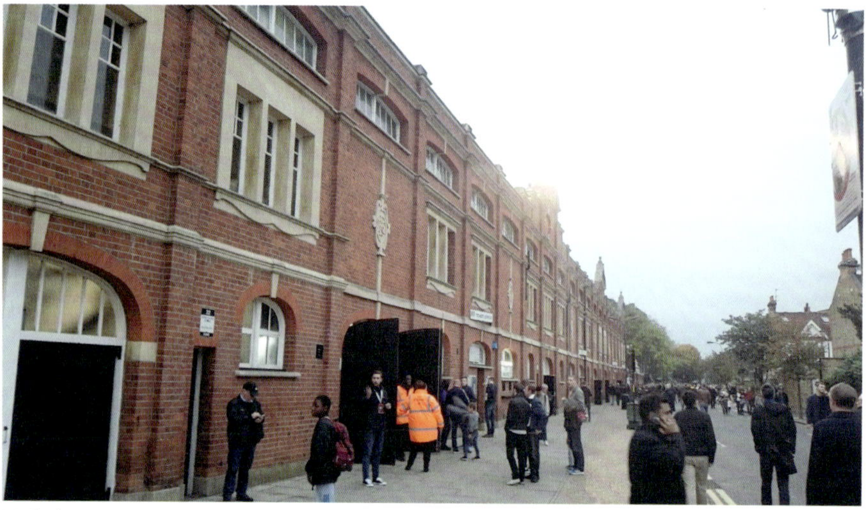

Wohnhaus, Museum, Regierungsgebäude? Die Fassade des Johnny Haynes Stand.
Foto: Klaus-Hendrik Mester

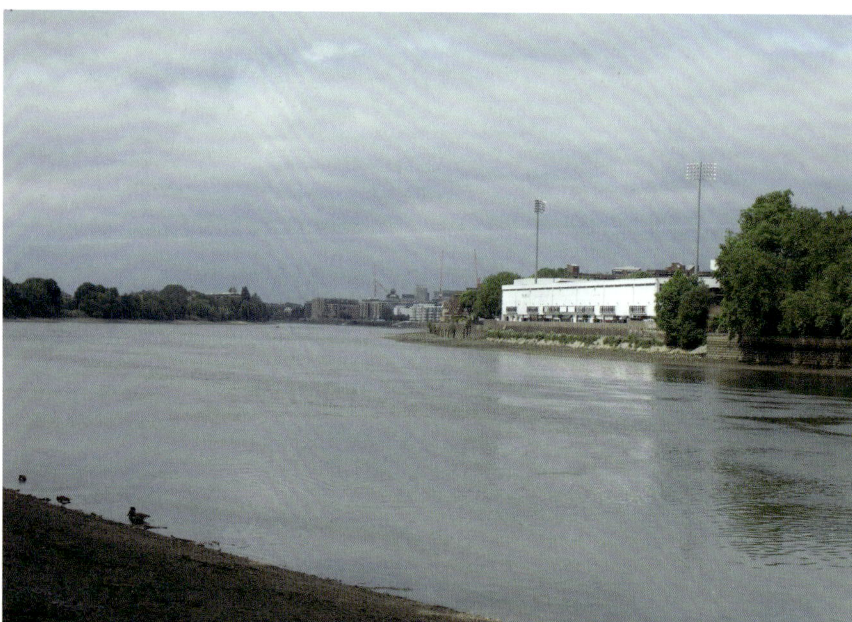

Blick auf das Stadion vom gegenüberliegenden Ufer der Themse. Foto: Katrin Rampp

Rom, Vatikanstadt

FC Guardia

ist der coolste Club der Welt, weil …
er nur aus Leibwächtern des Papstes besteht.

Die Vatikanstadt liegt mitten in Rom. Das Staatsgebiet beträgt 0,44 Quadratkilometer, auf denen etwa 1.000 Menschen leben. Unter ihnen sorgen 135 junge Männer aus der Schweiz für die Sicherheit des Papstes, die so genannte Schweizer Garde. Die Männer bewachen zudem die Zugänge zum Gelände des Vatikans. Seit mehr als 500 Jahren schützt die oft als kleinste Armee der Welt bezeichnete Garde das überschaubare Staatsgebiet und seine Bewohner.

Selbst im kleinsten Staat der Erde gibt es eine Fußballiga. Als ein ganz besonderes Team nimmt der FC Guardia am Spielbetrieb teil. Kurz nach der Gründung der Vatikanliga, der Attività Calcistica dei Dipendenti Vaticani, schlossen sich ihr die Schweizer Gardisten an. Damit ist der FC Guardia ein Traditionsclub, quasi der Hamburger SV der Vatikanstadt. Die anderen Mannschaften setzen sich etwa aus Journalisten von Radio Vatikan, Angestellten der vatikanischen Museen, Gärtnern der päpstlichen Anlagen oder Redakteuren der Tageszeitung „Osservatore Romano" zusammen. Als besonders brisant gilt das Spiel gegen die Gendarmeria, den vatikanischen Polizeikorps. Es ist das Derby um die besten Bewacher des Vatikans. Es soll nicht selten eine Flut an gelben und roten Karten gegeben haben.

Ein Problem besitzen alle Mannschaften im Vatikan: Die oft unregelmäßigen Arbeitszeiten und die recht dünne Personaldecke an fußballbegeisterten Männern zwingen die Teams zur Improvisation. Sie treten auf kleinen Spielfeldern mit vier Feldspielern und einem Torwart pro Mannschaft an. Die Italiener nennen diese Form des Fußballs „calcetto". Das Staatsgebiet des Vatikans lässt kaum Platz für ein Fußballfeld. Daher findet der Ligabetrieb auf dem Gelände von Petriana Calcio statt. Unweit des Petersdoms kicken hier die Fußballbegeisterten des Mini-Staates vor einer beeindruckenden Kulisse.

Genau wie in anderen Ländern spielen die Kicker des Mini-Staats Meisterschaft, Pokal und Supercup aus. Zudem bietet der traumhaft auf einem Hügel gelegene Sportplatz „Pio XI“ den regelmäßigen Austragungsort für die Weltmeisterschaft der Geistlichen und Priesteranwärter. Der „Clericus-Cup“ gilt als einer der sportlichen Höhepunkte im Vatikan, neben den Spielen der Nationalmannschaft. Einst trainierte Giovanni Trapattoni die Fußballauswahl des Zwergstaats. Die Kicker tragen jedoch ausschließlich Freundschaftsspiele aus. Der Vatikanstaat gehört weder dem Fußballweltverband FIFA noch dem europäischen Pendant UEFA an.

Der FC Guardia konnte noch nie einen Titel erringen. Weder in der Meisterschaft noch in Pokalwettbewerben hielten die Spieler am Ende eine Trophäe in die Höhe. Auch die Teilnahme am Clericus-Cup endete bisher ohne Pokalgewinn. Achtungserfolge feierten die Schweizer Gardisten nur in Freundschaftsspielen. Aus dem Dezember 1980 überliefern katholische Medien einen 9:0-Kantersieg gegen die Deutsche Botschaft. 26 Jahre später bejubelten die Gardisten einen knappen Heimsieg gegen einen deutschen Verein.

Die dazu passende Geschichte ist kaum zu glauben. Sie nahm ihren Anfang im März 2015. Alles begann mit einem aufgebrochenen VW-Bus. Thomas Biehler hatte sich zuvor mit Freunden auf den Weg von Südbaden nach Rom gemacht. Die jungen Männer unterstützten einen gemeinsamen Vereinskollegen des FC Rimsingen beim Umzug. Nach einigen Tagen in der ewigen Stadt standen die Umzugshelfer vor ihrem aufgebrochenen Bulli. Das Gefährt musste in die Werkstatt. Die Südbadener konnten zunächst nicht zurück nach Hause fahren. Doch dieses Pech sollte sich schnell zur glücklichen Fügung wenden.

„Zum Glück nahm mich ein Freund in Rom auf. Hans-Peter verantwortete den deutschen Friedhof im Vatikan. Meine Freunde fuhren mit einem Mietwagen zurück nach Hause. Ich wohnte direkt auf dem kleinen Gebiet des Vatikanstaats“, erinnert sich Rimsingen-Kicker Biehler. Etwa eine Woche verweilte der Fußballer und heutige Sportvorstand des FC Rimsingen in Rom. Jeden Abend, wenn er aus der Stadt zurück zu seinem Quartier kam, musste Biehler an den Posten der Schweizer Gardisten vorbei. Nur so erhielt er Zugang zu seiner Schlafstätte innerhalb der vatikanischen Mauern. „Dabei kam ich mit den Gardisten ins Gespräch. Irgendwann unterhielten wir uns über Fußball. Ich war überrascht, dass es den FC Guardia überhaupt gibt. Schlussendlich vereinbarten wir ein Freundschaftsspiel zwischen meinem Verein und den Schweizer Gardisten", zeichnet Thomas Biehler die Ereignisse nach.

Einige Monate später fand der Kick tatsächlich statt. „Es war ein traumhafter Abend. Wir spielten unter Flutlicht. Vom Spielfeld blickten wir direkt auf die beleuchtete Kuppel des Petersdoms", schwärmt Biehler. Am 25. Juli 2015 schlug Kreisligist Rimsingen den FC Guardia mit 5:0. Das schrie nach einer Revanche. Die stieg im Herbst 2016. Die Altherrenmannschaft des FC Rimsingen reiste mit einem Tross aus fast 30 Fußballern nach Rom. Darunter auch Thomas Biehlers Vater Edgar. Der spielte bis 1976 für den SC Freiburg.

Mittlerweile hatte ein bekannter Pay-TV-Sender von der „Fußballfreundschaft" der beiden Vereine erfahren. Der stiftete Trikots mit Unternehmensaufdruck und nutzte das Mannschaftsfoto des FC Rimsingen vor dem Petersdom für Werbezwecke. Das Spiel gewann am Ende die Schweizer Garde mit 3:2.

Das Angebot auf ein Rückspiel in Südbaden haben die Spieler des FC Guardia allerdings bis heute nicht angenommen. Kaum verwunderlich, verfügen die Gardisten auch nur über einen Urlaubsanspruch von einer Woche. Die Garde rekrutiert sich aus jungen, unverheirateten Männern. Sie müssen der katholischen Kirche angehören, papsttreu sein, die Staatsbürgerschaft der Schweiz besitzen und vorher ihren Militärdienst abgeleistet haben. Vielleicht überlegen die Verantwortlichen der Schweizer Garde, zusätzlich noch fußballerisches Talent mit in ihren Anforderungskatalog aufzunehmen. Dann klappt es bestimmt irgendwann auch mit der Meisterschaft.

- Wer Meisterschafts- oder Pokalspiele des FC Guardia besuchen möchte, findet die Termine auf dem Internetportal „Sport in Vaticano" unter der Rubrik „Calcio": **www.sportinvaticano.com/**
- Auf diesem Facebook-Profil gibt es auch Clips zu Spielen des FC Guardia: **https://www.facebook.com/SportinVaticano/**

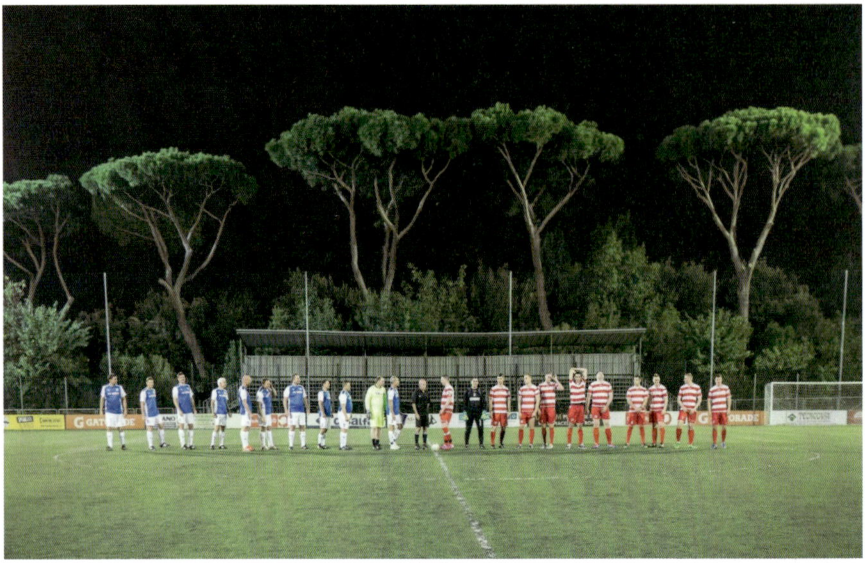

Anpfiff im Vatikan: Der FC Guardia empfängt den FC Rimsingen. Foto: Jörg Blum

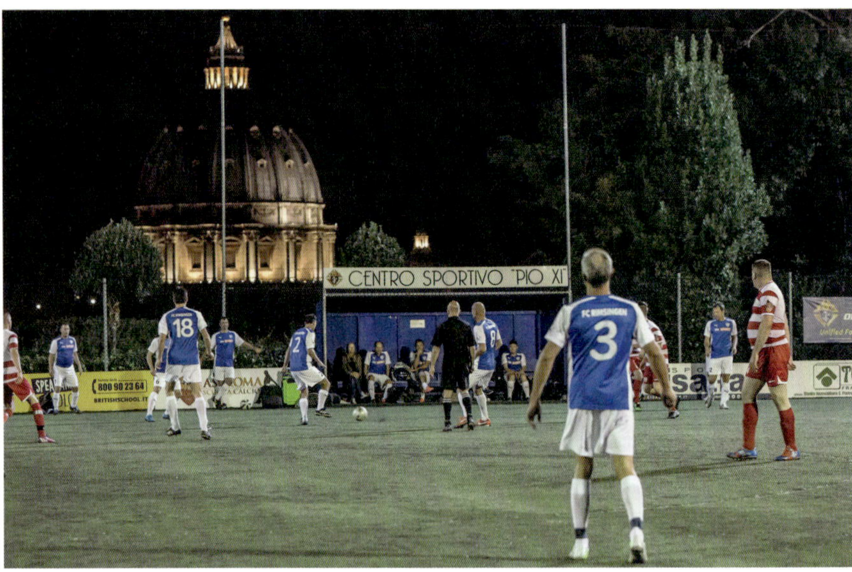

Wunderbares Ambiente: Sportanlage „Centro Sportivo Pio XI" an der Via Aurelia nahe dem Petersdom, unweit der vatikanischen Mauern. Foto: Jörg Blum

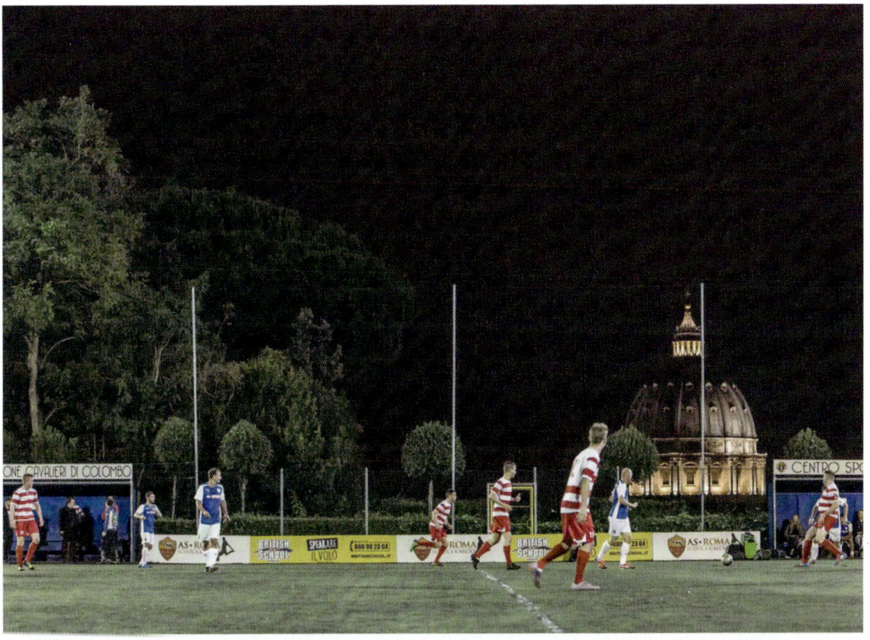

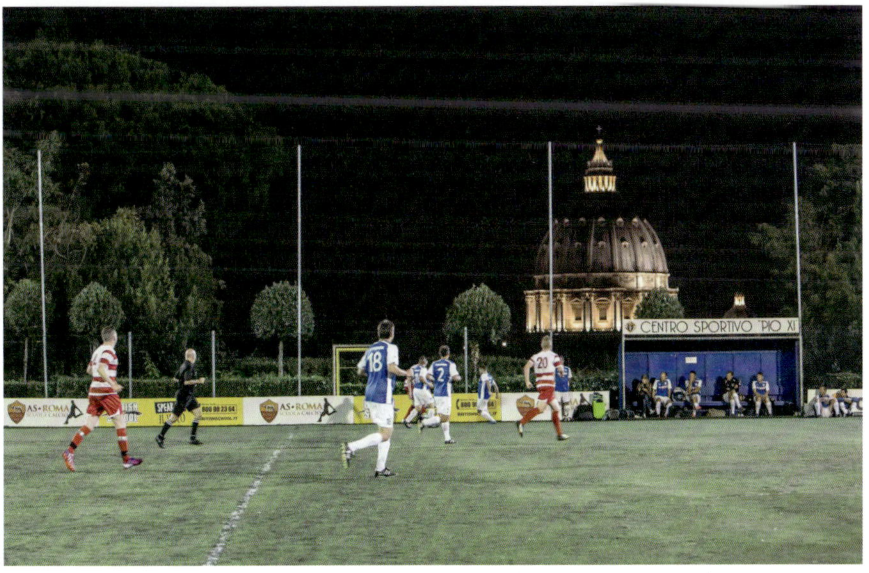

Die Schweizer Gardisten in ihren traditionell rot-weißen Trikots können nicht nur bewachen, sondern auch angreifen – zumindest auf dem Centro Sportivo Pio XI.
Fotos: Jörg Blum

Liverpool, England

Liverpool Football Club

ist der coolste Club der Welt, weil …
seine Fans die schönste Fußballhymne „erfanden".

Das Salz in der Suppe eines Stadionbesuchs sind die Fangesänge. Sie machen die Atmosphäre eines Fußballspiels aus. Sie sorgen für den großen Unterschied zwischen dem Erlebnis vor Ort und dem TV-Schauen vom Wohnzimmersofa aus. Als die „Mutter aller Stadiongesänge" gilt ein ganz besonderer Song. „You'll never walk alone!" – „Du wirst niemals alleine gehen!"

Das Lied geht unter die Haut. Seine getragene Melodie untermalt den tiefgründigen Text.

Von Sturm und Dunkelheit bedroht, sollen wir uns nicht entmutigen lassen. Das Lied der Lerche und der Himmel am Horizont bieten ein Licht am Ende des Tunnels.

Die einfühlsamen Zeilen ermutigen zum Durchhalten in schwierigen Lebenslagen. Sie geben Hoffnung. Die Worte haben sicher schon vielen Menschen Mut gemacht. So auch mir, als ich für meine Abschlussklausuren im Studium lernte. Ich hatte den Liedtext für einige Wochen über meinem Schreibtisch aufgehängt.

Das Lied lieben viele Menschen als „Ermutigungshymne". Die letzten Zeilen des Liedtextes ermutigen den Zuhörer, mit viel Hoffnung im Herzen immer weiter durch die schweren Zeiten hindurch zu gehen. Wir tun dies nicht für uns alleine.

Der Ursprung dieses außergewöhnlichen Songs liegt mehr als 100 Jahre zurück. Der ungarische Dramatiker Ferenc Molnar schrieb das Theaterstück „Liliom" zu Beginn des 20. Jahrhunderts. Es handelt vom Kirmesmitarbeiter Liliom. Er kann seine Familie kaum ernähren, raubt einen Kassierer aus und begeht schließlich Selbstmord. Die Uraufführung fand 1909 in Budapest statt. 1934 folgte die Verfilmung. Einige Jahre später schreiben Regisseur Benjamin

Glazer, Liedtexter Oscar Hammerstein und Komponist Richard Rodgers das Stück zu einem Musical um. 1945 führen sie „Carousel" am New Yorker Broadway auf. Das Stück „You'll never walk alone" kommt bei den Vorstellungen voll zur Entfaltung. Nach dem Tod Lilioms tröstet es seine zurückgelassene Ehefrau und ermutigt am Ende seine Tochter zuversichtlich in die Zukunft zu blicken.

Schon kurze Zeit, nachdem die Lieder der ersten Aufführung des neuen Musicals verstummten, adaptierten die ersten Künstler „You'll never walk alone". Frank Sinatra nahm eine Single noch 1945 auf. Zahlreiche Musikkünstler coverten die „Hymne" und interpretieren sie neu. So versuchten sich etwa Louis Armstrong, Shirley Bassey oder Johnny Cash, später Elvis Presley, Campino, Barbra Streisand oder die Puppen der Muppet Show. Die volle Musiker-Bandbreite – vom Schnulzen-Barden bis zum Punk Rock-Sänger – entdeckten den Song für sich.

Einzigartig bleibt eine Version. Bis heute. Anfang der 1960er-Jahre spielen Gerry & the Pacemakers in den Clubs ihrer englischen Heimatstadt Liverpool. Das Lied schnellte an die Spitze der britischen Charts. Leadsänger Gerry Marsden traute kurze Zeit später seinen Ohren nicht. Die treuesten Anhänger des FC Liverpool schmetterten aus voller Kehle „sein" Lied. In englischen Stadien bekamen die Zuschauer vor den Spielen die aktuellen Gassenhauer zu hören. „The Kop", die Fantribüne des FC Liverpool, avancierte seither zum ständigen Interpreten des Hits „You'll never walk alone". Die Emotionalität des Liedes zog schnell alle Zuschauer im Stadion in ihren Bann. Seit 1963 zelebriert das gesamte Stadion „Anfield Road" in Liverpool kurz vor Anpfiff die Fußballhymne. Dann singen, intonieren und schmettern die Fans. Spätestens, wenn sie die ersten Worte ansetzen, sorgen sie bei sich selbst und allen anderen Menschen im Stadion für eine Gänsehaut.

Die Wirkung des Liedes überträgt sich auf viele Lebensbereiche. Es hat vor einigen Jahren Einzug in die Gesangbücher der evangelischen Kirche in Deutschland gehalten. Einige Gemeinden singen das Lied im sonntäglichen Gottesdienst. Die Ballade hilft gegen Angst und Hoffnungslosigkeit, gibt Mut und stärkt das Gemeinschaftsgefühl. Einige Geistliche nehmen den Text in ihre Predigten auf. Die Intention des Liedes ähnelt der des Psalm 23 im Alten Testament der Bibel. Dieser trägt die Überschrift „Der Herr ist mein Hirte". Gott steht den Menschen auch in widrigen Lebenssituationen bei. Ein Bild der Hoffnung geht von den Bibelzeilen aus.

Neben religiösen, metaphysischen Bezügen versprühen Melodie und Text Hoffnung in bedrohlichen und schweren Alltagssituationen.

1981 trauerte Liverpool um Bill Shankly. Der Trainer des FC Liverpool entwickelte das Team von einem Zweiligisten zu einer der besten Mannschaften Europas. Die Liverpooler liebten den volksnahen Mann. Der gebürtige Schotte hielt die Anhänger für ebenso wichtig wie die Spieler. Seiner Philosophie nach konnte der Verein nur als Einheit Erfolge feiern. 1974 beendete er seine Karriere. In der Zeit vor seinem Tod soll er oft „You'll never walk alone" auf seiner Musikanlage abgespielt haben. Dieser Song gab ihm Hoffnung und Halt. Heute bewundern die Fans vor dem „Kop" eine Bronzestaute des Erfolgstrainers. Auf dem Sockel des Denkmals verkündet der Schriftzug Shanklys Lebenswerk: „Er machte die Menschen glücklich".

1985 schockte die Brandkatastrophe des Stadions in Bradford die englische Bevölkerung. 56 Menschen verloren ihr Leben. Gerry Marsden nahm mit einigen Musikern eine neue Version seines Hits auf. Mit den Erlösen unterstützte er die verletzten Opfer und Hinterbliebenen. Seither erreichte der Song den Status einer Gemeinschaftshymne für alle Fußballfans.

Sheffield, 15. April 1989. An diesem Tag ereignete sich eine der größten Katastrophen im Fußballsport. Der FC Liverpool und Nottingham Forst standen sich an diesem Samstagnachmittag im Halbfinale des englischen Pokals gegenüber. Im überfüllten Liverpool-Block konnten viele Menschen der Enge nicht entfliehen. Immer mehr Besucher drängten von außen auf die Tribüne. 96 Fans starben, fast 800 erlitten Verletzungen. Danach veränderten die Verantwortlichen des FC Liverpool ihr Vereinswappen. Zwei Fackeln und der Schriftzug „You'll never walk alone" zieren nun das Clubemblem.

2009 nahm sich Robert Enke das Leben. Tausende Menschen gedachten des Nationaltorhüters auf der Trauerfeier im Fußballstadion in Hannover. Als Zeichen der Anteilnahme, des Mitgefühls und der Solidarität erklang die Hoffnungshymne. Eine damals 17-jährige Schülerin sang „You'll never walk alone". Dieser Moment dürfte alle Menschen, ob im Stadion oder an Fernsehgeräten, emotional sehr berührt haben.

Liverpools Bedeutung als Hafen- und Handelsmetropole sinkt seit vielen Jahrzehnten. In den 1970er-Jahren gerieten viele Menschen in wirtschaftliche und soziale Not. Noch heute leiden zahlreiche Einwohner unter der hohen

Arbeitslosigkeit. Der FC Liverpool avancierte immer mehr zum Hoffnungssymbol und Rettungsanker im Alltag der Menschen. Steve Gerrard wuchs wenige Kilometer von Liverpool entfernt auf. Bereits als Neunjähriger spielte er für den FC Liverpool. Der Club bildete von 1989 bis 2015 seine sportliche Heimat, bevor er in Los Angeles für ein Jahr seine Fußballkarriere ausklingen ließ. Zwölf Jahre übernahm Gerrard die Rolle des Mannschaftskapitäns der „Reds", der Spitzname der Fans und Spieler des FC Liverpool 2013 stand er mit seinem Team vor fast 100.000 Zuschauern auf dem Rasen des Melbourne Cricket Ground. An diesem Julitag trat der FC Liverpool, zu einem Freundschaftsspiel gegen Melbourne Victory an. Viele Fans des englischen Traditionsvereins hüllten große Teile des Stadions in ein rotes Meer aus Schals, Trikots und Fahnen. Die Zuschauer sangen „You'll never walk alone" aus vollem Herzen. Das beeindruckte Steve Gerrard so sehr, dass er weinte.

Die Melancholie des Liedes genossen 2016 niederländische Fußballanhänger. Die Fans von ADO Den Haag warfen Kuscheltiere vom Oberrang des Rotterdamer Stadions „De Kuip" auf den Tribünenblock unter ihnen. Die Flugobjekte fingen die im Unterrang versammelten Kinder gerne auf. Sie kamen aus dem benachbarten Kinderkrankenhaus. Feyenoord Rotterdam lud sie ein, um ihnen einige sorgenfreie Stunden zu bereiten. Fans von Feyenoord und ADO sangen während dieser wunderbaren Aktion „You'll never walk alone". In diesem Moment wäre kein Lied der Welt passender gewesen.

2020 hält der Corona-Virus die Welt in Atem. Das einfühlsame Lied von Gerry & the Pacemakers hellt die Stimmung der Menschen etwas auf. In Dortmund fährt ein Streifenwagen der Polizei durch das Kreuzviertel. Per Lautsprecher beschallen die Polizisten die Straßen mit dem legendären Song. In England spenden Pflegekräfte eines Krankenhauses ihren Kollegen der Intensivstation Anerkennung und Trost. Sie singen vor der durchsichtigen Tür zum Intensiv-Trakt die „Ermutigungshymne". Der niederländische Moderator Sander Hoogendoorn hatte eine geniale Idee. Am 20. März 2020 sendeten fast 200 Radiostationen in Europa zeitgleich dasselbe Lied. Der englische Kult-Song ertönte auch im leeren Borussia-Park in Mönchengladbach. Für einige Minuten konnten hoffnungslose Hörer Mut schöpfen.

Neben diesen prägnanten Beispielen für die Strahlkraft des Liedes gibt es sicher zahllose unbekannte, persönliche Dokumente.

Seit 1963 ergießt sich der Song in Stadien zahlreicher Länder. Die Zuschauer adaptieren den Gesang der Fans des FC Liverpool. In Deutschland lassen es besonders regelmäßig die Fans im Dortmunder Stadion ertönen. Selbst harte Jungs auf der Südtribüne bekommen dann weiche Stimmen und Knie. Ich habe das Lied zum ersten Mal Mitte der 1990er-Jahre beim FC St. Pauli gehört. Gebannt stand ich als Gladbach-Fan in der Gästekurve.

Der Song verbindet Fans unterschiedlicher Fußballvereine. Das Lied geht weit über den Bereich des Fußballs hinaus. Es berührt Herz und Geist, ist tiefgründig und spendet Hoffnung. „You'll never walk alone" – ein universeller Trostspender.

- Malte Oberschelp hat dem Song ein ganzes Buch gewidmet: Die Hymne des Fußballs: „You'll never walk alone" – Eine Kulturgeschichte", Verlag Die Werkstatt, Göttingen 2013.
- Eintrittskarten für die „Anfield Road" zu ergattern, ist fast nicht möglich. Es sei denn, Ihr Bankkonto schwappt über. Sportreiseveranstalter und kommerzielle Ticketbörsen rufen Höchstpreise auf. Stadionführungen und ein Besuch der Clubmuseums kosten einen Bruchteil: **https://stadiumtours.liverpoolfc.com/offers**

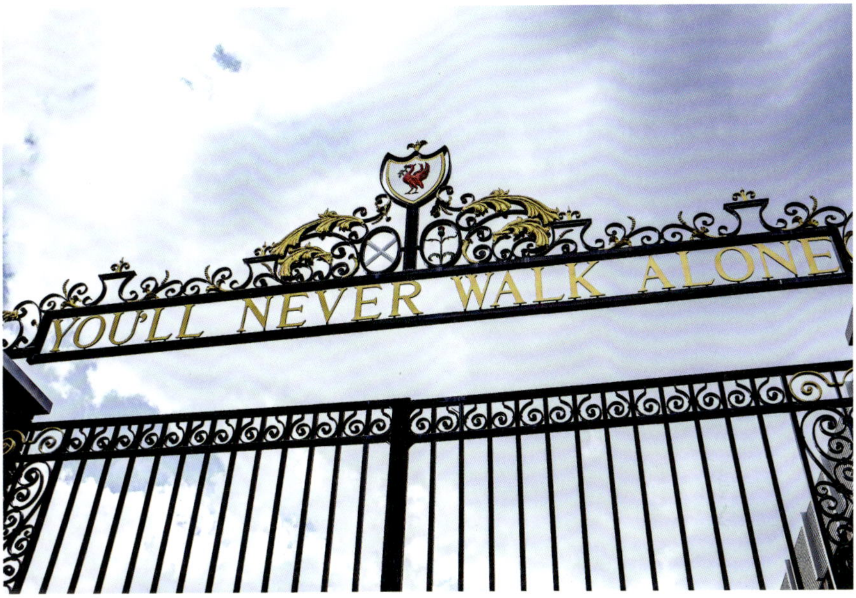

In Erinnerung an den großen Manager: Bill Shankly Memorial Gate an der Anfield Road.
Foto: istockphoto/ichywong

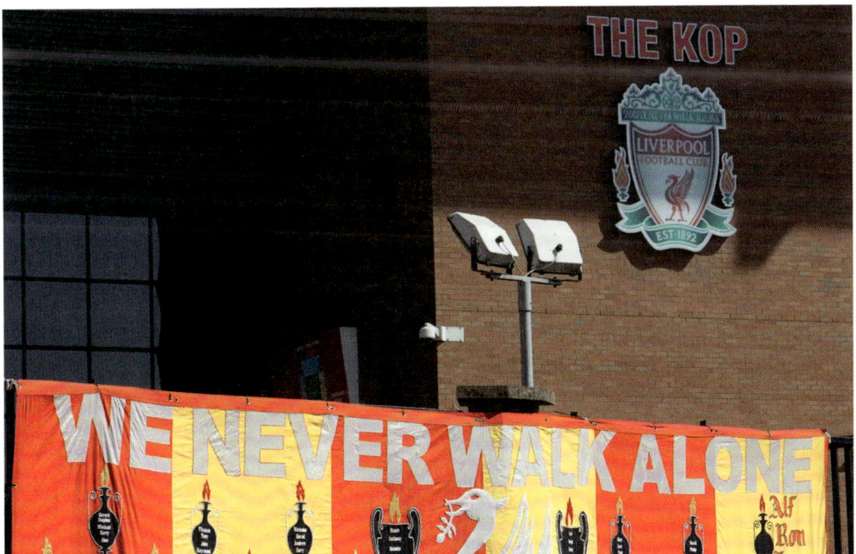

25 Jahre nach der Katastrophe von Hillsborough – Banner vor The Kop.
Foto: istockphoto/ad_vaughan

Rovaniemi, Finnland

FC Santa Claus

ist der coolste Club der Welt, weil …
er sich dem Weihnachtsmann verschrieben hat.

„FC Santa Claus hakee yhteistyökumppaneita. Ota yhteyttä!“ Was sich wie ein Faustschlag auf die Tastatur eines Laptops liest, ist finnisch. Der Satz steht auf der Homepage eines Fußballclubs. Er bedeutet: „Der FC Santa Claus sucht Sponsoren. Interessierte mögen sich bitte melden!“

Der Verein hat seine Heimat in der finnischen Stadt Rovaniemi, hoch im Norden Lapplands. Rovaniemi liegt unweit des Polarkreises. Hier geht die Sonne im Juni nicht unter. Im Winter ist es dafür bitterkalt und eisig. Bis zu minus 30 Grad zeigt das Thermometer an. Dann scheint die Sonne nur für wenige Stunden. Für die Einwohner beginnt ein langer Winterblues. Die Legende um den Weihnachtsmann, der mit seinen Elfen hier oben im Norden Finnlands leben soll, zaubert allerdings allen Generationen ein Lächeln ins Gesicht und hilft, den langen Winter durchzustehen. Seit 1993 sorgt der Fußballverein des Weihnachtsmanns für eine interessante Ablenkung: der FC Santa Claus.

Die Entstehungsgeschichte des Weihnachtsmann-Clubs beinhaltet vielfältige Facetten. Die Vereinsgründer wollten in erster Linie die fußballerischen Kräfte in Rovaniemi bündeln. In der Stadt spielten längere Zeit zwei Clubs in der zweiten Liga. Lappi und Reipas schlossen sich zu einem neuen Verein zusammen. Dafür suchten die Gründer nun einen Namen. Da schlug die große Stunde der kreativen Marketing-Experten. Besonders in der Vorweihnachtszeit kommen tausende Touristen in die Stadt am Polarkreis. Sie wollen dem Weihnachtsmann ganz nah sein. Auf diesen Zug sprangen die cleveren Fußballfunktionäre auf. Was liegt näher, als den neuen Club FC Santa Claus zu nennen?

Jetzt setzte sich die Marketing-Maschine in Gang. Auf dem Vereinslogo lächelt der Weihnachtsmann dem Betrachter entgegen. Merchandising-Artikel, vom T-Shirt bis zur Zipfelmütze, stehen bis heute im Internet-Store zum

Kauf bereit. Santa Claus höchstpersönlich führte schon mal den Anstoß bei Ligaspielen aus. Im Tiefschnee spielte das Team gegen Touristen aus aller Welt in der Schneefußballschule. Presseteams aus ganz Europa berichten regelmäßig über den ungewöhnlichen Fußballclub aus Lappland, dem nördlichen Teil Finnlands. Aus Deutschland schauten sich beispielsweise Reporter der Zeitung „Die Welt“ und des Fernsehsenders „n-tv“ die Geschehnisse im hohen Norden Europas genauer an. Das bekannte Fußballmagazin „Four Four Two“ widmete dem Club einen ausführlichen Artikel.

Nur sportlich lief es zunächst nicht so wie gewünscht. Der Verein stieg nie in die zweite Liga auf, so wie seine Vorgängerclubs Lappi und Reipas. Vor einiger Zeit musste das Team sogar die dritte Liga verlassen. Tausende Kilometer legten die Fußballer pro Saison im Bus zu den Auswärtsspielen zurück. In der Abstiegssaison verhagelten zum Teil deutliche Auswärtsniederlagen die Stimmung im Bus. Der 25. September 2016 gilt bis heute als negativer Höhepunkt der Vereinsgeschichte. Die Mannschaft verlor in Kajaani 0:16. Auf der mehrstündigen Rückreise aus dem 350 Kilometer entfernten mittelfinnischen Städtchen nach Rovaniemi dürften wohl nur wenige Polonaisen stattgefunden haben.

Doch das wirklich Bemerkenswerte am FC Santa sind weder die sportlichen Erfolge noch die kreative Marketingstrategie. Vielmehr besticht der Verein durch das soziale Engagement seiner Verantwortlichen und Mitglieder. Jedes Jahr veranstalten Fußballbegeisterte ein Wohltätigkeitsturnier. Die Erlöse spenden sie an Hilfsorganisationen. Ein Teil der Einnahmen aus dem Verkauf von Fanartikeln landet auf dem Konto des Kinderhilfswerks „Unicef“. Alles geschieht ganz im Sinne des Joulupukki, wie der Weihnachtsmann auf Finnisch heißt. Der Club ist selbst finanziell alles andere als auf Rosen gebettet. Trotzdem spenden die Funktionäre und Mitglieder einen bedeutsamen Teil ihre Erlöse an Bedürftige.

Die Verantwortlichen geben ihre sportlichen Ziele und ihr soziales Engagement nicht auf. Natürlich helfen dabei großzügige Zuwendungen von Spendern und Sponsoren. „Ota yhteyttä!“ – Bitte nehmen Sie mit uns Kontakt auf! – erbitten die Verantwortlichen des Clubs im Internet. Vielleicht öffnet ja irgendwann einmal ein schwerreicher Fußballliebhaber Herz und Portemonnaie. Und dann fließen die Gelder statt nach Chelsea, Manchester oder Leipzig zum Club des Weihnachtsmanns. Das wäre doch mal ein schönes Weihnachtsmärchen.

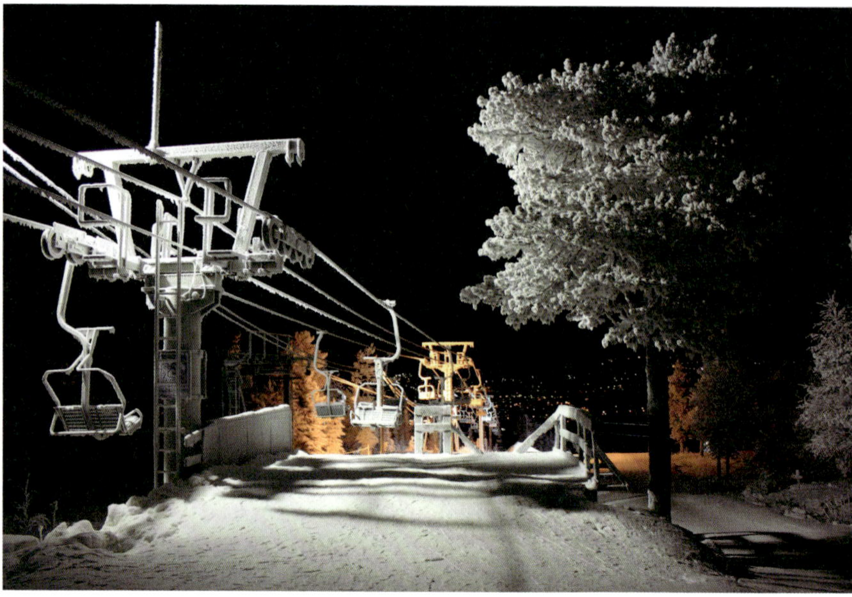

Im Winter wird es bitterkalt: Skilift auf dem Berg Ounasvaara in Rovaniemi.
Foto: F. Topp/pixelio.de

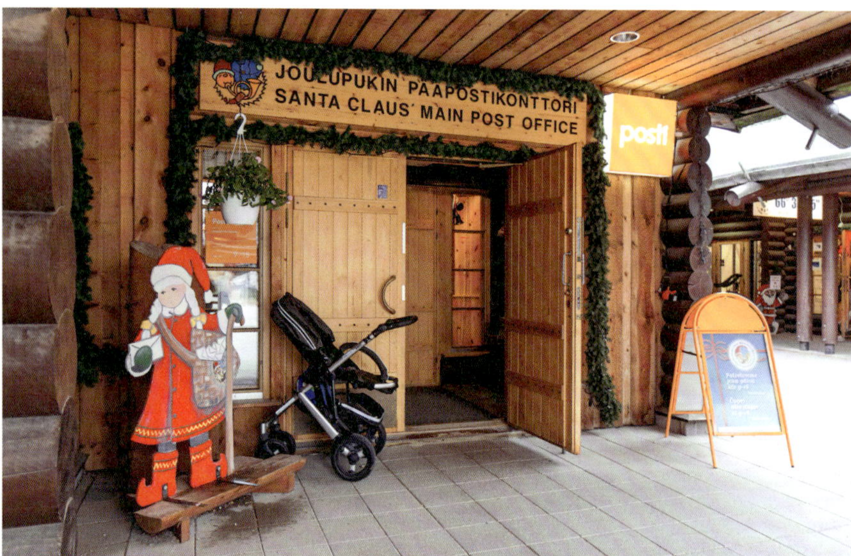

Das Postamt des Weihnachtsmannes in Rovaniemi. Foto: istockphoto/Konstantin Aksenov

- Ein älterer, aber sehr interessanter Artikel der Online-Ausgabe der „Welt" beschäftigt sich mit dem Clubgeschehen: **www.welt.de/sport/fussball/article13782052/FC-Santa-Claus-ist-der-Klub-des-Weihnachtsmanns.html**
- Der Verein präsentiert sich auch in englischer Sprache auf Facebook: **https://de-de.facebook.com/FCSantaClaus**

Sheffield, England

Sheffield Football Club

ist der coolste Club der Welt, weil …
er der erste offizielle Fußballverein der Welt ist.

Alles begann in Sheffield. Hier liegt die Wiege des Fußballs. Ein Rechtsanwalt und ein Weinhändler gaben vor über 160 Jahren den Startschuss für einen weltumspannenden Siegeszug der Extraklasse. Sie gründeten am 24. Oktober 1857 den ersten Fußballclub der Welt. Anwalt Nathaniel Creswick fungierte als Trainer. Gemeinsam mit seinem Freund, dem Weinhändler William Prest, stellte er die ersten Fußballregeln auf. 1859 veröffentlichten die beiden Fußballfreunde das Werk, das in vielen Punkten noch heute Gültigkeit hat. Bis dahin kickten Jugendliche an Schulen und Studenten jeweils nach ihren eigenen Regeln. Damals überlegten sich Creswick und Prest schon die Bestimmungen zu Eck- und Freistößen, Einwürfen und Definitionen des Foulspiels. Sie und ihr Club gelten als eine der wichtigsten Pioniere des modernen Fußballspiels.

Am zweiten Weihnachtstag 1860 war es soweit. Der Sheffield FC und der Hallam FC trugen an der Sandygate Lane das erste offizielle Fußballspiel aus. Beide Clubs sind in Sheffield beheimatet. Damit gilt diese Begegnung als erstes und ältestes lokales Derby im globalen Fußball. Sheffield FC gewann mit 2:0. Das Vermächtnis des ersten Nachbarschaftsduells hat sich erhalten. Beide Vereine treten jedes Jahr in einem Freundschaftsspiel gegeneinander an.

Der Fußball in Sheffield begeisterte fortan die Bevölkerung. Am 14. Oktober 1878 trug der Sheffield FC das erste Spiel unter Flutlicht aus. Damals galt das als Sensation. Nach Überlieferungen aus der Zeit strömten 20.000 Zuschauer das Stadion an der Bramall Lane. Zusätzlich sollen sich tausende Besucher im Schutz der Dunkelheit ohne zu bezahlen Eintritt verschafft haben. Bis heute trägt der Club auf dem Gelände des alten Stadions seine Spiele in der Amateurklasse aus.

Die Keimzelle der industriellen Revolution war England. Sheffield gilt als eine deren Zentren. Die Gründung des FC fiel genau in diese Zeit. Fußball bot Abwechslung, Zerstreuung und ein Stück Lebensqualität in einem damals harten, anstrengenden Arbeitsalltag. Die Stahlindustrie prägte Menschen und Stadtbild. Es herrschten vielfach sehr schlechte Arbeitsbedingungen. Armut, mangelnde hygienische Bedingungen, Wohnungsknappheit, Hunger, lange Arbeitszeiten und teilweise gefährliche Tätigkeiten belasteten eine breite Bevölkerungsschicht. 1860 lehnten sich die Arbeiter gegen Firmeninhaber auf. Die sogenannten „Sheffield Outrages“, Auseinandersetzungen zwischen Gewerkschaftern und Fabrikbesitzern, gipfelten in Mordanschlägen.

Sehr viel mehr als Kirchenbesuche und Fußball bot sich in der damals knapp bemessenen Freizeit der Arbeitnehmer kaum. Die Kirchengemeinde wuchs aufgrund der Bevölkerungsexplosion stark. Die Kathedrale in Sheffield erfuhr Erweiterungsbauten. Für zugewanderte katholische Iren entstand 1846 die St. Marien-Kirche.

1885 führt der nationale Fußballverband das Profitum ein. Der Sheffield FC konnte seitdem nicht mehr gegen die professionellen Clubs wie Aston Villa oder Nottingham Forest bestehen. Dem Verein gelang bisher nie der Aufstieg in Englands Profiligen. Seit vielen Jahrzehnten sind die beiden lokalen Clubs United und Wednesday Mitglieder in den oberen Ligen Englands. Doch dem Sheffield FC und seinen Fußallpionieren aus dem 19. Jahrhundert kamen besondere Ehren zu. Der englische Fußballverband, die Football Association (FA), erkennt den Club als den ältesten Verein der Welt offiziell an. Der Weltfußballverband FIFA vergab seine höchste Auszeichnung „Order of Merit“ für besondere Verdienste um die Sportart an den Verein. Neben dem FC Sheffield erhielt diesen Titel nur noch Real Madrid.

Ein Besuch eines Spiels des ältesten Fußballvereins der Welt lohnt auf jeden Fall. Nicht nur aus sportlicher Sicht. Das kleine Stadion liegt idyllisch in einer Talsenke, umgeben von Bäumen. Neben dem Spielfeld lädt ein uriger Pub zum Verweilen ein. Das „The Coach & Horses“ mit der typisch britischen Architektur eines alten grau-braunen Steinbaus lockt mit freundlicher Atmosphäre. Selbst die Pub-Homepage heißt Hunde, Kinder und Leute mit schlammigen Stiefeln willkommen. Also, nichts wie hin zum ältesten Club der Welt!

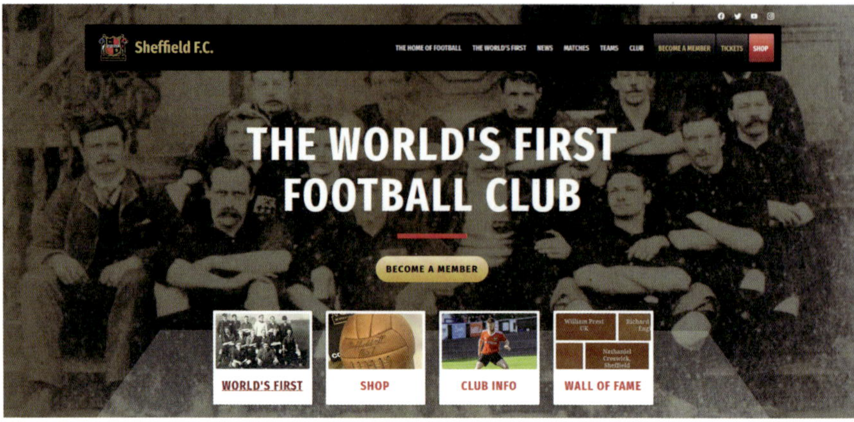

Ehre, wem Ehre gebührt – die Homepage von Sheffield FC.

- Interessierte können auf der Homepage des Sheffield FC die lange Geschichte des Vereins nachvollziehen: **https://sheffieldfc.com/history/**

Hamburg, Deutschland

FC St. Pauli

ist der coolste Club der Welt, weil ...
Vereinsfunktionäre und Fans seit Jahrzehnten Rassismus bekämpfen.

TV-Journalisten streuen in ihre Reportagen gerne den Begriff „Kultclub vom Millerntor" ein, wenn sie über den FC St. Pauli berichten. Hinter der Phrase verbirgt sich viel mehr, als zunächst scheint.

Wer je die Atmosphäre im Millerntor-Stadion erlebt hat, verspürt den Drang wiederzukehren. Die Fans sorgen für eine einzigartige Stimmung. Ihre kreativen Gesänge lassen den Stadionbesuch zum Erlebnis werden. Aus der Fankurve hallt Kritik am ausufernden Kommerz im Fußballgeschäft. Spruchbänder prangern gesellschaftliche Missstände an. Ausländerfeindlichkeit, Fremdenhass, Vorurteile gegen Flüchtlinge, Intoleranz gegenüber Minderheiten, Homophobie. Viele dieser Entwicklungen geraten ins Fadenkreuz der Fans. Auf den Eintrittskarten des FC St. Pauli fehlt der Warnhinweis für Verbraucher: „Ein Stadionbesuch kann süchtig machen."

Ich habe immer wieder Spiele des Clubs in den letzten Jahren besucht. Mir fällt auf, dass die Anhänger ihre soziale und politische Haltung so deutlich artikulieren und zeigen, wie kaum bei einem anderen Fußballverein. Spruchbänder wie „Kein Mensch ist illegal", zahlreiche Regenbogenfahnen auf den Tribünen und kommerzkritische Gesänge gehören zu jedem Heimspiel. Die Vereinsverantwortlichen unterstützen diese Haltung. Sie bieten T-Shirts mit der Aufschrift „Refugees Welcome" an.

Die Stimmung im Stadion ist das eine. Das gesellschaftliche Engagement der Fangemeinde und der Vereinsoberen macht dagegen das wirkliche Herz des Vereins aus.

2013 rief der Verein die Aktion „Kiezhelden" ins Leben. Die Clubverantwortlichen unterstützen soziale Projekte im eigenen Viertel und auch außerhalb der

Stadtgrenzen. Neben den Aktivitäten für bedürftige Menschen setzen sich Verein und Fans gegen rassistische Tendenzen in der Gesellschaft ein. Mildtätige Aufgaben sowie die Integration von Menschen mit unterschiedlichen Nationalitäten oder Kulturen haben die Verantwortlichen explizit als Vereinszweck in ihre Satzung aufgenommen. Seit 1991 verbietet die Stadionordnung rassistische Gesänge und sexistische Parolen. Als erster deutscher Profiverein verankerte der FC St. Pauli diese Verbote in den Statuten.

Konkret leben Fans den „Kampf gegen Rechts" im Stadion. Rassistische Sprechchöre gehören nicht zum Repertoire der Anhänger. Auf Betonwänden der Tribünen vermitteln Graffitis, Parolen und Zeichnungen die klare Botschaft: Rechtes Gedankengut hat am Millerntor nichts zu suchen. Auf einer grauen Betonwand eines Tribünenaufgangs zerschlägt eine Faust ein Hakenkreuz. Riesige Buchstaben auf der Mauer hinter den Stehrängen der Gegentribüne verkünden „Kein Fußball den Faschisten".

Zu Beginn der 1980er-Jahren zog der FC St. Pauli zunehmend alternativ lebende Menschen, Hausbesetzer, Punks und Unangepasste ins Millerntor. Als Fan der „Stunde Null" gilt „Doc Mabuse". Er schwenkte als Erster die Totenkopf-Fahne. Sie symbolisiert das Unkonventionelle und Rebellische. Heute ist sie ein, vielleicht *das* Markenzeichen des Vereins. Vor 40 Jahren brachten die Anhänger ihre explizit antirassistische Grundhaltung mit ins Millerntor-Stadion.

Auch abseits der Ligaspiele engagieren sich die Fans. Seit 2004 organisierten sie viele Jahre das Antira-Turnier. Die Veranstaltung findet im Millerntor-Stadion statt. Fußballfans aus ganz Europa treten zu diesem Happening im Zeichen des Antirassismus („Antira") gegen das Leder.

Fans laden alljährlich zum „Lauf gegen Rechts" ein. Seit 2012 joggen die Sportler rund um die Außenalster. Dabei geht es immer links herum. Das Vereinsmuseum arbeitet die Rolle des Vereins in der Zeit des Nationalsozialismus kritisch auf. Kreative Veranstaltungsformate locken kulinarische Freunde an. Unter dem Motto „Kein Wein den Faschisten" lädt der Verein seit mehreren Jahren ins Millerntor ein. Gewinne spenden die Veranstalter an antirassistische Initiativen. 2019 folgten der Einladung mehr als 1.000 Weinliebhaber. Im selben Jahr bot die Marketingabteilung des FC St. Pauli mit einem Eishersteller die Sorte „Melting Pot" (Schmelztiegel) an. Die Erlöse kamen Organisationen für den Erhalt von demokratischen Werten zu Gute.

Sicherlich werden den Verantwortlichen und Fans des Hamburger Kult-Clubs auch in Zukunft die Ideen beim Einsatz „gegen Rechts“ nicht ausgehen.

- Rund um das Millerntor-Stadion reiht sich eine „Kult"-Kneipe an die andere. Aufgrund eigener sehr guter Erfahrungen empfehle ich das **Miller**. Die Mischung aus Cafe, Bar, Bistro und Kneipe liegt einen Steinwurf vom Stadion entfernt. Besonders sympathisch und praktisch: Morgenmuffel können das Frühstück bis 14 Uhr genießen.
- Einen Besuch einplanen, wenn das Volksfest „DOM" ansteht. Der Blick aus einer Gondel des Riesenrads ins Stadion steigert die Vorfreude auf den Kick. Die bunten Lichter der Fahrgeschäfte flimmern über den Stadiontribünen. Dies sorgt bei einem Abendspiel für einen besonders stimmungsvollen Rahmen.
- Offizielle Webseite des Vereins: **www.fcstpauli.com/**

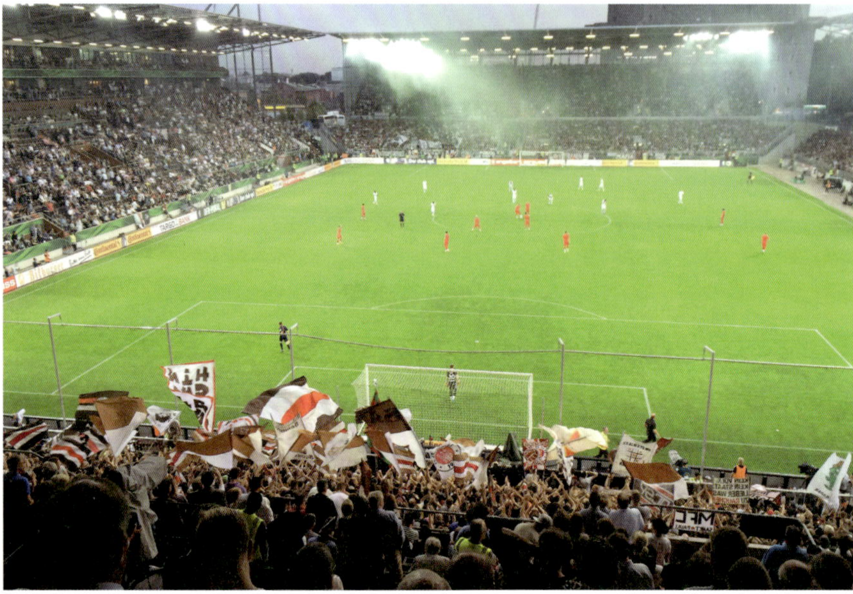

Elektrisierende Abendstimmung am Millerntor (1. Runde DFB-Pokal gegen Borussia Mönchengladbach am 10. August 2015. Ergebnis: 1:4). Foto: Klaus-Hendrik Mester

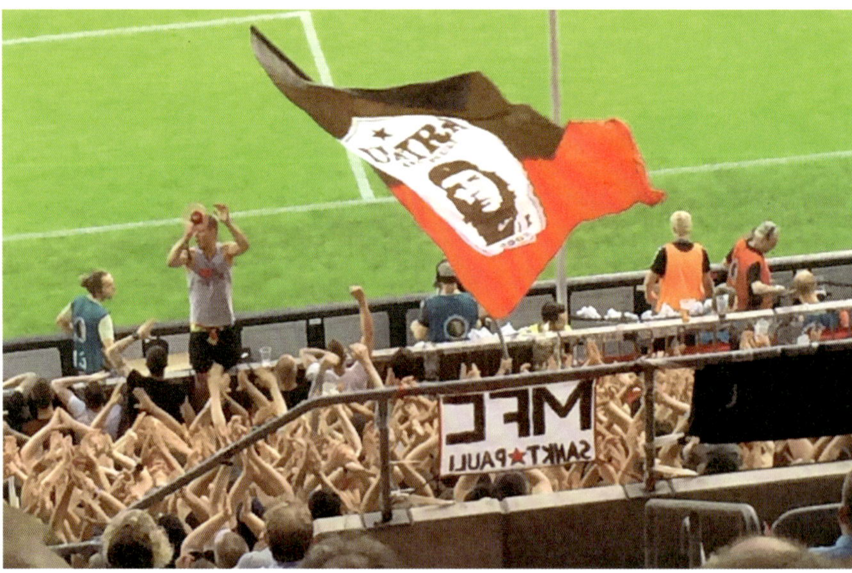

Pauli-Fans auf der Südtribüne. Foto: Klaus-Hendrik Mester

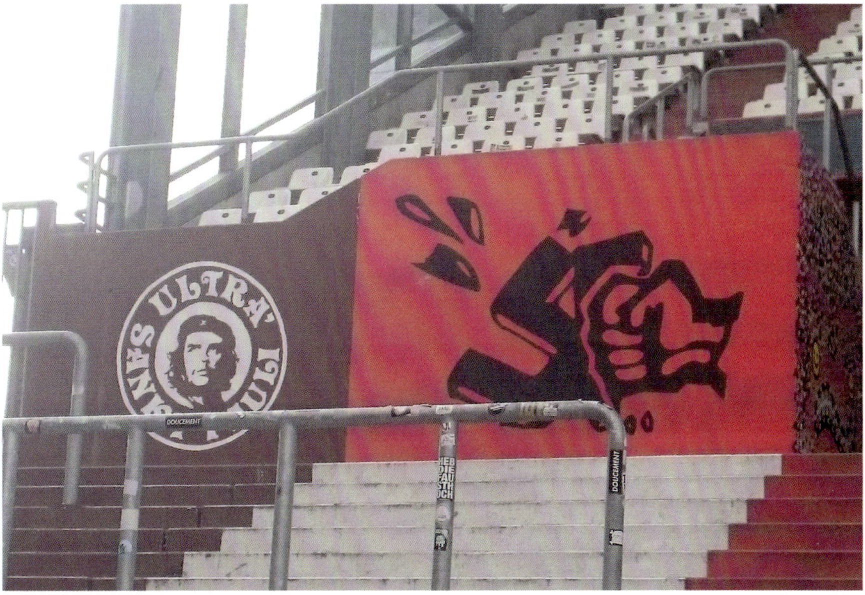

St. Pauli zeigt klare Kante gegen Rechts … Foto: Klaus-Hendrik Mester

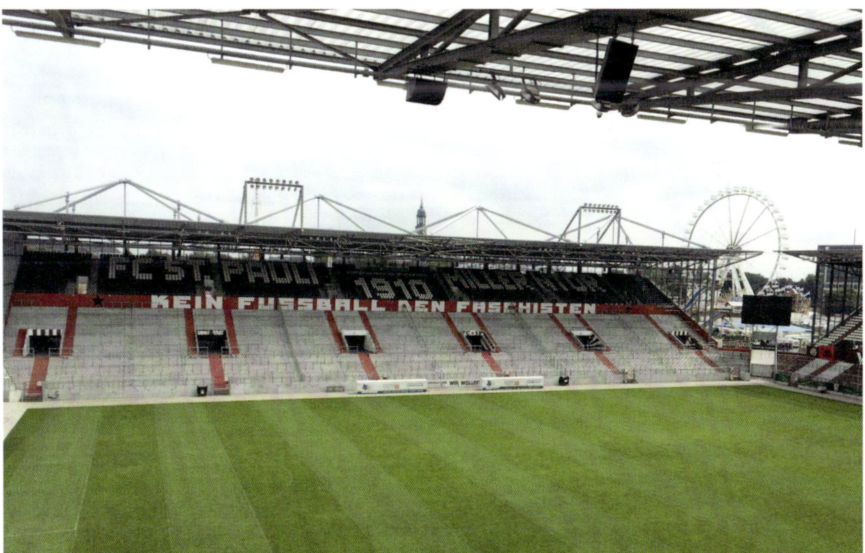

… und gegen Rassismus. Foto: Klaus-Hendrik Mester

Split, Kroatien

Hajduk Split

ist der coolste Club der Welt, weil …
er zwischen Genie und Wahnsinn schwankt.

Die letzten Sonnenstrahlen spiegeln sich im hellen Wasser der Adria. Am Ufer schlendern junge Männer in kleineren Gruppen zielstrebig in eine Richtung. Einige Pärchen, Familien und immer wieder ältere Herren reihen sich in den Strom ein. Alles wirkt wie eine Pilgerwanderung. Nur streben die Pilger keiner Kirche, sondern einem Tempel entgegen: dem Poljud. Das Stadion dient dem heimischen HNK Hajduk Split als Spielstätte. Es ist aber mehr. Die Einwohner Splits und alle Fans des Fußballclubs nennen den Bau liebevoll „Poljudska Ljepotica", die „Schönheit von Poljud". Und das erscheint mir komplett zutreffend zu sein. Mitten im Stadtteil Poljud schmiegt sich das Stadion zwischen das Meer und die Gipfel des nahen Mosor-Gebirges. Die Dachkonstruktionen der Haupt- und Gegentribüne wirken wie eine aufgebrochene Muschel.

Heute pilgern die Hajduk-Fans zum Heimspiel gegen NK Zadar. Vor der „Muschel" füllen die Menschen langsam den Asphaltplatz. Schwaden von Holzkohlegrills wabern durch die Luft. Anhänger in Trikots und T-Shirts in den Vereinsfarben blau-weiß-rot sitzen auf Bierbänken, beißen in Cevapcici, nehmen einen Schluck aus ihrem Bierbecher oder plaudern einfach nur. Die Idylle beeindruckt mich.

„Woher kommst Du?" Die Frage reißt mich aus meinen Beobachtungen. Vor mir steht ein Junge. Der etwa 12-Jährige trägt ein blaues T-Shirt mit einem großen Vereinswappen auf der Brust. „Deutschland, Düsseldorf", antworte ich genauso perplex wie knapp. „Bielefeld", entgegnet der kleine Hajduk-Fan und holt zu einer weiteren Erklärung aus. „Hab' sofort gesehen, dass ihr aus Deutschland kommt. Ich habe schließlich bis vor zwei Jahren in Bielefeld gelebt. Dann ist meine Familie nach Split gezogen. Arminia vermisse ich aber nicht. Wir haben ja hier Hajduk", schmunzelt der Junge und beißt in seinen Cevapcici-

Burger. Sein Freund steht daneben, hat ebenfalls das würzig schmeckende Fleisch in den Backen und erklärt mir etwas auf Kroatisch. Sein Kumpel aus Bielefeld übersetzt: „Hajduk hat die besten Fans der Welt.“

Davon können meine Frau und ich uns wenig später überzeugen. Wir nehmen unsere Sitzplätze in Höhe der Mittellinie ein. Noch verbreiten die Hajduk-Anhänger eine entspannte Atmosphäre. Um uns herum unterhalten sich kleinere Gruppen von Männern. Die Fankurve füllt sich erst langsam. Die Ruhe vor dem Sturm, wie sich eine Viertelstunde später herausstellt.

Kurz vor dem Anpfiff dreht sich mein Vordermann zu mir um. „Ihr kommt aus Deutschland.“ stellt er fest. Freundlich streckt er mir eine Hand zur Begrüßung aus. Mit der anderen umarmt er seinen Sitznachbarn. „Mein Vater hat viele Jahre in Mettmann gearbeitet. Meine Kindheit habe ich dort vor 40 Jahren verbracht. Schöne Gegend und eine tolle Zeit.“ Zum zweiten Mal an diesem Abend bin ich überrascht und antworte: „Hier in Dalmatien ist es auch sehr schön. Vielfältiger als bei uns. Ich komme aus Düsseldorf.“ Bis zum Anpfiff entwickelt sich eine lebhafte Unterhaltung. Der sympathische Kroate stellt sich als Branco vor. Schnell kreist das Gespräch um den sagenumwobenen Fanclub „Torcida“. Seine Mitglieder geben in der Fankurve den Ton an. Der Fanclub ist einer der Ältesten Europas. 1950 gründeten Studenten die Gruppierung. Branco erklärt mir, dass seine Mitglieder nicht nur Choreografien basteln und für Stimmung sorgen, sondern auch Einfluss auf Entscheidungen im Verein nehmen. Dann unterbricht ohrenbetäubender Lärm unsere Plauderei.

Die Kurve flippt aus. Pünktlich mit dem Einlaufen beider Mannschaften läuten die Fans einen Dauersupport der besonderen Art ein. Sie werfen Salven aus Konfetti und Toilettenparier in Richtung Eckfahne. Lautstark, fast fanatisch hallen die Anfeuerungsrufe unentwegt durch das Poljud. Das idyllische Stadion zwischen Bergen und Adria mutiert zum Hexenkessel. Die 8.000 Zuschauer machen einen Rabatz wie 80.000.

In der Halbzeitpause wird es ruhiger. Branco kommt mit vier Bier die Treppe herunter. Die Becher überreicht er seinem Vater, meiner Frau und mir. Der nette Fußballfan schwärmt von der Verbundenheit der Bewohner Dalmatiens zu Hajduk. Überall an den Küstenstraßen haben wir bereits einen Eindruck davon gewinnen können. An Felswänden, Betonmauern und sogar auf Bürgersteigen konnten meine Frau und ich die Liebe einer ganzen Region zu ihrem Fußballverein begutachten. Unzählige aufgemalte Hajduk-Vereinswappen, Torcida-Embleme und Graffitis springen den vorbeifahrenden Touristen und Passanten entgegen.

An diesem Samstagabend im September scheint alles perfekt zu sein. Doch auch nach dem 1:0-Sieg von Hajduk liegen nicht nur in dieser Nacht dunkle Wolken über „der Schönheit von Poljud".

Einige Fans und Gruppierungen innerhalb der Torcida scheinen für den Verein Fluch und Segen gleichzeitig zu sein. Die Anhänger unterstützen ihr Team, singen, jubeln, schreien. Doch einige Probleme zeichnen sich besonders seit dem Zerfall der Vielvölkerstaates Jugoslawien in der Fanszene ab: Nationalismus, Rechtsradikalismus und Gewalt. Leidenschaftliche Anfeuerung des Teams und unkontrollierter Fanatismus: Manchmal beschreiten Hajduks Fans einen schmalen Grat zwischen diesen Verhaltensweisen. Vor mehreren Jahren ließen sich einige Torcida-Mitglieder ein T-Shirt der widerlichen Art drucken. „Hajduk Jugend" – eine Anspielung auf die Hitler-Jugend – stand in Frakturschrift auf der Brust. 2017 stürmte eine Reihe von Fans während des Europa-League-Spiels beim FC Everton den Platz. Andere warfen Plastiksitze auf das Spielfeld. Ein Jahr später gingen Anhänger nach einem verlorenen Heimspiel vor dem Stadion auf Hajduk-Fußballer los. Ein Profi erlitt Verletzungen. „Hajduk" bedeutet „Banditen". In einigen Situationen machen Anhänger dem Vereinsnamen alle „Ehre".

Ein idyllisch gelegenes Stadion, Gastfreundschaft, offene Menschen, frenetische Fans und eine fantastische Fußballstimmung – all das erlebte ich in Split. Demgegenüber sorgen aber immer wieder rechts- und gewaltorientierte Fanatiker für eine bedrückende Atmosphäre.

Es bleibt zu hoffen, dass sich die Hajduk-Fans in Zukunft für die richtige, die gewaltfeie Seite entscheiden. Dann kommt „die Schönheit von Poljud" noch deutlicher zum Vorschein.

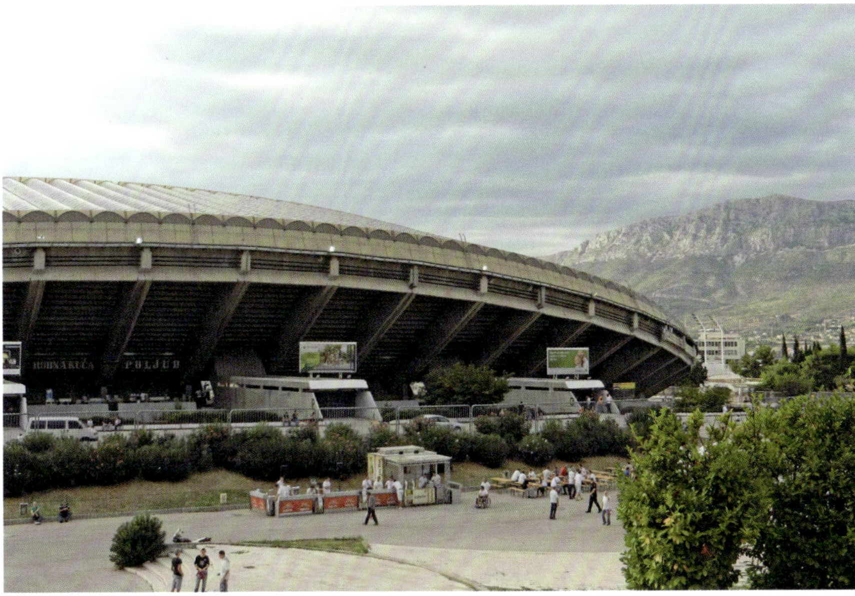

Imbissbuden und Bierstände vor dem Stadion. Foto: Christiane Mester

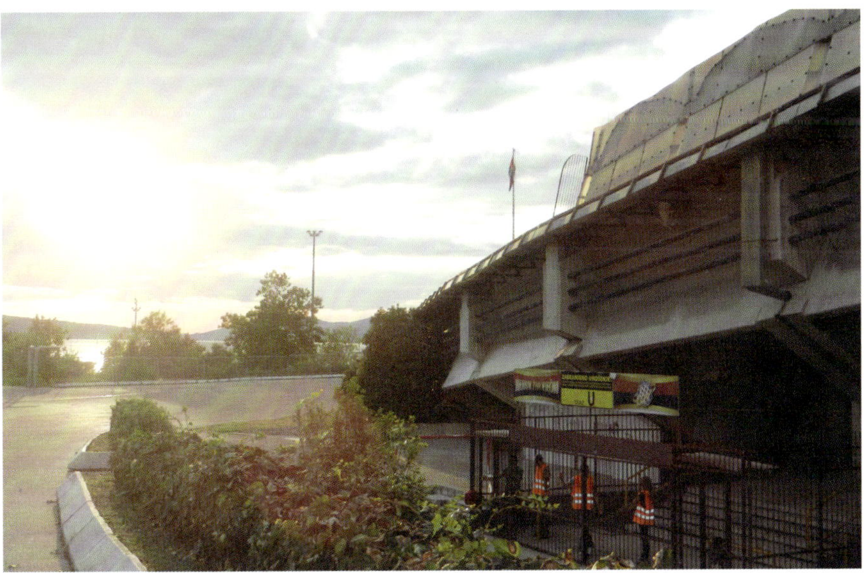

Abendstimmung in Split: Zwischen Stadion und dalmatinischer Küste.
Foto: Christiane Mester

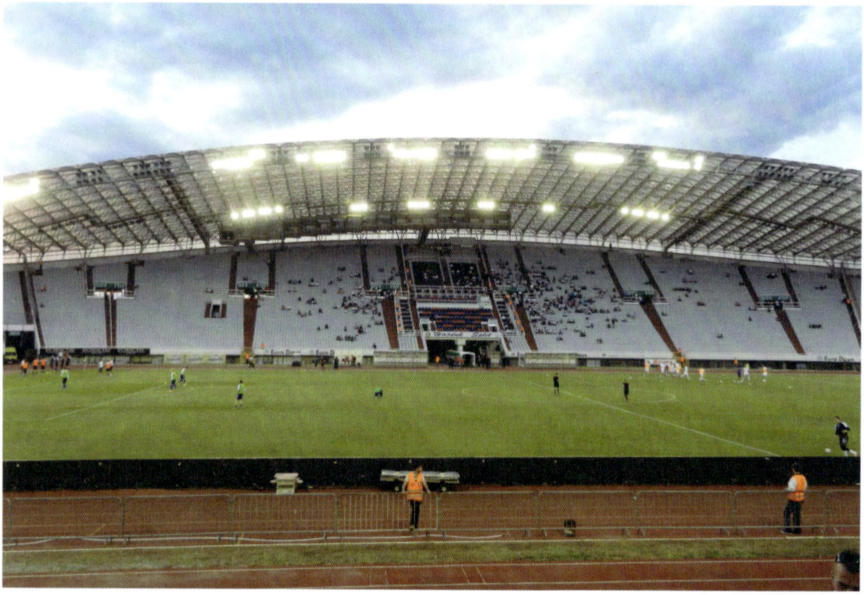

„Ruhe vor dem Sturm". Foto: Klaus-Hendrik Mester

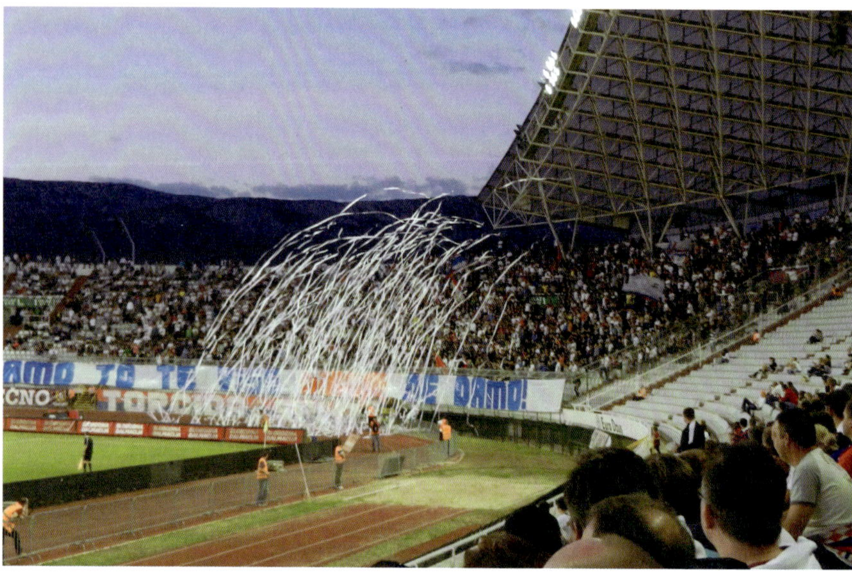

Torcida-Kurve. Foto: Klaus-Hendrik Mester

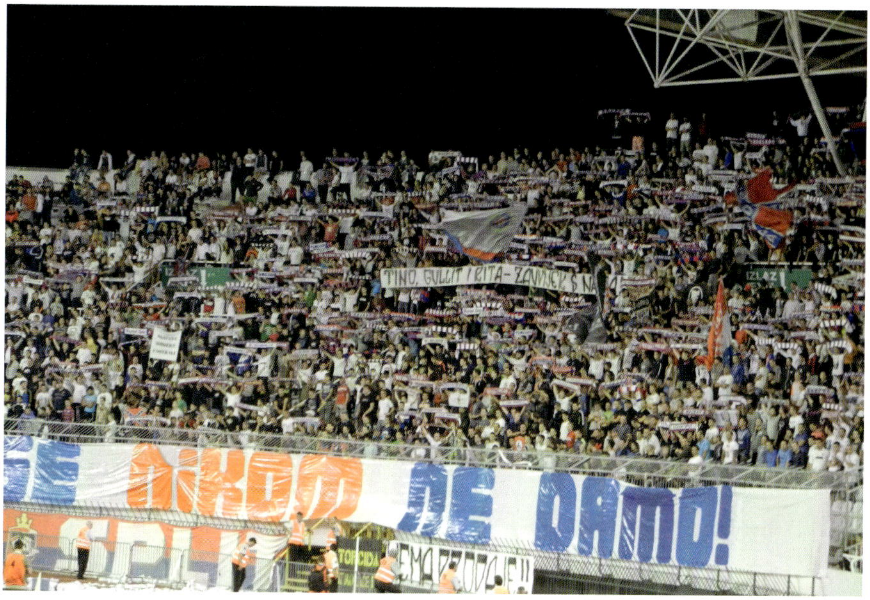

Hajduk-Fans. Foto: Christiane Mester

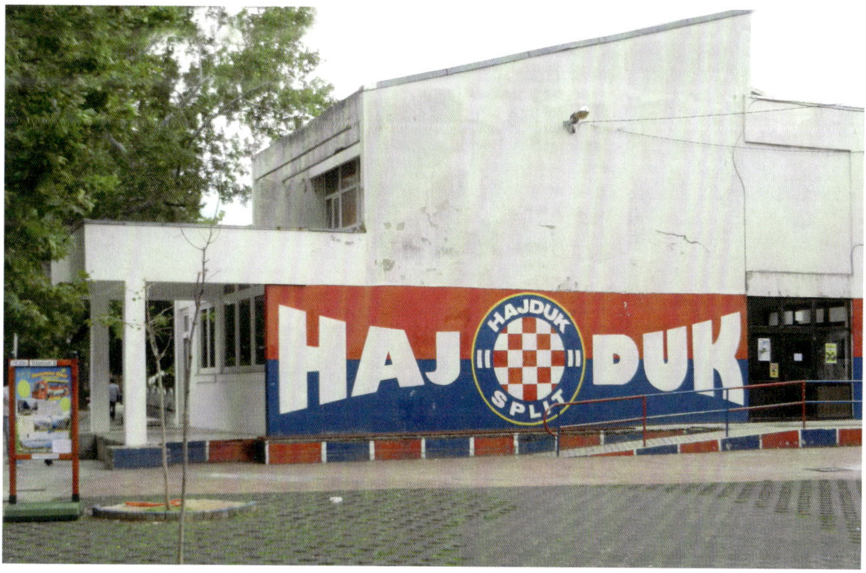

Bunte Treuebekenntnisse einer ganzen Region zu Hajduk. Foto: Klaus-Hendrik Mester

- Tickets gibt es am Stadion. Nur bei wenigen Heimspielen, wie etwa gegen Dynamo Zagreb, strömen die Anhänger „en masse" ins Stadion.
- An den Buden vor der Spielstätte unbedingt einen Cevapcici-Burger mit Ajvar probieren!
- Vor dem Stadionerlebnis bietet sich ein Besuch der schönen Altstadt Splits an. Deren Größe ist überschaubar. Von dort können Sie entspannt zum Stadion gehen. Der Fußweg vom Diokletianpalast zum „Poljud" beträgt nur etwa zwei Kilometer.

Edinburgh, Schottland

Hibernian Edinburgh

ist der coolste Club der Welt, weil …
er die erste „Weltmeisterschaft" errang.

„Athen des Nordens", „Stadt der sieben Hügel", „Alte Verräucherte", „Windy City". Die Beinamen der schottischen Hauptstadt Edinburgh lassen auf viele Besonderheiten schließen. Die klassizistische Architektur des 18. Jahrhunderts, die mittelalterliche „Old Town" und vorchristliche Relikte aus der Bronzezeit verleihen der Stadt ein einzigartiges Erscheinungsbild. Die exponierte Lage an der Nordseeküste („windy city") und ihre Vergangenheit als Industriemetropole („Alte Verräucherte") spiegeln die Vielfältigkeit von Schottlands Hauptstadt wider.

Aus sportlicher Sicht sticht besonders ein Fußballverein heraus – die Hibs. Das ist die Kurzfassung für den „Hibernian Football Club Edinburgh". Ein selbst für britische Verhältnisse uralter Verein. Katholische Iren gründeten ihn bereits 1875. Sie wählten „Hibernian" als Namen. „Hibernia" bedeutet auf lateinisch „Irland".

Die katholischen Männer um den späteren ersten Mannschaftskapitän Michael Whelahan dienten mit der Vereinsgründung weiteren Clubs als Vorbild. Missernten und Hungersnöte in Irland trieben viele Menschen in den Jahren nach 1840 außer Landes. Zahlreiche von ihnen flüchteten nach Schottland. Einige irisch-stämmige Männer – wie der Vorsitzende der katholischen Bewegung junger Männer Michael Whelahan – schufen Oasen für Gleichgesinnte. Der Fußball verband sie. Weitere Vereinsgründungen folgten. 1887 baute Ordensbruder Walfrid den „Celtic Football Club" in Glasgow auf. Die Einnahmen aus den Vereinstätigkeiten flossen Hilfsbedürftigen und Armen zu. Mitglieder der irisch-katholischen Gemeinde in Dundee hoben „Hibernian" (heute „United") 1909 aus der Taufe.

Im Jahr der Vereinsgründung von „Celtic Glasgow“ schlug die bis heute wohl größte Stunde des „Hibernian Football Club“. Am 13. August 1887 empfingen die Edinburgher den englischen Club „Preston North End“. Die Zuschauer im Hibernian Park drückten ihrem Team gegen eine der besten Mannschaften Englands, dem „Mutterland des Fußballs“, die Daumen. Zu dieser Zeit gab es in Europa nur wenige organisierte und offizielle Fußballvereine. In einigen Ländern kannten die Menschen den Sport noch gar nicht. Doch in Schottland und vor allem in England begeisterten sich schon weite Teile der Bevölkerung für das Spiel. Der englische Fußballverband „The Football Association“ und das Pendant die „Scottish Football Association“ organisierten die Begegnung zwischen Hibernian und Preston. Mangels schlagkräftiger Konkurrenz kündigten die beiden Verbände das Match als „Association Football Championship of the World“ an. Demnach ging es um nicht weniger als die erste Weltmeisterschaft.

Die Tageszeitung „Glasgow Herald“ berichtete, dass Preston einige wichtige Spieler fehlten. Interessanterweise bestand das Team aus Nordengland mehrheitlich aus Schotten. Weitere Spieler stammten aus England, Wales und Irland. „Preston North End“ fungierte somit als frühes Vorbild für die heute international zusammengesetzten Kader der Proficlubs.

Bereits nach zehn Minuten schoss Hibernians McGhee seine Mannschaft in Führung. Eine umkämpfte Partie entwickelte sich. In der zweiten Halbzeit erhöhte McLaren auf 2:0. Die Vereinschronik beschreibt den Treffer als harten Flachschuss. Prestons Stürmer John Goodall köpfte später zum 1:2 ein. Doch der Schiedsrichter erlöste die Anhänger im Hibernian Park. Die Schotten gewannen 2:1. Danach schmückten sich die Spieler von Hibernian Edinburgh mit dem Titel des ersten „Weltmeisters“ der Fußballgeschichte.

Über 130 Jahre später blickt Hibernian auf eine erfolgreiche Vergangenheit. Die Erfolgsliste liest sich gut: „Weltmeister“ 1887, erster britischer Teilnehmer am Europapokal 1955, viermal Meister und dreimal Pokalsieger Schottlands. Auf den letzten Triumph mussten die „Hibs“, wie sich die Anhänger selbst nennen, lange warten. 1887 errang der Club den Pokalsieg und 1952 mit dem Gewinn der Meisterschaft den vorerst letzten Titel. Doch 2016 feierten sich die Fans in einen Rausch. Im legendären Glasgower Hampden Park köpfte David Gray in der Nachspielzeit des Finales den Club gegen Glasgow Rangers zum Pokalsieg. Nach 64 Jahren ohne Pokal- oder Meistertitel flippten die Fans aus.

Der Hampden Park explodierte. Der Rest ist Gänsehautatmosphäre pur. Die Spieler reckten den Pokal in die Höhe. Die Sonne schien und tausende Anhänger sangen mit voller Hingabe „ihr" Lied: Die melodische Ballade „Sunshine on Leith". Die Band Proclaimers, selbst Hibs-Fans, veröffentlichte das Lied 1988. Die Anhänger adaptierten den Song als ihre Vereinshymne. Das Magazin *11Freunde* titelte vor einigen Jahren: „Wer bei diesem Song keine Gänsehaut bekommt, ist entweder tot oder hat statt Herz einen faustgroßen Stein in der Brust." Es folgte eine Partynacht in grün-weiß, den Vereinsfarben der „Hibs".

Noch heute freuen sich Hibernian Edinburghs Spieler und Fans auf ein ganz besonderes Match. Dem Derby gegen den Lokalrivalen „Heart of Midlothian Football Club" fiebert die gesamte Bevölkerung Edinburghs entgegen. Zum ersten Vergleich beider Mannschaften traten die Fußballer am 25. Dezember 1875 an. Seither trafen beide Teams in fast 300 Ligaspielen aufeinander. Die Stadien beider Clubs liegen nur etwas mehr als fünf Kilometer voneinander entfernt. Groundhopper schwärmen vom Gesangsduell der Heart- und Hibs-Anhänger um den lautesten Schlachtruf bei den Spielen. Die Tickets für das Edinburgher Derby sind allerdings schnell vergriffen.

- Die Homepage des „Hibernian Football Clubs Edinburgh" bietet historisch interessierten Lesern einen ausführlichen Überblick über die Vereinsgeschichte: **www.hibernianfc.co.uk/pages/history**
- Der „Hibernian Historical Trust" bewahrt und fördert die Geschichte des Fußballvereins. Die Internetseite des Trusts informiert über nahezu alle Ergeignisse rund um den Club in der Vergangenheit: **www.hibshistoricaltrust.org.uk/**
- Schottisches Pokalfinale 2016: Die Entscheidung in der 92. Minute – The Hibs Scottish Cup Fairytale: **https://t1p.de/wiqa**
- Genießen Sie dieses „YouTube"-Video ruhig in voller Lautstärke. Die Fans der „Hibs" feiern den Pokalsieg im Hampden Park und schmettern „Sunshine on Leith". „Hibs TV" hat die Party festgehalten: **https://t1p.de/178r**

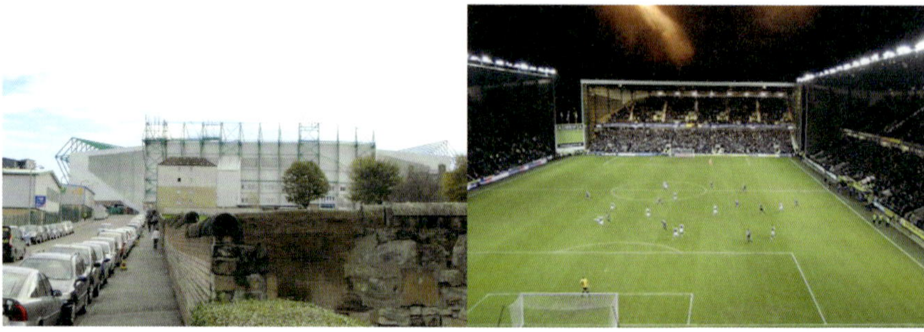

Das „Wohnzimmer" der „Hibs": Das Stadion „Easter Road". Foto: Ansgar Spiertz

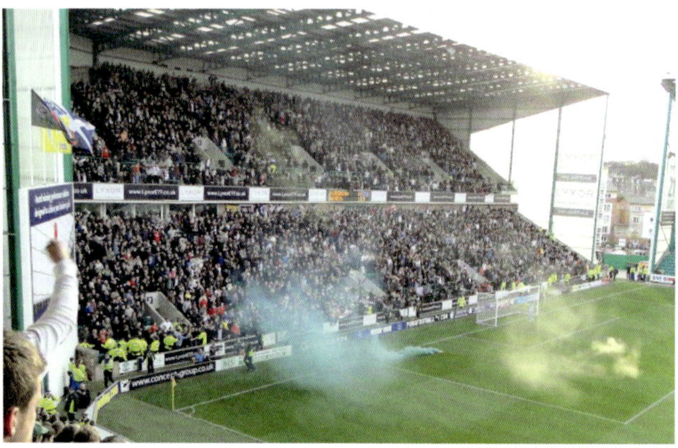

Fans der „Hibs" beim Derby gegen die „Hearts" am 7. 11. 2010.
Foto: Ansgar Spiertz

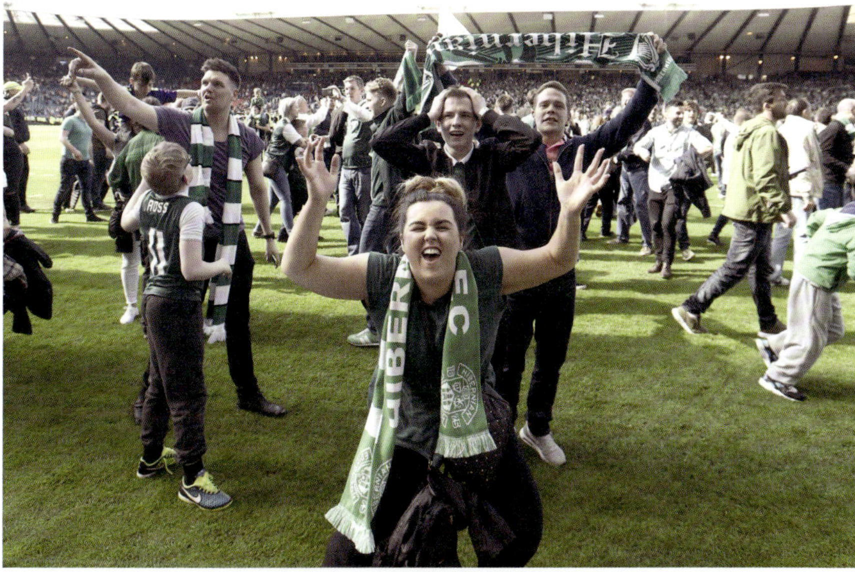

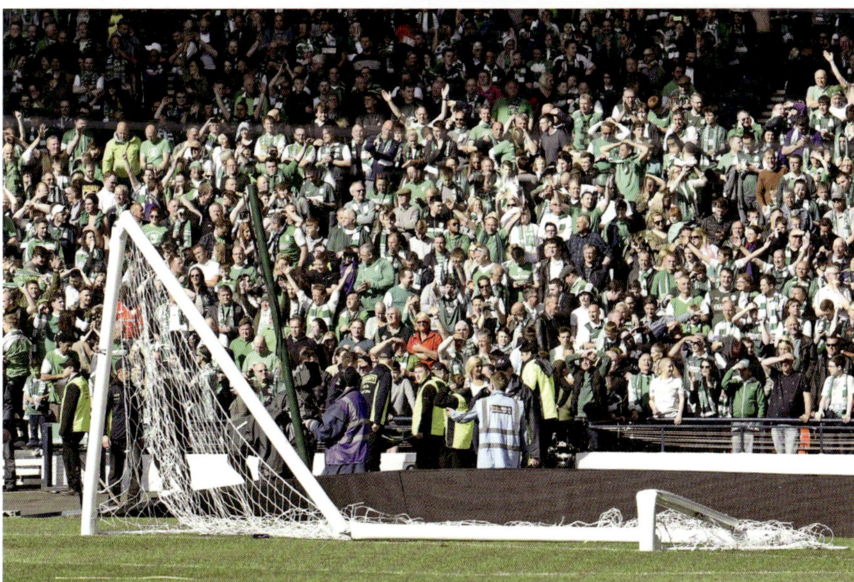

Das entscheidende Tor ist gefallen: Die Hibs schlagen 2016 als Zweitligist die Rangers im Pokalfinale und gewinnen nach 116 Jahren erstmals wieder den schottischen Cup.
Fotos: imago/colorsport

Funchal, Portugal

Maritimo Funchal

ist der coolste Club der Welt, weil …

er auch ohne den heimischen Cristiano Ronaldo die europäische Fußballbühne eroberte.

Er ist allgegenwärtig. Auf der Insel Madeira, weit draußen im Atlantik, tragen die Kinder Trikots mit seinem Namen. Er posiert breitbeinig als Bronzestatue im Hafen. Ein ganzes Museum ist ihm gewidmet. Seit 2017 hat er sogar seinen „eigenen" Flughafen. Es handelt sich um den berühmten Sohn der Insel, Cristiano Ronaldo.

Das kleine portugiesische Eiland liegt fast 1.000 Kilometer von der Hauptstadt Lissabon entfernt. Die Menschen auf dem beschaulichen Flecken Erde mit der Einwohnerzahl Mönchengladbachs lieben den Fußball. Auf der kleinen Insel trugen bis vor wenigen Jahren gleich drei Erstligisten ihre Heimspiele aus: União, Nacional und Maritimo. Die Anhänger der beiden letzteren Clubs verbindet eine lang gepflegte Antipathie.

Hoch über der Stadt schmiegt sich das kleine, aber sehr feine Stadion von Nacional an den steil ansteigenden Berg. Von dort oben genießen die Zuschauer einen freien Blick auf die Weiten des Atlantiks. Nacional gilt als der Club der Mittel- und Oberschicht. Nur wenige hundert Meter Luftlinie entfernt kämpft der Stadtrivale Maritimo im Estádio dos Barreiros um Punkte in der ersten Liga. Mitten in Funchals Hotelkomplex und unweit des Hafens schlägt das Herz des madeirischen Fußballs. Maritimo ist seit jeher der Club der kleinen Leute. Früher fanden sich vor allem Hafenarbeiter im Stadion ein. Heute strömen regelmäßig etwa 6.000 Anhänger in die frisch renovierte Arena, statistisch jeder 50. Madeirer. Maritimo, der portugiesische Meister von 1926, gelang seit den 1990er-Jahren in bestechender Regelmäßigkeit die Teilnahme am UEFA-Pokal und an der Europa League. Interessante Spitzenvereine wie Juventus Turin, der FC Sevilla oder Girondins Bordeaux bescherten den Anhängern auf Madeira unvergessliche Abende. Der Club scheiterte bei seinem letzten Auftritt auf der europäischen Fußballbühne im Jahr 2017 erst in den Play-Offs zur Europa League an Dynamo Kiew.

Doch vor mehr als 20 Jahren meinte es das Schicksal nicht gut mit Maritimo. Die Clubführung drohte den sportlichen und wirtschaftlichen Anschluss an den Lokalrivalen Nacional zu verlieren. Das Ereignis führt uns zurück in das Jahr 1995. Der 10-jährige Cristiano Ronaldo kickte für den kleinen Verein CF Andorinha. Schnell entdeckten die Scouts von Nacional und Maritimo das Talent des kleinen Cristiano. Beide Vereine wollten den heutigen Superstar verpflichten. Nur nahmen es die Vereinsverantwortlichen von Maritimo mit der Einhaltung von Terminen etwas lockerer. Zum entscheidenden Gespräch beim damaligen Clubpräsidenten des Andorinha CF erschien nur die Delegation von Nacional. Für 20 Fußbälle und einige Ausrüstungsgegenstände wechselte Cristiano Ronaldo den Verein. Maritimo schaute in die Röhre. Zwei Jahre später lockte Benfica Lissabon den 12-Jährigen in die Hauptstadt. Es ist anzunehmen, dass Nacional mehr als 20 Fußbälle erhielt. Hätte Maritimo damals den kleinen Ronaldo verpflichtet und wäre dieser womöglich länger bei ihnen geblieben, hätte eine ordentliche Ablösesumme wohl vorerst alle Geldsorgen des Clubs beseitigt. Doch das alles ist reine Spekulation. Zu den Fakten gehört, dass Maritimo auch ohne Cristiano Ronaldo eine gute Rolle im nationalen und internationalen Fußball spielt.

Die alte Geschichte rund um Cristiano Ronaldo interessiert die meisten Maritimo-Anhänger nicht mehr. Sie haben ein anderes Problem. 2012 besuchte ich die Europa-League-Begegnung gegen Newcastle United. Mein Sitznachbar mittleren Alters brachte seine größte sportliche Sorge auf den Punkt. „Egal, wo wir in der Tabelle landen. Die Hauptsache ist, am Ende vor Nacional. Alles andere ist unwichtig", zischt er aus seinem schwarzen Rauschebart.

Derzeit schauen die Anhänger Maritimos zufrieden in die Zukunft. Sie fühlen sich im schmucken neuen Stadion wohl. Ihr Lokalrivale spielte zwischenzeitlich in der Saison 2017/18 nur in der zweiten Liga. Vielleicht bietet das Estádio dos Barreiros bald wieder den Rahmen für die europäische Fußballbühne.

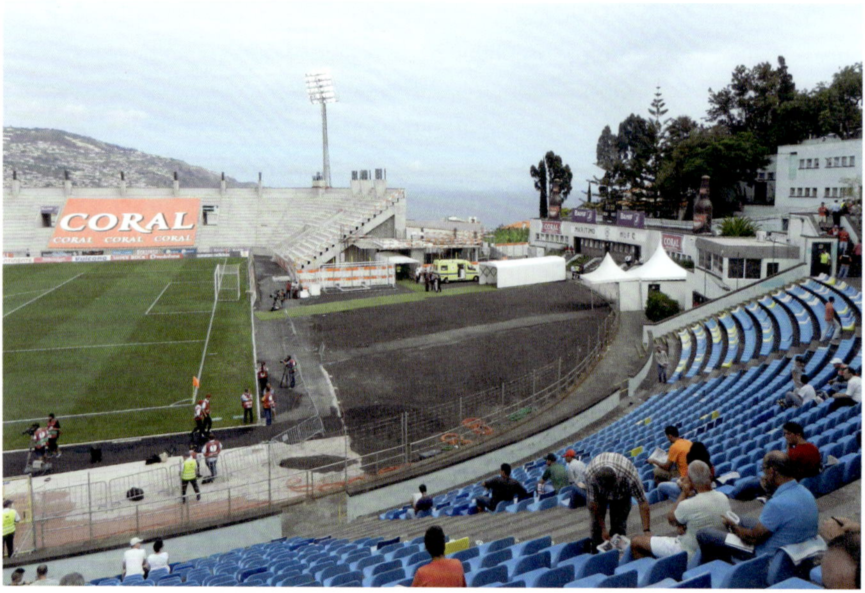

Die Heimat von Maritimo, das Estádio dos Barreiros, im Umbau (2012).
Foto: Klaus-Hendrik Mester

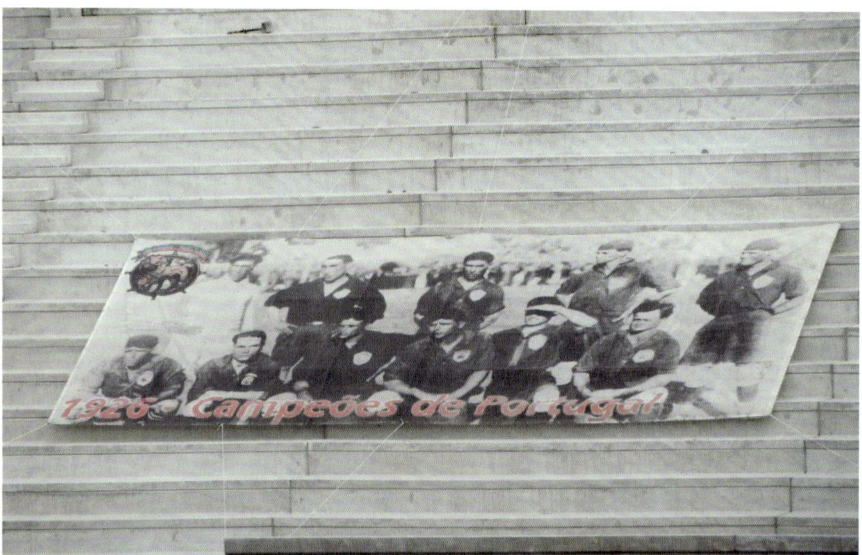

Hommage an die Meisterelf von Maritimo 1926 im Stadion. Foto: Klaus-Hendrik Mester

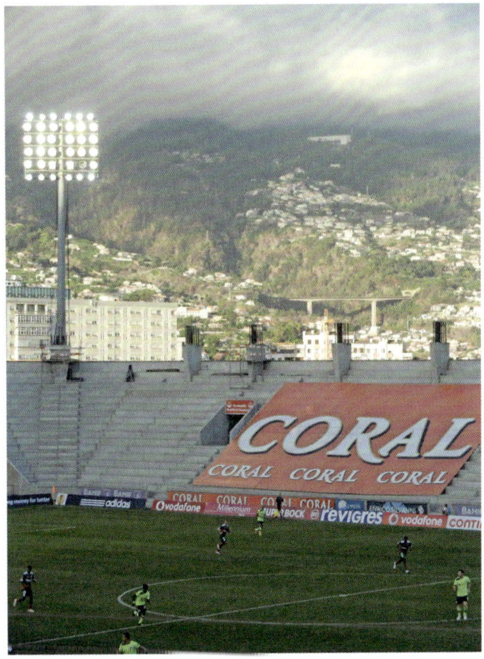

Blick auf das weiß schimmernde Stadion des „Rivalen" Nacional hoch über Funchal. Foto: Klaus-Hendrik Mester

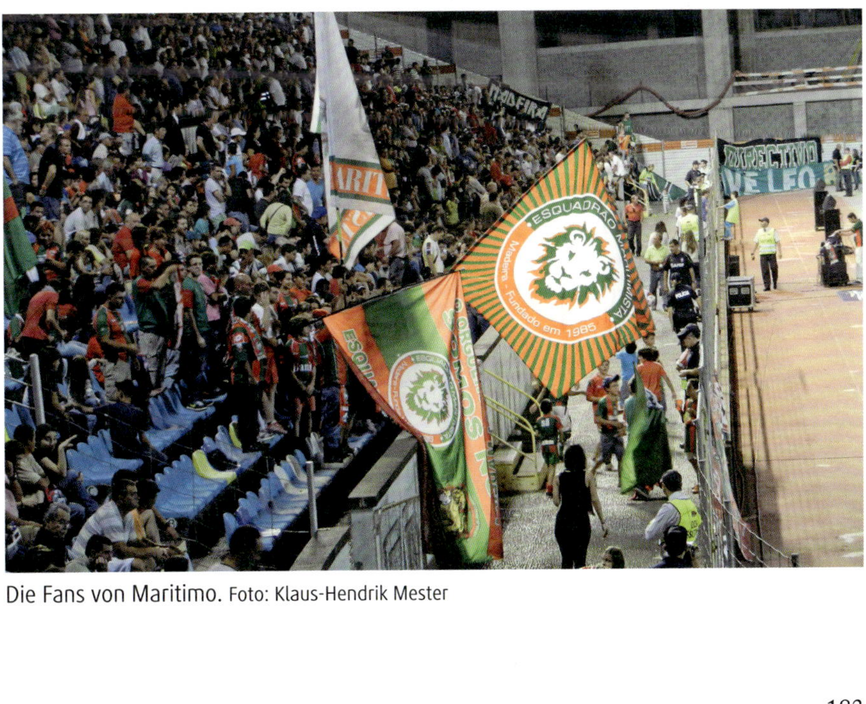

Die Fans von Maritimo. Foto: Klaus-Hendrik Mester

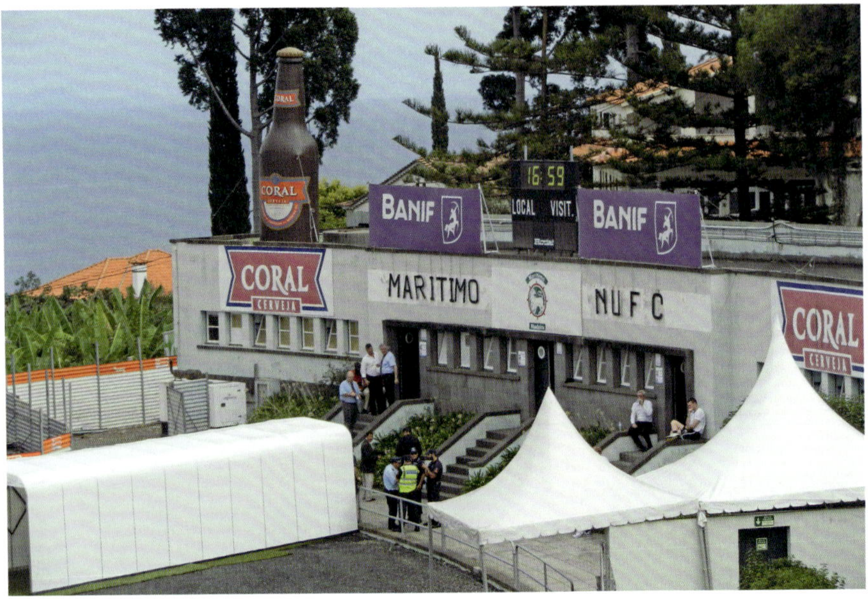

Und im Hintergrund lockt immer das Meer. Foto: Klaus-Hendrik Mester

- Die urigen Kneipen rund um das Stadion besuchen.
- Den Fußballtrip mit einem Wanderurlaub verbinden. Spektakuläre Ausblicke inklusive.
- Offizielle Webseite von Maritimo: **www.csmaritimo.org.pt/**

Östersund, Schweden

Östersunds FK

ist der coolste Club der Welt, weil …
sich jeder Fußballprofi kulturell engagiert.

Vi ger oss aldrig! Wir geben niemals auf! Der Leitspruch des Östersunds Fotbollsklubb passt so gar nicht zum beschaulichen Örtchen in Mittelschweden. Warum soll wer aufgeben? Gibt es etwas Bedrohliches? In der Region Jämtland leben nur drei Menschen auf einem Quadratkilometer. Flüsse, Seen, endlose Wiesen, Wälder und Weite prägen die Landschaft. Dort sagen sich Elch und Dachs gute Nacht. Idylle pur. Der Bedrohlichkeitsfaktor liegt bei Null.

Sportfans kennen Östersund von den allwinterlichen TV-Übertragungen des Biathlon-Weltcups. Doch vor einigen Jahren tauchte das kleine Städtchen plötzlich auch auf der europäischen Fußball-Landkarte auf. Wie Phönix aus der Asche schaffte der Viertligist binnen einiger Jahre den Durchmarsch in die höchste schwedische Liga. „Wir geben niemals auf!" Das Leitmotiv des Clubs trug Früchte.

Alles begann als eher biederer und sportlich unbedeutender Fusionsverein. 1996 schlossen sich Ope IF sowie IFK und FF Östersund zusammen. Das Ziel: Kräftebündelung und höherklassiger Fußball. Doch zunächst kickte Östersund FK in der dritten Liga. Später folgte der Abstieg. Nur wenige hundert Besucher verfolgten die Spiele. Zu dieser Zeit grübelten Daniel Kindberg und Lasse Landin, wie es besser werden könnte. Die beiden Vorstandsmitglieder suchten nach einer zündenden Idee, um ihren Club in die Erfolgsspur zu bringen. Das Interesse der Östersunder hielt sich in Grenzen, Sponsoren übten sich in Zurückhaltung und ein millionenschwerer Mäzen wollte einfach nicht auftauchen. 2010 rutschte der Verein in eine tiefe Krise. Die Mannschaft stieg in die vierte Liga ab. Die Rahmenbedingungen für die Etablierung eines Proficlubs schienen einfach nicht gegeben. Doch dann war sie plötzlich da: Die Idee, Fußball mit Kultur zu verbinden. Diese ungewöhnliche Symbiose begann als Marketing-Kampagne.

Der Vorstand um Clubchef Daniel Kindberg dachte sich etwas ganz Besonderes aus. Jeder Fußballer, der beim ÖFK einen Vertrag bekam, unterschrieb eine Klausel. Damit verpflichtet sich bis heute jeder Profi, an Kulturprojekten teilzunehmen.

Seither führen die Mannschaftsmitglieder Theaterstücke auf, lesen vor oder singen. Der tosende Beifall von mehreren hundert Östersunder Bürgern ist ihnen dabei stets sicher. Einige Spieler haben sich auch schon als Fotografen versucht und ihre Bilder ausgestellt. Sportjournalisten aus ganz Europa berichten über die skurrile „Kultur-Klausel" in den Verträgen der Spieler. Doch hinter dem Marketing-Coup steckt eine Strategie. Das gemeinsame kulturelle Engagement schweißt die Mannschaft zusammen. Östersunds Teamgeist ist seit vielen Jahren legendär. Zudem steigt das Selbstbewusstsein eines jeden Akteurs, der sich auf der Bühne versucht. Das nimmt er mit auf den Fußballplatz und agiert dort mutiger. Davon sind die Vereinsverantwortlichen überzeugt.

Der Erfolg gibt ihnen Recht. Seit 2010 geht es mit dem Club stetig bergauf. Ein Jahr später gelang der Elf der Aufstieg in die dritte Liga. 2012 kickte der ÖFK bereits in Liga 2. Drei Jahre später gelang der Sprung in die höchste Spielklasse. 2017 feierte ganz Östersund den schwedischen Pokalsieg. In der folgenden Saison tourte die Mannschaft in der Europa League über den Kontinent. Viele Spieler entwickelten sich in Östersund zu etablierten Profis. Einige schafften sogar den Sprung in die schwedische Nationalmannschaft. Bobo Salander kickte mit dem ÖFK in den Niederrungen der Amateurklasse. Im Laufe seiner Karriere avancierte der Östersunder zum gefeierten Nationalspieler. Seine Profilaufbahn beendete Salander 2017. Dem Verein hat er aber die Treue gehalten. Heute gehört er dem Führungsstab des Vereins an.

„Wir geben niemals auf!" Warum auch, der Verein hat sowohl national als auch international Erfolge gefeiert. Mit seinem Engagement in der Kultur landete er nicht nur einen vielbeachteten Marketing-Coup, sondern schaffte eine neue Trainingsmethode. Viele Fußballfans sind gespannt wie es weitergeht. „Vi ger oss aldrig!"

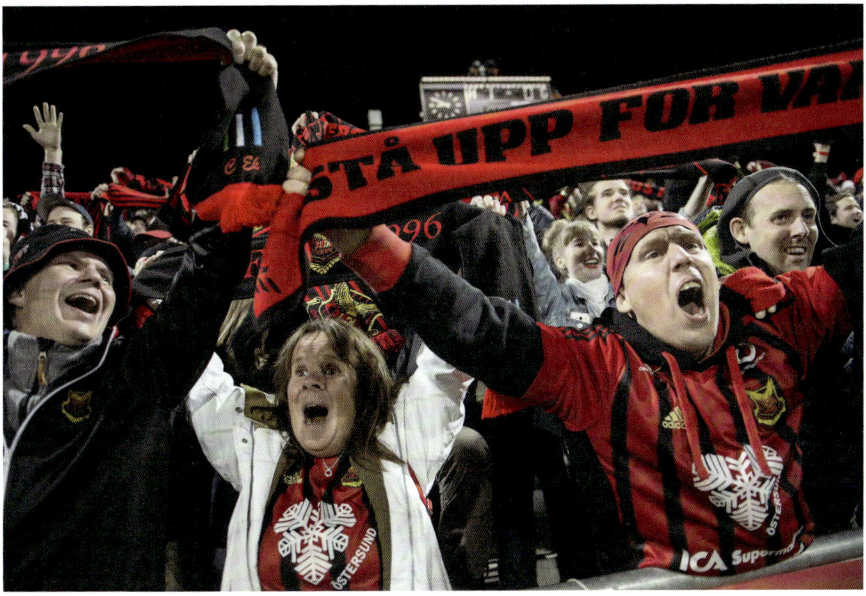

Östersunds Fans bejubeln den 1:0-Sieg gegen Hertha BSC im September 2017.
Foto: imago/Bildbyran

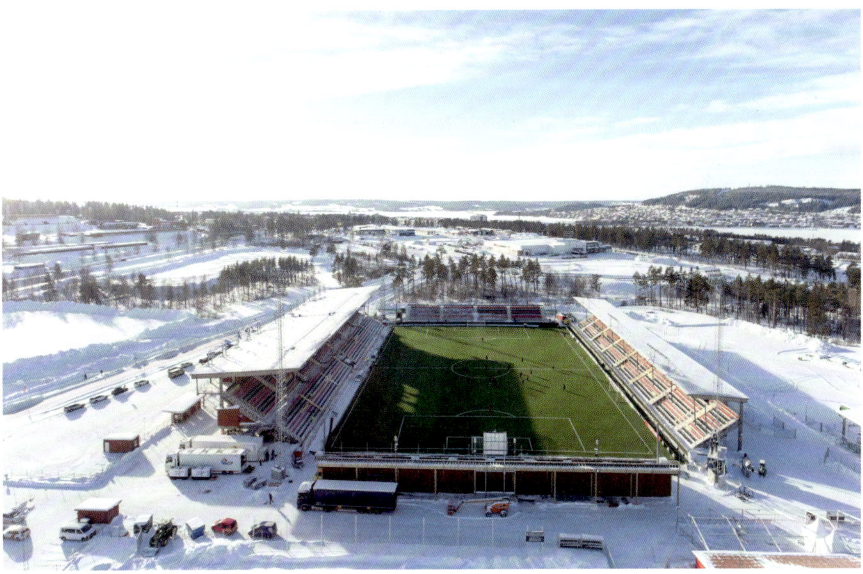

Fußball im Wintersport-Paradies – die Jämtkraft Arena von Östersunds FK.
Foto: imago/Bildbyran

- Der „Spiegel Online"-Artikel „Fußball, die Volksbühne" aus dem Jahr 2017 gibt einen ersten Überblick über die Besonderheiten des Vereins. Damals trafen Östersunds FK und Hertha BSC in der „Europa League" aufeinander: **www.spiegel.de/sport/fussball/oestersunds-fk-hier-muessen-die-profis-theater-spielen-a-1170299.html**
- Offizielle Webseite des Vereins: **https://ostersundsfk.se/**

Potsdam, Deutschland

SV Babelsberg 03

ist der coolste Club der Welt, weil …
er seit langer Zeit Flüchtlingen hilft.

Der Fußball kann Großartiges bewirken. 2014 gründeten Manja Thieme und Thoralf Höntze eine Fußballmannschaft. Das ist erstmal nichts Ungewöhnliches. Doch diese neue Elf lockte Zeitungsredakteure, Radiosender, regionale und nationale Fernsehteams an wie der Honig die Braunbären. Die Medien berichteten fast täglich über die neu erschaffene dritte Mannschaft des SV Babelsberg 03.

Manja Thieme half in der Ausländerseelsorge Potsdam Asylsuchenden im Alltagsleben. Einige liebten den Fußball. Ein Nigerianer erzählte ihr von seiner Studentenzeit und seiner Passion als Fußballer. Das brachte sie auf eine Idee. Warum sollten sie nicht eine Fußballmannschaft für Flüchtlinge gründen? Manja Thieme schrieb eine E-Mail an den Potsdamer Regionalligisten SV Babelsberg. Der Marketingleiter des Clubs Thoralf Höntze nahm die Idee begeistert auf. Nach kurzer Zeit leitete er die notwendigen Schritte für die Umsetzung ein. Sie hoben den „Welcome United 03“ aus der Taufe. Höntze besorgte Trikots, organisierte Trainingseinheiten und warb in der Öffentlichkeit um Unterstützung für die neue Mannschaft. Die Babelsberger-Fans in der Nordkurve halfen. Sie fungierten als Trikotsponsor „ihrer“ dritten Mannschaft und halfen den Flüchtlingen. Schnell stieg die Teamgröße auf etwa 30 junge Männer an. Sie kamen aus verschiedenen Regionen der Erde und fanden in Potsdam-Babelsberg eine neue Fußballheimat. Babelsberg 03 schenkte sie ihnen. Die Männer trieben Armut, politische Verfolgung oder Kriege in das idyllische Potsdam. Sie flüchteten aus Afghanistan, Kamerun, Nigeria, Somalia und anderen Staaten. Die „Berliner Zeitung“ fasste damals die Situation in einem Artikel zusammen. Fußball sei derzeit der einzige Farbtupfer im Leben der Asylbewerber.

Am 6. Juli 2014 lief die Elf von Welcome United 03 zum ersten Mal auf. Ein Freundschaftsspiel gegen ein Flüchtlingsteam aus Berlin, den „Champions ohne Grenzen“ stand an. Die 2:3-Niederlage der Babelsberger war zweitrangig.

2015 meldete der Verein die Flüchtlingself für den regulären Spielbetrieb in der Kreisklasse an. Die Truppe siegte im Spätsommer 2015 in ihrem ersten Ligaspiel 3:2 gegen Lok Potsdam. Mittlerweile meldeten sich bis zu 60 fußballbegeisterte Flüchtlinge beim Verein an. Viele tummelten sich auf dem Trainingsplatz. Die Mitarbeiter des SV Babelsberg halfen den jungen Männern nicht nur in Sachen Taktik und Fitness. Sie besorgten Freikarten für die erste Mannschaft in der vierten Liga, unterstützten bei Behördengängen oder organisierten Arbeitsstellen. Die Flüchtlinge fanden bei ihrem Fußballverein offene Türen und offene Ohren.

Trainer „Hassan“ aus Mazedonien stellte die Mannschaft zusammen. Er gehörte einer ethnischen Minderheit in seinem Heimatland an. Zu seinen Schützlingen zählte auch ein junger Somalier. Er flüchtete aus der Hauptstadt Mogadischu. Die islamistische Miliz „Al-Schabaab“ verbot das geliebte Fußballspielen am Strand. „Johnson“ aus Nigeria gehörte ebenfalls zum Team. Als politisch Verfolgter musste er sein Land verlassen. „Abdi“ spielte gar in der Jugendnationalelf Somalias. Alle fanden während der Trainingseinheiten und Spiele zumindest für einige Stunden Frieden und Lebensfreude.

2015 zeichneten Sportjournalisten in Brandenburg und Berlin „Welcome United 03“ aus. Das Flüchtlingsteam erhielt die traditionsreiche Auszeichnung „Goldenes Band“. Die stolzen Kicker gehören nun zu einer illustren und honorigen Liste der Preisträger, wie etwa Max Schmeling, Rudi Völler oder Katarina Witt.

Mittlerweile haben viele Spieler aus der damaligen Mannschaft einen Vollzeit-Job. Sie haben Familien gegründet und neue Freunde gefunden. Die Verantwortlichen entschlossen sich deshalb, einige Spieler von „Welcome United“ in die zweite Herrenmannschaft einzuladen. Auf der Homepage des SV Babelsberg heißt es dazu: „Letztendlich ist damit auch das Ziel der vollständigen Integration in unseren Verein erreicht.“

Es bleibt ein wunderbares, nachahmenswertes Projekt, welches die Babelsberger in die Wege leiteten. Oft kann Mut, Leidenschaft und Menschlichkeit starre Grenzen überwinden. In den Köpfen der Menschen genauso wie im Alltag.

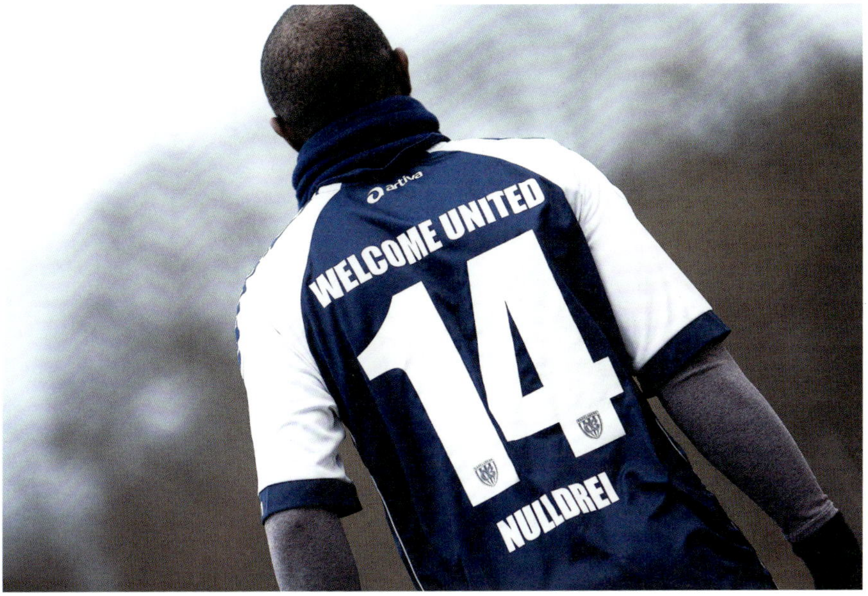

Auch wenn die Mannschaft als solche nicht mehr existiert, die Idee lebt weiter.
Foto: imago/Sebastian Wells

- Welcome United 03 hat immer noch eine eigene Internetpräsenz. Auf der Homepage des SV Babelsberg erfahren Sie mehr rund um das Team. Besonders interessant sind auch die zahlreichen Presse- und Fernsehberichte über die Flüchtlingself: **https://babelsberg03.de/mannschaften/welcome-united-03/**

Helgoland, Deutschland

VfL Fosite Helgoland

ist der coolste Club der Welt, weil …
er wohl das auswärtsstärkste Team der Welt stellt.

„Auswärts verliert Fosite nie!" So oder ähnlich könnte ein Sportredakteur einer Boulevardzeitung titeln, ohne zu lügen. Doch so richtig glücklich darüber sind die Vereinsverantwortlichen nicht.

Laut nordischer Mythologie ist Fosite der friesische Gott des Rechts und des Gesetzes. Fositeland soll der Sage nach Helgoland sein. Dort warten die Fußballer des VfL Fosite auf Gegner. Der wohl abgelegenste und windigste Sportplatz Deutschlands bildet einige Male im Jahr den Schauplatz für Freundschaftsspiele. An einem regulären Ligabetrieb nehmen die Kicker des VfL nicht teil. Zum einen wären die Kosten für Reisen zu den Auswärtsspielen auf das Festland hoch. Zum anderen leben sehr viele Einheimische vom Tourismus. Deshalb gibt es in der Urlaubssaison oft keine freien Wochenenden. Der Trainer hätte wohl regelmäßig Probleme, elf Spieler zu finden.

Umso mehr freuen sich die Verantwortlichen des VfL, wenn Fußballmannschaften zu einem Freundschaftsspiel auf die Insel reisen. So empfindet es auch Oke Zastrow. Er gehört dem Vorstand des Clubs an. In der Vergangenheit empfingen die Helgoländer attraktive Mannschaften. Zu Beginn der 1970er-Jahre kickte der Hamburger SV gegen den VfL. „Uwe Seeler hat damals mitgespielt", bemerkt Oke Zastrow. Auch die Traditionself von Borussia Mönchengladbach gastierte schon auf dem Fußballplatz der Nordseeinsel. Am 26. Juni 2010 verlor das Team des VfL Fosite gegen die Borussia nur mit 2:4.

Zu einem festen Termin im Vereinskalender zählte lange Zeit das Turnier um den „Lange Anna-Cup". Hobbyfußballer reisten auf die Insel. Sie ließen die Tage auf und um den Fußballplatz zu einem fröhlichen Gemeinschaftserlebnis werden. Aus organisatorischen Gründen fand das Turnier in den letzten Jahren nicht mehr statt.

Schon bald könnten die Verantwortlichen Turniere und Freundschaftsspiele unter verbesserten Bedingungen durchführen. Vor einigen Jahren fielen die Flutlichtmasten einem Sturm zum Opfer. Die neue Anlage sollte eigentlich im Herbst 2020 installiert werden. Corona hat jedoch für Verzögerungen gesorgt. Oke Zastrow freut sich dennoch über die „großartige Unterstützung der Gemeinde“ und die „unzähligen Spender“, die eine Anschaffung überhaupt möglich gemacht haben. Zukünftig möchten die Vereinsverantwortlichen mehr Freundschaftsspiele auf der Insel bestreiten. „Wir wollen wieder regelmäßig Mannschaften zu sportlichen Auseinandersetzungen einladen. Ob dies nun zum Fußball ist oder andere Sportarten betrifft, ist egal“, plant Vorstandsmitglied Zastrow.

Neben dem Fußball bietet der VfL Fosite seinen Mitgliedern weitere Sportarten an, zum Beispiel Tischtennis. Über 500 Aktive engagieren sich im Club. Bei nur etwa 1.500 Einwohnern zeigt sich Helgoland sehr sportlich. Oke Zastrow organisiert den jährlichen Höhepunkt des Vereinslebens: den Helgoland-Marathon. Er findet immer am ersten Samstag im Mai statt.

Hoffnungsvoll stimmt Oke Zastrow, dass zurzeit 25 Kinder und Jugendliche zwischen sechs und 16 Jahren beim VfL Fußball spielen. Die Herausforderung für den Verein besteht darin, einen Teil davon künftig für den Seniorenfußball zu begeistern. Zahlreiche Jugendliche verlassen nach der Schule Helgoland und damit auch den VfL Fosite. Leider trainieren die Kicker der Seniorenelf aktuell nicht regelmäßig. Es fehlt an einer ausreichenden Zahl an Fußballern.

Mögen die widrigen Bedingungen auf der Nordseeinsel den Verein nicht zu sehr strapazieren! Hoffentlich können die Fußballer noch viele Mannschaften auf dem idyllischen Sportplatz empfangen. Vielleicht hält ja sogar einmal ein Profiteam aus der Bundesliga ein Trainingslager auf Helgoland ab. Oke Zastrow und Co. würden sich sehr freuen.

- Die „Süddeutsche Zeitung“ hat 2019 einen interessanten Artikel über den kleinen Fußballclub mitten in der Nordsee veröffentlicht: **www.sueddeutsche.de/sport/reportage-die-insel-ist-rund-1.4313342**
- Wer ein Spiel des VfL Fosite Helgoland vor Ort ansehen möchte, findet auf der Internetseite der Hochseeinsel die aktuellen Fähr- und Flugverbindungen: **www.helgoland.de/faehrenfluege-nach-helgoland/**

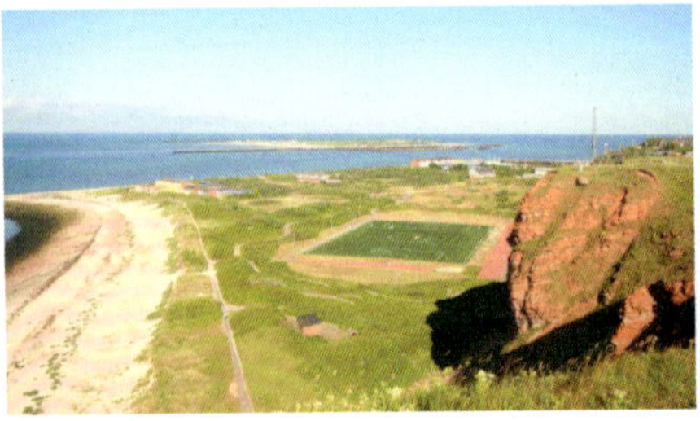

VfL Fosite – Borussia Mönchengladbach (Traditionself) am 26. 6. 2010.
Foto: Ansgar Spiertz

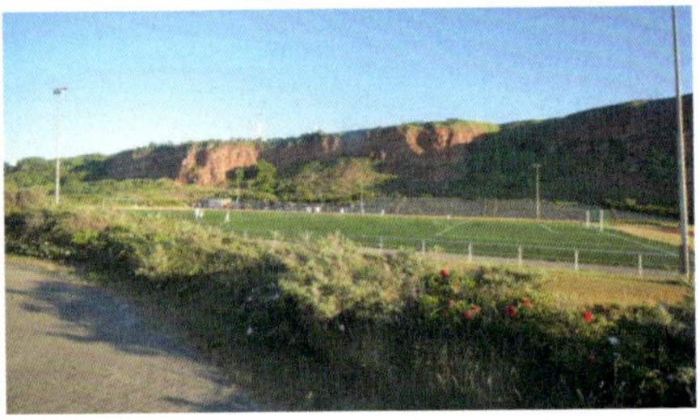

Mitten in der Natur: Fußballplatz auf Helgoland. Foto: Ansgar Spiertz

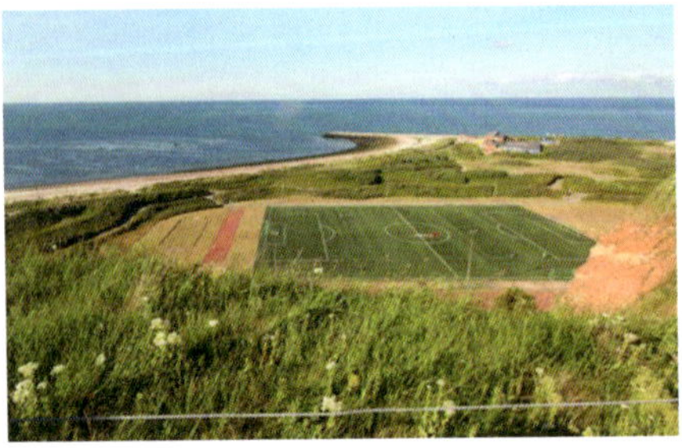

Kicken direkt am Nordseestrand.
Foto: Ansgar Spiertz

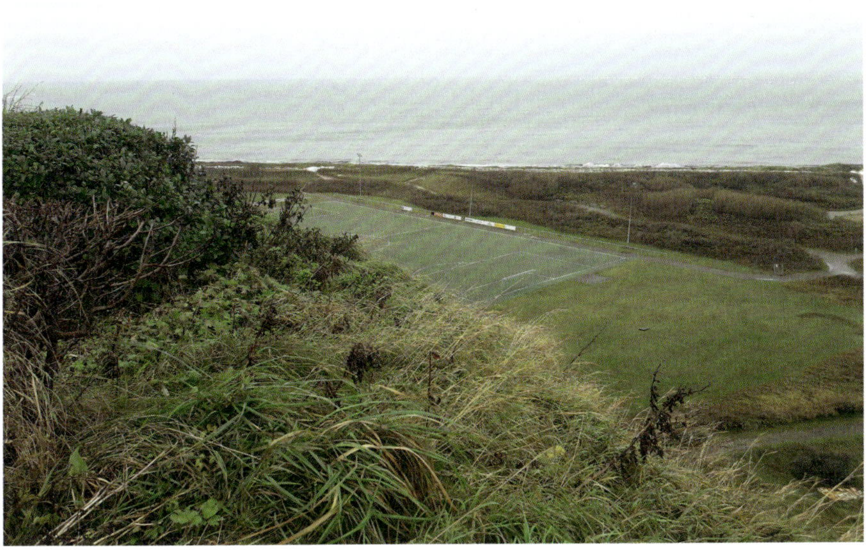

Gästeteams sind herzlich willkommen. Foto: wikimedia/Christian Alexander Tietgen

Venlo, Niederlande

Venlose Voetbal Vereniging Venlo

ist der coolste Club der Welt, weil …
er zur Völkerverständigung beiträgt.

„Ich bin in den 70er-Jahren oft mit meinem Vater zum Bökelberg nach Gladbach gefahren", rief mir der Niederländer freundlich zu. Er redete gegen den steigenden Lärm im Stadion an. Die Zuschauer um uns herum klatschten in schnellem Rhythmus in die Hände. Damit leiteten sie einen Eckstoß ihrer Voetbal Vereniging Venlo ein. Die Elf kämpfte gegen Willem II Tilburg um den Klassenerhalt in der Eredivisie. Nur wenige hundert Meter von der deutschen Staatsgrenze entfernt, kickte das Team in der höchsten niederländischen Fußball-Liga.

An diesem Märzabend im Jahr 2011 legte sich die Kälte wie ein Schleier über das Stadion „De Koel". Mein Sitznachbar, der nette Bökelberg-Fahrer, fröstelte trotz Mütze, Thermojacke und Schal. Er schwärmte von der „Fohlenelf". Heynckes und Simonsen, besonders aber Günter Netzer mochte er. „Er hatte Spielwitz, schlug geniale Pässe. Allein für ihn lohnte es sich über die Grenze nach Deutschland zu fahren". Als Fan von Borussia Mönchengladbach freute mich das sehr. „Bei euch in Venlo ist alles so entspannt. Der überdrehte ‚Zirkus' der Bundesliga nervt immer mehr", gab ich dem Netzer-Fan mit in die Halbzeitpause. Kurz darauf reichte er mir einen Becher mit wärmendem Kaffee und wir stießen auf unsere kleine Völkerverständigung an.

In der zweiten Halbzeit passierte auf dem Spielfeld fast nichts. So blieb ausreichend Zeit für unsere Unterhaltung. Ich erfuhr, dass sich die Verantwortlichen der Voetbal Vereniging Venlo, kurz VVV, seit kurzem um deutsche Sponsoren bemühen. Der Club möchte seine Fühler stärker ins Nachbarland ausstrecken.

Seither sind einige Jahren ins Land gezogen. Der Verein hat in der Zwischenzeit sehr viel bewegt. Heute deuten Zahlen und Fakten auf ein beachtliches deutsch-niederländisches Miteinander hin.

Eine vereinseigene soziale Stiftung organisiert grenzüberschreitende Projekte mit Jugendlichen. Sieben deutsche Profis tragen das schwarz-gelbe Trikot des VVV-Venlo. Der Club unterhält mit mehreren Amateurvereinen jenseits der Grenze Partnerschaften. Viele Jugendliche aus dem nahen Rheinland besuchen die Jugendakademie der Voetbal Vereniging. 50 Unternehmen aus Deutschland sponsern den Verein. Mehrere hundert Zuschauer pilgern regelmäßig aus dem Nachbarland ins Stadion „De Koel“.

Und täglich füllen die Verantwortlichen des VVV Venlo die Zahlen mit Leben. Ein Blick hinter die Daten und Fakten lohnt sich.

Seit einigen Jahren engagieren sich Kinder und Jugendliche in einem besonderen Projekt, der VVV-Venlo-StreetLeague. Die Europäische Union fördert das Engagement. Zum einen spielen die Kids zwischen neun und 16 Jahren Straßenfußball. Zum anderen engagieren sie sich sozial. Sie besuchen ältere Menschen in Seniorenheimen oder sammeln Müll im Stadtteil. So lernen die Jugendlichen Zusammenhalt, erfahren eine Stärkung ihres Selbstwertes und üben soziales Bewusstsein. Neben Venlo beteiligen sich Städte jenseits der Staatsgrenze, wie Nettetal und Krefeld, an den Aktionen.

Der niederländische Fußballclub hat 2012 eine eigene soziale Stiftung gegründet. Die „VVV Foundation“ kümmert sich um Jung und Alt. Projekte unterstützen in Venlo, der Provinz Limburg und in der deutschen Grenzregion Kinder, Jugendliche und Senioren. Bewegungsnachmittage für ältere Menschen, gesundes Mittagessen für Kinder, Fußballspiele für Jugendliche stehen auf der Agenda. Und all dies geschieht grenzüberschreitend.

Einige Spieler der Venloer Profi-Mannschaft engagierten sich ebenfalls völkerverständigend. Sie kickten zusammen mit fast 50 Flüchtlingen im benachbarten Nettetal auf deutscher Seite. Im „Grenzland-Fitness“-Center sorgten fünf Fußballer für ein unvergessliches Erlebnis einiger Migranten aus aller Welt. Für die kurze Zeit einer Trainingseinheit vergaßen die Flüchtlinge ihre Alltagssorgen.

Die Venloer Jugendakademie wirbt um Talente aus den Niederlanden und Deutschland. Aktuell spielen hier 15 deutsche Jugendliche im Juniorenbereich.

Auch in Richtung Seniorenteams streckt VVV-Venlo seine Fühler über die Grenze aus. Zahlreiche niederrheinische Clubs wie Fortuna Dilkrath, SV Niersia Neerscn oder SV Schwanenburg kooperieren mit den Venloern. 2019 zeichneten die Verantwortlichen der VVV-Venlo Grün-Weiß Vernum als ihren „Partnerclub des Jahres" aus. Zum ersten Mal ging dieser Titel an einen deutschen Fußballverein.

Auch der Tross der deutschen Nationalmannschaft genoss schon die professionellen Bedingungen der VVV-Venlo. Im Juni 2019 bezogen Jogi Löw und sein Team ein Hotel in Venlo. Sie trainierten eine Woche lang auf dem Gelände des niederländischen Fußballclubs. Mit Erfolg, denn kurz darauf schlugen die Nationalelf in der EM-Qualifikation Weißrussland und Estland.

Mittlerweile interessiert sich sogar die Politik für das Engagement der VVV Venlo. Ende November 2019 trafen Stephan Holthoff-Pförner, der nordrhein-westfälische Minister für Europaangelegenheiten, und der niederländische Innenminister Raymond Knops aufeinander. Sie verfolgten das Heimspiel der Venloer gegen Twente Enschede. Beide Politiker würdigten die Aktionen der Voetbol Vereniging rund um die grenzüberschreitendenden Verständigungen der Nachbarstaaten. Manchmal kann der Fußball mehr leisten als politische Strategien. Dafür ist der VVV-Venlo das beste Beispiel.

Doch wie sind diese Bemühungen rund um die deutsch-niederländische Annäherung entstanden? Robert Pinior scheint hier der richtige Ansprechpartner zu sein. Der junge Mann ist „Deutschland-Verantwortlicher" des Vereins.

Robert Pinior bemüht sich seit 2009, deutsche Unternehmen für den Venloer Fußballverein zu begeistern. Er ist 1985 in Mönchengladbach geboren. Während seines Studiums der Betriebswirtschaft unterstützte er die Marketingabteilung der rheinischen Borussia. Im Zuge seiner Tätigkeiten kam der heute 36-Jährige mit der Presseabteilung der VVV Venlo in Kontakt. Dieser Zufall sollte sein Berufsleben bis heute prägen.

Mit nicht einmal 25 Jahren saß er vor einem weißen Blatt Papier. Die Verantwortlichen der Voetboel Vereniging hatten ihm eine Aufgabe gestellt: „Überlegen Sie doch mal, wie wir deutsche Unternehmen für unseren Verein interessieren können!" Seither beschäftigt Pinior diese Frage. Er hat das „Deutschland-Konzept" entwickelt. Die ersten Erfolge stellten sich ein. Die Presse berichtete. Das Jugendscouting-Team kümmerte sich um deutsche Talente. Doch in dieser Zeit betrachtete Pinior seine eigene Arbeit mit einer guten Portion Skepsis. Er stellte sich die Frage, wie die etablierten Venloer Unternehmer auf ihre deutschen Kollegen reagieren würden. Betrachten die Niederländer die Unternehmerschaft aus dem Rheinland als Konkurrenz? Seine Zweifel zerschlugen sich. Die Venloer empfingen die deutschen Sponsoren mit offenen Armen. Robert Pinior führt dies auch auf die Offenheit der Menschen in der Grenzregion zurück.

Der kleine Fußballverein aus Venlo positioniert sich als nahbarer Familienclub. Nach den Heimspielen können die Anhänger die Profis ansprechen. Im Business-Bereich des Stadions mischen sie sich unter das bunte Fußballvölkchen. „Wir sind deutlich anders", stellt der Deutschland-Beauftragte Pinior fest. „In der fußballverwöhnten Grenzregion mit Borussia Mönchengladbach, dem 1. FC Köln oder Fortuna Düsseldorf können wir finanziell und sportlich nicht mithalten. Ich tippe mal, unser Budget liegt auf deutschem Drittliga-Niveau. Also versuchen wir, diese Unterschiede mit unserem ganz eigenen Charme auszugleichen."

Der VVV-Venlo zieht immer mehr deutsche Profis an. Hier überwanden Bundesliga-Stars wie Lars Unnerstall oder Peniel Mlapa ihren vorübergehenden Karriereknick. Torhüter Unnerstall stand zwischenzeitlich im Kader des Spitzenclubs PSV Eindhoven und spielt aktuell bei Twente Enschede. Mlapa hat jüngst einen gut dotierten „Renten"-Vertrag in der Profiliga der Vereinigten Arabischen Emirate unterzeichnet.

Der sympathische Venloer Club geht seinen Weg der niederländischen-deutschen Verständigung weiter. Der Ausbau der Beziehungen beider Länder ist im Leitbild des Vereins verankert. Die Verantwortlichen planen neue soziale Projekte mit Jugendlichen in der Grenzregion. „Als nächstes Ziel haben wir uns vorgenommen, den ersten deutschen Jugendlichen aus unserer Akademie in unseren Profikader zu führen", gibt sich Robert Pinior optimistisch.

Viele Clubs können sich ein gutes Beispiel in Sachen soziales Engagement und Völkerverständigung an der VVV-Venlo nehmen. Zu hoffen bleibt, dass das grenzüberschreitende Miteinander weiter so erfolgreich sein wird.

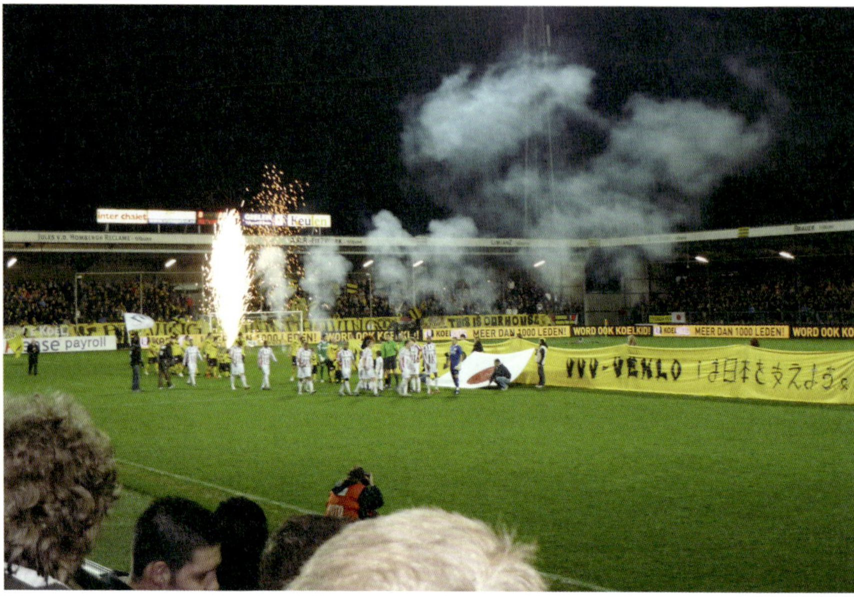

Schon vor Spielbeginn sorgen die Anhänger des VVV für gute Stimmung.
Foto: Klaus-Hendrik Mester

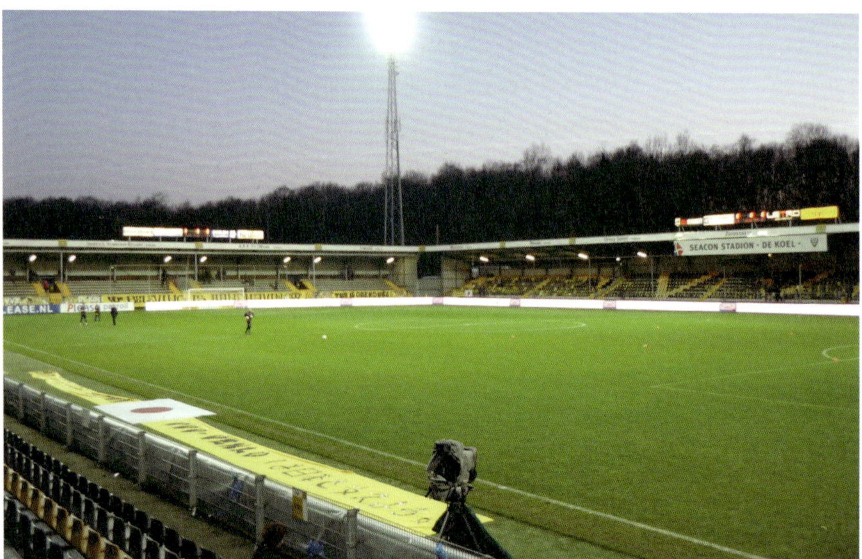

Klein, aber fein: Das Stadion „De Koel". Foto: Klaus-Hendrik Mester

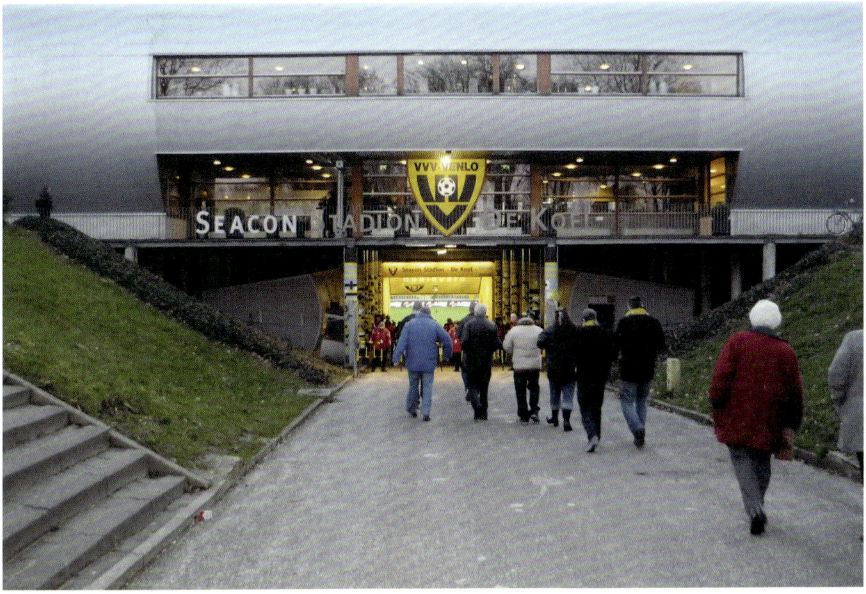

Geeignetes Ambiente für deutsch-niederländische Gespräche im Business-Bereich.
Foto: Klaus-Hendrik Mester

- Urige Kneipen und Restaurants im historischen Zentrum laden zum Verweilen ein. Besonders an Samstagen strömen deutsche Shoppingfreunde in die Venloer Innenstadt. Also lieber mal unter der Woche etwas niederländische Atmosphäre schnuppern.
- Wenige Kilometer vom Stadtzentrum lockt die Natur. Wander- und Radwege führen durch den Nationalpark „De Maasduinen". Weitläufige Wiesen an der Maas, Dünen, Wälder und Seen lassen das Herz von Naturliebhabern höherschlagen.
- Alles zum Verein auf der offiziellen Webseite: **www.vvv-venlo.nl/de/home**

Ozeanien

Ozeanien, der fußballerisch unbekannte Kontinent. Australien, Neuseeland und die Südsee – sie gelten als Traumziele für Fernreisende. Exotisch anmutende Urlaubsparadiese wie Fidschi, Kiribati oder Samoa ziehen Globetrotter in ihren Bann. Der Fußball jedoch hat es in diesem Teil der Erde etwas schwer.

Als einziger Kontinentalverband verfügt die *Oceania Football Confederation* (OFC) über keinen festen Startplatz bei einer Fußballweltmeisterschaft, was den Stellenwert des Fußballs ein wenig widerspiegelt. So steht er in den beiden größten Staaten Australien und Neuseeland im Schatten des Rugbys. Gleiches gilt für Papua-Neuguinea und Tonga. Nur die 280.000 Bewohner Vanuatus lieben den Fußball mehr als alle anderen Sportarten.

Die einzige echte Profiliga auf dem Kontinent gibt es in Australien. Die A-League lockt jedes Wochenende Zehntausende an. In das Docklands Stadium des Melbourne Victory FC pilgern durchschnittlich über 20.000 Zuschauer zu den Heimspielen. Kontinentalrekord!

Mit Neuseeland verbinden viele deutsche Fußballfans den Namen Wynton Rufer. Er gewann mit dem SV Werder Bremen 1992 den Europapokal der Pokalsieger. Der sympathische Ex-Stürmer ist 1962 in Wellington geboren. Die Stadt, die heute ein Fußballunikum beheimatet: Die Mannschaft des Vereins Wellington Phoenix spielt nicht etwa in einer neuseeländischen, sondern in der australischen A-League. Damit bildet das Team den einzigen Proficlub Neuseelands.

Auf den Inselstaaten der Südsee leben teilweise nur so viele Einwohner wie in deutschen Kleinstädten. Auf Tuvalu tummeln sich 11.000 Menschen, Nauru bevölkern gerade mal 13.000 Bewohner. Es folgen Palau (20.000) und die Marshallinseln (50.000).

Auch in Ozeanien messen sich die besten Fußballteams des Kontinents. Die OFC Champions League ist der kleine Bruder des gleichnamigen Wettbewerbs der UEFA. Nur in Ozeanien treten Amateurfußballer gegeneinander an. Doch die Vereine der kleinen Inselstaaten können nicht teilnehmen. Nur die Clubs der leistungsstärksten Verbände kämpfen um die Kontinentalmeisterschaft.

Exotisch sind nicht nur Ozeaniens Urlaubsinseln. Ebenso verbergen sich hinter ihren Fußballvereinen interessante, originelle und auch nachdenklich stimmende Geschichten – weit weg vom überdrehten Kommerzglanz der UEFA Champions League.

Port Vila, Vanuatu

Tafea Football Club

ist der coolste Club der Welt, weil …

er den Weltrekord an nacheinander gewonnenen Landesmeisterschaften hält.

„Freunde der Südsee“ fühlen sich hier genau am richtigen Ort. Port Vila hat 44.000 Einwohner und liegt 15.500 Kilometer von Berlin entfernt. Portugiesische Seefahrer kamen vor etwa 400 Jahren als erste Europäer in die Hauptstadt des Inselstaats Vanuatu. 83 Inseln erstrecken sich über 1.300 Kilometer im Südpazifik. Reisende müssen von Sydney aus 2.500 Flugkilometer nach Vanuatu zurücklegen. Menschen leben hier seit 4.000 Jahren. Sie verständigen sich in über 100 Sprachen. Dabei bewohnen insgesamt nur etwa 260.000 Vanuatuer die Archipele. Solch eine Sprachdichte ist weltweit einzigartig.

Doch genug der Zahlen. Vanuatu erobert sofort die Herzen von Reisenden. Sandstrände, Korallenriffs, Regenwälder. Der kleine Staat verzückt jeden. Einzigartig sind die Sandzeichnungen auf Vanuatu. Seit jeher kommunizieren die Einwohner wegen der Sprachenvielfalt mit Hilfe von in den Sand gezeichneten Mustern. Seit 2003 zählen sie zum immateriellen UNESCO-Weltkulturerbe.

Doch auf die weit verteilte Inselwelt legen sich auch Schatten. Aktive Vulkane und regelmäßige Tropenstürme gefährden die Insulaner. Die meisten der Bewohner erarbeiten ihren Lebensunterhalt mühsam in der Landwirtschaft. Jeder Zehnte lebt unterhalb der Armutsgrenze.

Die Einwohner Vanuatus lieben Fußball. In der Hauptstadt Port Vila haben sie die Gelegenheit, ein weltweites Unikum zu bestaunen. Davon können sie sich im Nationalstadion überzeugen. Namensgeber der Spielstätte ist der ehemalige Premierminister des Landes. Maxime Carlot Korman regierte den Inselstaat in den 1990er-Jahren. Die Sportanlage besteht aus einer kleinen Haupttribüne. Hier empfängt der Tafea Football Club seine Gegner. Die hatten aber besonders in der Zeit von 1994 bis 2008 meist nur wenig Spaß. Unglaubliche

15 Mal hintereinander errang der Club die vanuatuische Fußballmeisterschaft. Eine solche Serie kann kein anderer Verein auf der Welt aufweisen. Der globale Rekordhalter kommt also aus Vanuatu.

Den letzten Erfolg verbuchte der Club 2014 mit dem Gewinn der nationalen Meisterschaft. Der errungene Titel der Super League der *Vanuatu Football Federation* berechtigte die Mannschaft zur Teilnahme an der Champions League Ozeaniens. Im April 2015 reisten Spieler und Betreuer auf die Fidschi-Inseln. Dort verlor die Elf ihre Auftaktpartie gegen den Hekari FC aus Papua-Neuguinea mit 2:3. Drei Tage später trafen die Vanuatuer auf die Association Sportive Tefana aus Tahiti. Ein 1:1 gelang. Die 2:3-Niederlage gegen das Team Wellington aus Neuseeland bedeutete das frühzeitige Ausscheiden aus dem Turnier. Doch am Ende konnten die Spieler des Tafea FC von sich behaupten, zumindest im Jahr 2015 zu den besten acht Clubs Ozeaniens gehört zu haben.

Ein Vergleich der beiden Champions League-Wettbewerbe in Ozeanien und Europa verdeutlicht die großen Unterschiede. Allein die Zuschauerzahlen zeigen Welten auf, die den Fußballsport in ökonomischer und gesellschaftlicher Hinsicht auf den Kontinenten trennen. Im ersten Gruppenspiel trat die Elf des Tafea FC vor 2.000 Besuchern im Nationalstadion von Fidschis Hauptstadt Suva an. Die beiden folgenden Partien verfolgten 900 und 500 Fans.

Auch ein Blick in die nationale Presse Vanuatus zeigt, dass dort der Fußball noch nicht den enormen wirtschaftlichen Stellenwert wie in europäischen Ländern hat.

Die einzige Tageszeitung der Insel informiert die Vanuatuer. Die „Daily Post“ verfügt in ihrer Online-Version über ausführliche Sportberichterstattungen. Eine Meldung vom 8. September 2018 beeindruckt mich. Sie führt mir vor Augen, dass die Welt für Fußballromantiker dort noch in bester Ordnung zu sein scheint. Sportredakteur Raymond Nasse berichtete über einen Sponsorenvertrag. Den hat der Tafea FC mit einem Unternehmen abgeschlossen. Der vanuatuische Serienmeister erhielt von der MG Global Enterprise Limited (MGGE) für die Saison 2018/19 einen Betrag von 500.000 Vatu. Dies entspricht etwa 3.700 Euro. Das Geld wollten die Vereinsverantwortlichen für die Verpflichtung von fünf neuen Spielern sowie für Reisen zu Auswärtspartien einsetzen. Der Immobilienkonzern MGEE aus Hongkong ziert seither die Trikots der Fußballer. Zusätzlich spendierte das Unternehmen 30 Shirts für Funktionäre und Offizielle des Tafea Football Club.

Einerseits spiegelt dieser Sponsorenvertrag wider, dass die Kommerzialisierung des Fußballs noch nicht alle Winkel der Welt erreicht hat. Auf der anderen Seite stimmen die Umstände nachdenklich. Der Fußball als Hoffnung und Chance für eine berufliche Perspektive existiert in Vanuatu kaum.

Trotzdem gehören die Insulaner zu den glücklichsten Menschen der Erde. Der britische „Think Tank", die *New Economics Foundation*, ermittelt regelmäßig den Happy Planet Index. Laut letzter Erhebung leben auf den Inseln Vanuatus die viertglücklichsten Menschen der Welt. Nur in Costa Rica, Mexiko und Kolumbien fühlen sich die Einwohner besser. Die Deutschen rangieren im Übrigen auf Platz 40 im „Glücksranking".

Bleibt zu hoffen, dass der Fußball im Allgemeinen und die Spiele des Tafea FC dazu beitragen werden, dass die Vanuatuer so glücklich bleiben wie sie sind. Und finanziell etwas besser ausgestattete Sponsorenverträge dürften es auch sein.

- Die Tageszeitung „Daily Post" berichtet regelmäßig in englischer Sprache über den Tafea FC. Werfen Sie einen Blick in die Online-Ausgabe. Dort können Sie über die Suchfunktion den Vereinsnamen eingeben:
  https://dailypost.vu/vanuatu_sports/

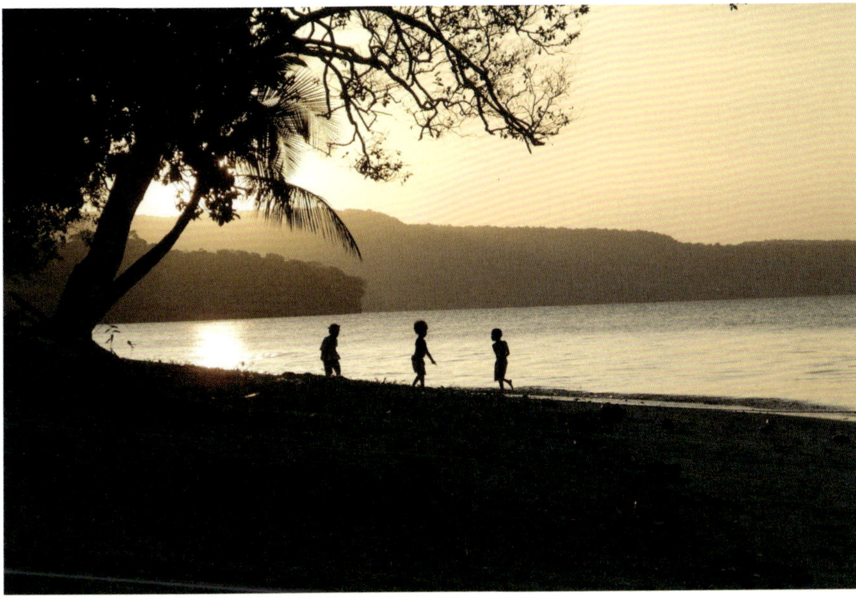

Sonnenuntergang auf Vanuatu. Foto: pixabay/David Mark

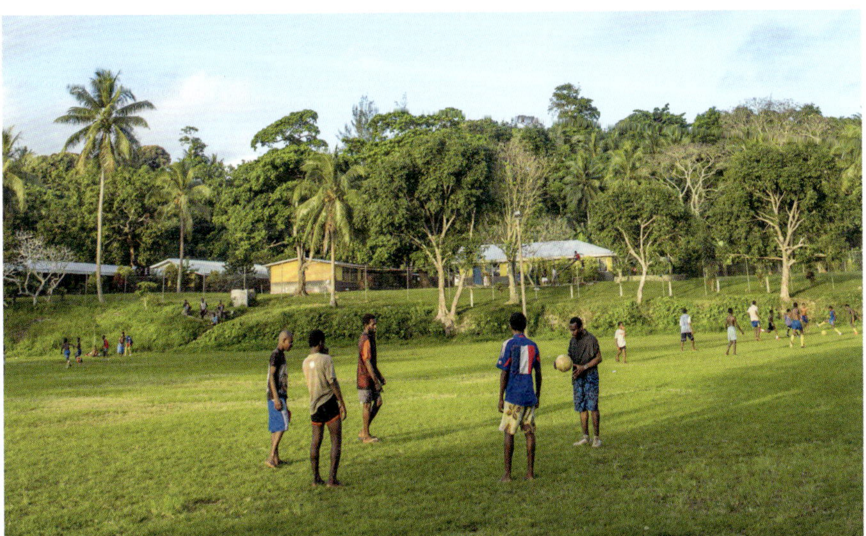

Kicken in traumhafter Landschaft: Teenager in Vanuatu. Foto: imago images/Hans Lucas

Wellington, Neuseeland

Wellington Phoenix

ist der coolste Club der Welt, weil …
er zu gut für die heimische Liga ist.

Neuseeland ist wunderschön. Das Naturparadies liegt isoliert im Pazifik. Die „Kiwis", wie sich die Neuseeländer selbst nennen, leben rund 1.500 Kilometer von ihren nächsten Nachbarn entfernt. Dort warten die Australier auf den Besuch der „Kiwis". Unberührte Wälder, Gletscher, Vulkane, Traumstrände; der Pazifikstaat bietet alles im Überfluss. Die Einwohner lieben Fußball. Nur Rugby zieht mehr Menschen in ihren Bann.

Als besondere „Perle der Natur" verzückt Wellington seine Bewohner. Direkt am Pazifik sonnen, von den Bergen traumhafte Ausblicke genießen, die Schiffe im Hafen und die nahenden Flugzeuge beobachten, mit der feuerroten Seilbahn die Hügel an saftig grünen Wiesen hinab in die Stadt gleiten. Vieles erinnert an San Francisco, nur ruhiger und noch schöner. Doch das alles reicht nicht, um die Fußballmannschaft von Wellington Phoenix dauerhaft im Land zu halten.

Zweimal im Monat nehmen die Spieler und der Betreuerstab des Phoenix FC im Flugzeug Platz. Das Ziel ist immer das Gleiche: Australien. Mehr als drei Stunden dauert die Reise, manchmal auch länger. Je nachdem, in welcher australischen Stadt die Phoenix-Spieler dem runden Leder hinterherjagen. Auf dem Flug nach Perth müssen sich die Fußballer fast neun Stunden die Zeit vertreiben. Denn die beste Mannschaft Neuseelands tritt in der A-League an, Australiens Fußball-Profiliga. Phoenix ist einfach zu gut für die heimische Liga. In Neuseeland gibt es ausschließlich Amateurvereine.

Um die genauen Hintergründe dieser Besonderheit zu erklären, lohnt ein Blick in die Sportgeschichte. In ihrer aktuellen Form existiert die australische A-League seit 2005. Seither billigen die Verantwortlichen des Ligaverbands einen Startplatz einem neuseeländischen Verein zu. Zunächst nahmen die New Zealand Knights diesen Platz ein. Die Mannschaft aus Auckland siegte jedoch in zwei Spielzeiten insgesamt lediglich sechsmal. Nur wenige Zuschauer unterstützten das Team. Bald konnten die Verantwortlichen die Finanzierung ihres Vereins nicht mehr sicherstellen. Es folgten der Lizenzentzug und die Auflösung des Clubs im Jahr 2007.

In jenem Jahr ging der Stern für alle Fußballfans in Wellington auf. Der Platz für einen neuseeländischen Verein in der australischen Fußballiga lockte. In der Stadt ergriffen Fußballenthusiasten die Gelegenheit. Sie gründeten den Wellington Phoenix FC, um direkt in das Profifußball-Geschehen in Australien einzugreifen und dort Neuseeland zu repräsentieren.

Der einzige Profi-Verein Neuseelands wäre wohl über Jahre unangefochtener Serienmeister im eigenen Land. Durchschnittlich besuchen nur wenige hundert Zuschauer die Fußballspiele in der heimischen Liga. Zu den Wellington Phoenix pilgern fast 6.000 Fans. Manchmal sind es 10.000. Für Stimmung im Stadion sorgt der Fanclub „Yellow Fever", eine Anlehnung an die Vereinsfarben Gelb und Schwarz.

Die Auswärtsspiele stellen alle Phoenix-Fans vor besondere Herausforderungen. Das gilt auch für den jungen Familienvater Guy. Er arbeitet als Jurist in Wellington. Der enthusiastische Fußballfan stand ehemals „Yellow Fever" vor. Früher organisierte er auch Reisen zu Auswärtsspielen nach Australien. Die Anhänger sind dabei weitestgehend auf sich alleine gestellt. Der Verein unterstützt die Reisenden nicht. „Vor einiger Zeit flogen wir nach Brisbane. Einige hundert Anhänger machten sich auf den Weg". Diese Momente genießen die Fans. Die Trips gleichen oft einem Mix aus Klassenfahrt und Abenteuerreise. Guy erinnert sich an einen Aufenthalt in Melbourne. Dort schlängelt sich der Yarra, ein brauner, schlammiger und schmutziger Fluss durch die Stadt. Guy stellte einer Freundin ein Bier in Aussicht, wenn sie ein Bad in der trüben Brühe nehmen würde. Eigentlich meinte er sein Angebot als Scherz. Doch ehe er sich versah, schwamm seine Begleiterin voll bekleidet im Yarra – mitten in der Nacht.

In Sydney feierten die jungen Männer und Frauen des „Yellow Fever"-Fanclubs eine ausgelassene Party. Eine große Gruppe hatte sich auf den langen Weg gemacht. Damals war Guy Verantwortlicher des Fanclubs. Die Medien berichteten ausgiebig über die bevorstehende Begegnung. Vor Spielbeginn interviewte das australische Fernsehen einige Fans. „Wir hatten den ganzen Tag gefeiert und ein wenig getrunken. Später plauderten wir im Live-Interview über einige

Dinge, die man vielleicht so nicht im Fernsehen formulieren sollte", erinnert sich Guy noch an die legendäre Live-Schalte.

In den Spielorten treffen die Reisenden auf Phoenix-Fans, die in Australien leben. Insgesamt können so schon mehrere hundert Anhänger zusammenkommen. Die Not der langen Anreise macht erfinderisch. Einige „Kiwis", deren Herz für Phoenix schlägt, planen sogar Geschäfts- und Urlaubsreisen rund um die Auswärtstermine ihres Clubs. Guy berichtet von einem Freund, der mit seiner Familie einen Urlaub in Byron Bay verbringen möchte. Der Badeort liegt an der Nordostküste Australiens. Lange, weiße Sandstrände und Buckelwale werden nicht die einzigen Urlaubshöhepunkte sein. Die Familie verbindet die Reise mit einem Abstecher ins 200 Kilometer entfernte Brisbane. Dort empfängt Brisbane Roar die „Kiwis" von Wellington Phoenix.

Begeben sich die Wellington-Anhänger auf den Trip nach Perth, stellen sie dabei sogar einen Weltrekord auf. Der Flug gilt als eine der längsten Auswärtsreisen innerhalb einer nationalen Profiliga weltweit. Die Entfernung zwischen den beiden Städten beträgt etwa 5.300 Kilometer. Das entspricht der Strecke zwischen Rom und dem Nordpol.

Guy versucht, mindestens einmal in der Saison nach Australien zu fliegen. Kein Wunder, die „Klassenfahrten" nach Australien können süchtig machen. Möglich sind diese besonderen Reisen nur, weil Wellington Phoenix zu gut für die heimische Liga ist.

- Der „YouTube"-Kanal der Clubs hält die Fans auf dem Laufenden: **https://t1p.de/x2ug**

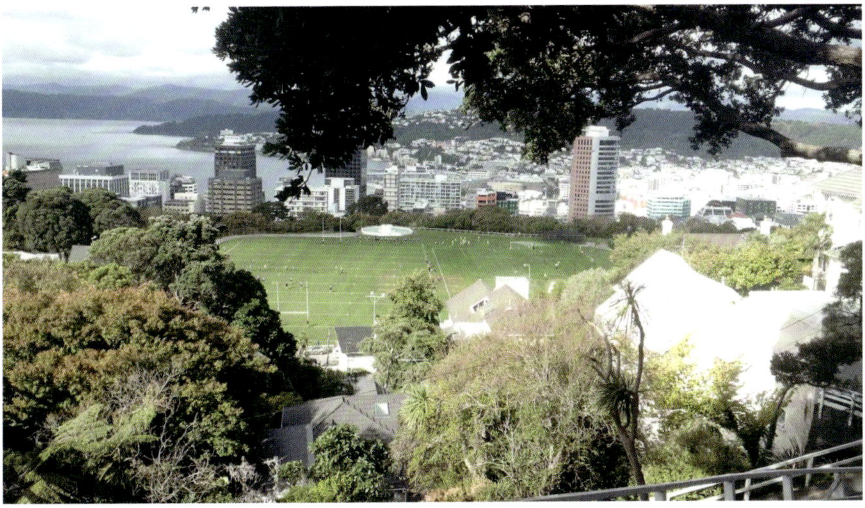

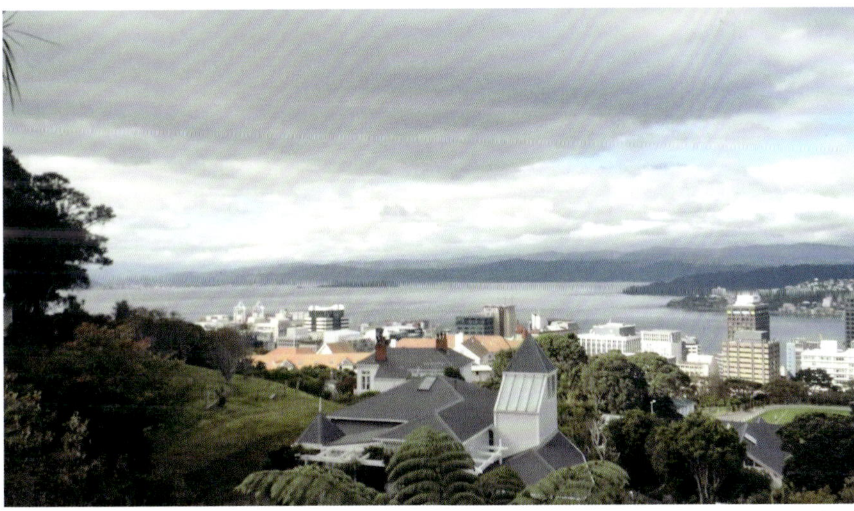

Wellington bietet seinen Einwohnern wundervolle Natur und urbanes Flair gleichermaßen.
Fotos: Annika Lück

Weitere Fußballbücher aus dem Arete Verlag

Olaf Nett
Wie Andi Brehme meine Liebe zerstört hat
Oder: Warum Deutschland 2014 wirklich Weltmeister wurde
216 Seiten, kartoniert, € 18,–
ISBN 978-3-96423-060-7

Gerrit Lenssen
Himmel – Hölle – Fußball
Gelebte Geschichten eines Spielers und Fans
166 Seiten, kartoniert, € 16,00
ISBN 978-3-96423-055-3

Hermann Schmidt
Legenden des FC St. Pauli 1910
Männer, Mythen und Malheure am Millerntor
192 Seiten, kartoniert, € 16,-
ISBN 978-3-96423-037-9

Mark Hodkinson
Believe in the Sign
Eine Fußballjugend in Nordengland
192 Seiten, kartoniert, € 12,95
ISBN 978-3-942468-10-7

Christoph Rehm
Falscher Einwurf
Die eigenen Gesetze der Kreisliga
104 Seiten, kartoniert, € 10,–
ISBN 978-3-96423-003-4

Konstantin Josuttis
Die dunkle Seite des Balles
34 Spieltage und ein Finale
106 Seiten, kartoniert, € 12,–
ISBN 978-3-9642468-92-3